파이썬으로 배우는

# 소프트웨어와 인공지능 개정판

Software and
Artificial Intelligence
with Python

# 파이썬으로 배우는 **소프트웨어와 인공지능**

**초판 1쇄** 2022년 3월 15일
**초판 2쇄** 2024년 8월 20일
**2판 1쇄** 2025년 6월 30일
**지은이** 조행래 윤종희 서영석 박영덕
**펴낸이** 최외출
**펴낸곳** 영남대학교 출판부
**출판등록** 1975년 9월 5일 경산 제16-1호
**주소** 경북 경산시 대학로 280
**전화** 053)810-1802~4 **팩스** 053)810-4722
**홈페이지** book.yu.ac.kr
**ISBN** 978-89-7581-602-4 93560

파이썬으로 배우는

# 소프트웨어와 인공지능 개정판

Software and Artificial Intelligence with Python

소행래 윤종희 서영식 박영딕 지음

영남대학교 출판부

## 머리말

4차 산업혁명의 발전으로 다양한 산업 분야와 소프트웨어 기술의 융합이 이루어지고 있다. 그 결과로 소프트웨어와 인공지능 기술은 컴퓨터공학 전공자의 전유물이 아니라 모든 사회 구성원들이 필수적으로 갖추어야 하는 기초소양으로 인식되고 있다. 이러한 사회적 요구에 따라 대학에서도 비전공자를 포함한 전교생에게 소프트웨어 기초교육을 강화하고 있으며, 정부의 소프트웨어 인력양성 정책과 맞물려 많은 대학에서 전교생 소프트웨어 교육을 필수로 하는 실정이다.

본 교재는 이공계열이나 상경계열, 혹은 소프트웨어와 관련성이 높은 전공 학생들을 대상으로 소프트웨어와 인공지능 관련 교과목을 강의할 때 사용할 수 있도록 집필되었다. 교재의 구성은 다음과 같이 크게 두 부분으로 나뉜다.

먼저 1장부터 8장까지는 파이썬 언어의 기본적인 문법을 설명한다. 파이썬은 전 세계적으로 가장 활발히 사용되는 프로그래밍 언어로, 데이터분석이나 인공지능의 전문적인 도구를 사용하기 위해 반드시 익혀야 하는 언어이다. 본 교재에서는 다양한 예제 중심으로 파이썬 문법을 설명하여, 독자들이 파이썬에 대한 이해와 컴퓨팅사고(computational thinking)에 익숙해질 수 있도록 노력하였다.

다음으로 9장부터 11장까지는 4차 산업혁명을 구현하는 핵심 기술인 데이터분석과 기계학습, 인공지능에 관해 설명한다. 각 주제에 대해 핵심적인 이론과 함께 독자들이 스스로 실습하고 확인할 수 있도록 다양한 예제와 프로그래밍 문제들을 추가하였다. 본 교재에서 설명하고 있는 주요 도구로는 NumPy, Pandas, Matplotlib, Seaborn, Scikit-learn, Keras 등으로, 관련 분야에서 많이 사용되는 핵심 도구들을 대부분 포함하고 있다.

알파고와 ChatGPT의 등장 이후로 인공지능에 대한 사회적인 관심이 급증하고 있다. 그러나 비전공자라고 스스로 생각하는 많은 사람이 신기술에 대한 막연한 두려움으로 이를 배우고 익히기를 꺼린다. 컴퓨터공학을 전공한 저자들의 입장에서는 참으로 안타까운 일이다. 아무쪼록 본 교재를 통해 이러한 두려움을 해소하여, 독자들이 소프트웨어와 인공지능의 진수를 익혀서 자신의 전공 분야에 마음껏 활용할 수 있게 되기를 바란다.

끝으로 이 책이 완성되기까지 도움을 주신 많은 분들과 영남대학교 언론출판문화원 여러분들에게 감사를 드린다.

2025년 3월

저자 일동

차례

## Chapter 1
## 소프트웨어와 파이썬 소개



## Chapter 2
## 파이썬 프로그래밍의 기초

## Chapter 3
## 알고리즘과 제어문



## Chapter 4
## 다양한 자료형

## Chapter 5
## 문자열과 파일처리



## Chapter 6
## 함수

## Chapter 7
## 클래스와 객체



## Chapter 8
## 실습 프로젝트

## Chapter 9
## 데이터분석



## Chapter 10
## 기계학습

## Chapter 10 기계학습



## Chapter 11 인공지능



## 부록

# 1 Chapter 소프트웨어와 파이썬 소개

**학습목표**

- 하드웨어와 소프트웨어의 의미와 차이점, 컴퓨터 프로그램, 프로그래밍, 프로그래머 등의 개념을 이해한다.
- 시스템 소프트웨어와 응용 소프트웨어의 차이점을 이해하고, 기계어와 어셈블리어, 그리고 고급 언어의 차이점에 대해서 설명할 수 있다.
- 파이썬 언어의 특징과 장단점을 이해하고, 파이썬을 설치할 수 있다.
- Jupyter Notebook의 메뉴 구성과 사용방법을 이해하고, Jupyter Notebook에서 파이썬을 계산기처럼 활용할 수 있다.

## 1.1 하드웨어와 소프트웨어

컴퓨터 시스템은 **하드웨어(hardware)**와 **소프트웨어(software)**로 구성된다. 하드웨어는 전자회로와 다양한 물리적인 부품(장치)들로 이루어지며, 소프트웨어는 하드웨어를 작동하는 프로그램을 의미한다. 하드웨어의 예로 키보드, 모니터, 마우스, 프린터, 메모리, CPU 등을 들 수 있으며, 윈도우나 파워포인트, 한글 등은 대표적인 소프트웨어의 예이다.

소프트웨어는 흔히 **컴퓨터 프로그램(computer program)**과 동일한 개념으로 사용되는데, 음악회나 식순 프로그램과 같이 작업의 진행 순서를 논리적으로 나열한 것을 의미한다. 이때 프로그램을 구성하는 단위 작업들을 **명령어(instruction)**라고 한다. 결국 프로그램이란 명령어들을 순서대로 나열해 놓은 것이라고 정의할 수 있다. 프로그램과 연관되어 많이 사용하는 단어로 프로그래밍(programming)과 프로그래머(programmer)를 들 수 있는데, 프로그래밍이란 프로그램을 작성하는 행위를 의미하며, 프로그래머는 프로그램을 작성하는 사람으로 정의할 수 있다. 그림 1.1은 컴퓨터 프로그램의 예로 Microsoft 사의 Visual Studio Code로 작성한 프로그램을 예로 나타내며, 이와 유사한 개념으로 식순도 같이 표현하고 있다.

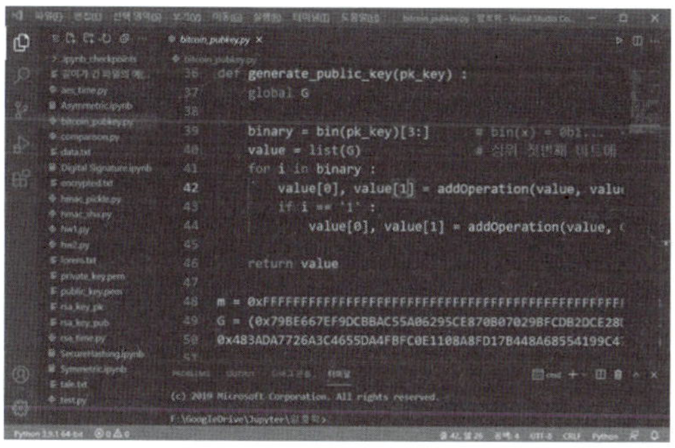


| 컴퓨터 프로그램 |

| 항목 | 시간 | 내용 |
|---|---|---|
| 식전 행사 | 18:00-18:10 | 입장 및 장내 정리 |
| | 18:10-18:20 | 신기술 추진 사업단 총회 |
| 공식 행사 | 18:20-18:25 | 내빈 소개 |
| | 18:25-18:30 | 대표이사 인사 |
| | 18:30-18:35 | 후원회장 축사 |
| | 18:35-18:40 | 신임임원 소개 |
| | 18:40-19:00 | 시상 및 포토타임 |
| 식사 | 18:50-20:00 | 식사 시작 |
| 식후 행사 | 20:00-21:00 | 사내 합창단 음악회 |
| | 21:00- | 행사 종료 |

| 식순 : 작업의 진행과정을 나열 |

그림 1.1 프로그램의 예

## 1.2 소프트웨어의 종류

소프트웨어는 사용 목적과 활용 분야에 따라 시스템 소프트웨어와 응용 소프트웨어로 나뉜다. **시스템 소프트웨어(system software)**는 컴퓨터를 효율적으로 관리하며, 사용자가 쉽게 컴퓨터를 사용할 수 있도록 도와주는 프로그램이다. 대표적인 시스템 소프트웨어로는 운영체제와, 데이터베이스 관리시스템, 그리고 컴파일러 등을 들 수 있다. 특히 **운영체제(operating system)**는 사용자가 컴퓨터 하드웨어의 동작 과정을 모르고도 컴퓨터를 쉽게 사용할 수 있도록 도와주며, 동시에 여러 종류의 컴퓨터 하드웨어(CPU나 메모리, 하드 디스크, 입출력 장치 등)를 효율적으로 관리하는 역할을 담당한다. 대표적인 운영체제로는 윈도우와 리눅스 등을 들 수 있다.

**응용 소프트웨어(application software)**는 운영체제 위에서 동작하며, 특정 응용 분야에 사용하기 위하여 개발된 소프트웨어를 의미한다. 시스템 소프트웨어는 다양한 응용 분야에 활용되어 범용(general purpose) 소프트웨어라고 할 수 있는 반면에, 응용 소프트웨어는 사용 목적이 구체적이다. 예를 들면, "한글"로 대표되는 워드프로세스(word-processor) 소프트웨어는 문서를 작성, 편집, 저장하고 인쇄하는 것이 주요 목적이며, 마이크로소프트사의 "엑셀"로 대표되는 스프레드시트(spreadsheet) 소프트웨어는 수치계산이나 통계, 도표와 같은 작업들을 효율적으로 할 수 있는 프로그램을 의미한다. 또한 마이크로소프트사의 "파워포인트"와 같은 프레젠테이션(presentation) 소프트웨어는 상대방에게 다양한 정보를 전달하기 위한 발표 자료 등을 만들 때 주로 사용된다.

안드로이드나 아이폰과 같은 스마트 폰에서 동작하는 응용 소프트웨어를 특별히 어플리케이션(application), 어플 또는 **앱(app)**이라고 한다. PC나 노트북과 달리 스마트 폰은 이동성이 있는 하드웨어이며, 카메라나 GPS와 같은 센서(sensor)들이 부착되어 있다. 이러한 센서와 이동성을 결합하여 지도/내비게이션, SNS, 엔터테인먼트 등 다양한 분야에 스마트 폰을 활용하기 위한 앱들이 많이 소개되고 있다. 최근 들어 스마트 폰을 이용하는 사용자들이 컴퓨터 사용자보다 많아짐에 따라 스마트 폰을 이용한 응용 소프트웨어가 PC를 이용한 응용 소프트웨어보다 훨씬 많이 배포되고 있다.

스마트 폰에서 사용하는 운영체제의 종류는 크게 Google의 **안드로이드(Android)**와 Apple의 **iOS**로 나뉜다. 그에 따라 앱의 배포 방식도 안드로이드 앱은 Google Play를 이용하며, iOS 앱은 App Store를 거쳐야 한다. 2024년을 기준으로 Google Play에는 약 230만 개의 앱이 등록되어 있으며, App Store에는 200만 개의 앱이 등록되어 있다[1].

## 1.3 프로그래밍 언어

**프로그래밍 언어**는 프로그램을 작성할 때 사용하는 언어를 의미한다. 프로그래밍 언어는 형태와 기능에 따라 기계어와 어셈블리어, 그리고 고급언어로 나눌 수 있다. **기계어(machine language)**는 컴퓨터가 바로 이해할 수 있는 단 하나의 언어이며, 0과 1의 조합으로 이루어진다. 기계어는 하드웨어에 따라 달라지기 때문에 컴퓨터 하드웨

1) https://www.statista.com/statistics/276623/number-of-apps-available-in-leading-app-stores

어가 바뀌면 그 하드웨어에 맞는 기계어 프로그램을 다시 작성하여야 한다. 다음은 두 정수의 최대공약수를 구하는 기계어 프로그램의 예이다.

```
1100100 0 1100100 1 10000100 0 1011010 0 1100100 10 1010011 0
```

그림 1.2 두 정수의 최대공약수를 구하는 기계어 프로그램의 예

기계어는 인간이 사용하기에는 너무 불편하고 오류가 발생하기 쉽다는 단점을 갖는다. 이러한 기계어의 문제점을 해결하기 위하여 **어셈블리어(assembly language)**는 기계어의 명령을 알기 쉬운 기호로 표시한다. 프로그래머는 어셈블리어를 사용함으로써 기계어보다 쉽게 프로그램을 작성할 수 있게 되었다. 그러나 컴퓨터는 어셈블리어를 이해할 수 없으므로, 프로그래머가 어셈블리어로 작성한 프로그램을 기계어로 번역하는 **어셈블러(assembler)** 라는 프로그램이 필요하다. 다음은 두 정수의 최대공약수를 구하는 어셈블리어 프로그램의 예이다.

```
4       >>     0 LOAD_FAST              0 (a)
               2 LOAD_FAST              1 (b)
               4 COMPARE_OP             3 (!=)
               6 POP_JUMP_IF_FALSE      36

5              8 LOAD_FAST              0 (a)
              10 LOAD_FAST              1 (b)
              12 COMPARE_OP             4 (>)

              14 POP_JUMP_IF_FALSE      26

6             16 LOAD_FAST              0 (a)
              18 LOAD_FAST              1 (b)
              20 BINARY_SUBTRACT
              22 STORE_FAST             0 (a)
              24 JUMP_ABSOLUTE          0

...
```

```
9       >>  36 LOAD_FAST                    0 (a)
            38 RETURN_VALUE
```

그림 1.3 두 정수의 최대공약수를 구하는 어셈블리어 프로그램

어셈블리어는 기계어보다는 편하지만 여전히 인간이 사용하기에는 너무 불편하며, 또한 특정 컴퓨터 하드웨어에 종속적이다. 인간이 사용하는 언어와 비슷한 모습으로 컴퓨터 프로그래밍을 가능하게 하는 언어가 **고급언어(High-level language)**이다. 고급언어는 컴퓨터의 명령어 집합보다 훨씬 고수준으로, 컴퓨터 하드웨어에 무관하게 프로그램을 작성할 수 있다. 다음은 두 정수의 최대공약수를 구하는 파이썬 프로그램이다.

```
def gcd(a, b):
    while a != b :
        if a > b :
            a = a - b
        else :
            b = b - a
    return a
```

그림 1.4 두 정수의 최대공약수를 구하는 고급언어 프로그램

인간이 사용하기에는 고급 언어가 가장 편리하지만 컴퓨터는 이를 이해할 수 없다. 따라서 고급 언어로 작성된 프로그램은 반드시 기계어로 번역한 후 컴퓨터에서 실행하여야 한다. 기계어로 번역하는 방법에 따라 컴파일러 언어와 인터프리터 언어로 나눌 수 있다. **컴파일러(compiler)** 언어는 전체 프로그램을 한꺼번에 번역하여 실행 가능한 기계어로 번역한 후 이를 저장한다. 이후 그 프로그램을 실행할 때마다 저장된 기계어 프로그램을 읽어 들여 실행한다. 이와는 달리 **인터프리터(interpreter) 언어**는 프로그램을 명령어 단위로 번역하여 실행하며, 기계어 프로그램을 별도로 저장하지

는 않는다. 아래 그림에 두 방식의 차이점이 나타난다.

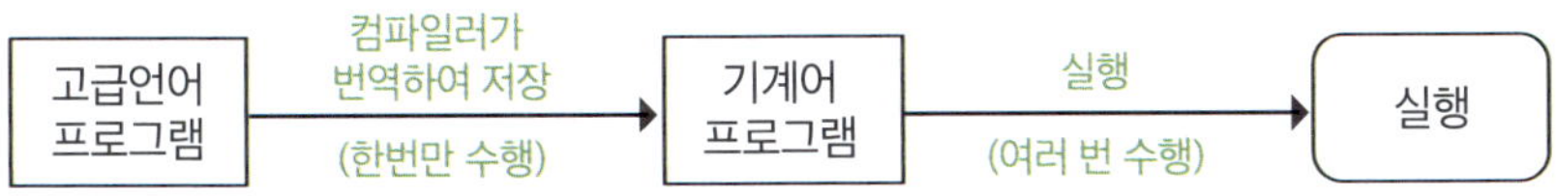


그림 1.5 컴파일러에 의한 프로그램 번역과 실행 방식

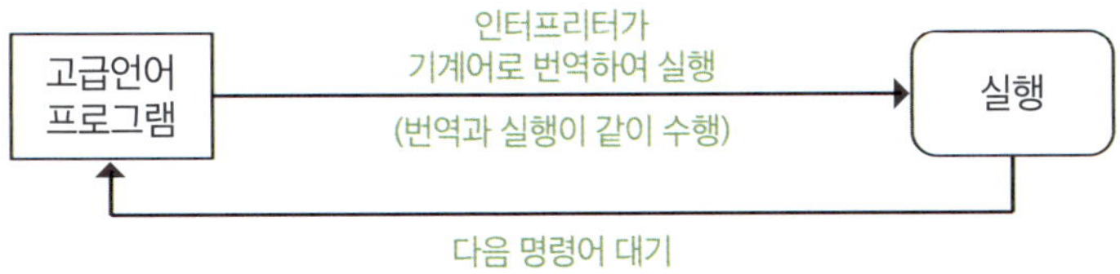


그림 1.6 인터프리터에 의한 프로그램 번역과 실행 방식

컴파일러 언어는 전체 프로그램을 한꺼번에 번역한 후 실행하는 언어를 의미하며, 한 번의 번역 후 여러 번의 빠른 실행을 할 수 있다는 장점을 갖는다. 그러나 프로그램 일부를 수정할 때에도 전체를 다시 번역하여야 하므로 융통성이 떨어진다는 단점이 있다. 대표적인 컴파일러 언어로는 C와 C++, 그리고 Java 등을 들 수 있다.

인터프리터 언어는 스크립트 언어라고도 하며 명령어 단위로 한 행씩 번역하며 실행한다. 명령어 단위로 바로 실행되기 때문에 프로그램 개발이 상대적으로 쉽고, 오류가 발생할 때 이를 확인하기도 쉽다. 그러나 같은 프로그램을 매번 실행할 때마다 번역 과정을 거쳐야 하므로 실행 시간이 늦어진다는 단점을 갖는다. 대표적인 인터프리터 언어로는 파이썬과 자바스크립트, 그리고 스크래치 등을 들 수 있다.

## 1.4 파이썬(Python) 소개

파이썬은 1991년에 Guido van Rossum에 의해 개발되었으며, 현재 가장 인기있는 프로그래밍 언어이다. 파이썬은 초보자가 배우기 쉽고, 풍부한 내장 라이브러리와 확장 패키지로 인하여 전문 개발자에게도 매우 유용한 언어로, 주요 특성은 다음과 같다.

- 영어와 유사한 **매우 쉬운 문법 구조**로 전문 개발자가 아닌 초보자도 배우기 쉽고 사용하기 쉽다. 또한 들여쓰기(indentation)로 블록을 구분해서 프로그램을 읽기 쉽다.
- 융통성 있는 **인터프리터 언어**로 프로그램을 작성하고 명령어 단위로 바로 실행할 수 있다. 오류가 발생할 경우, 오류가 난 명령어에서 실행을 멈추므로 디버깅이 용이하다.
- 파이썬은 매우 **생산성이 높은 언어**이다. 리스트(list), 사전(dictionary), 튜플(tuple), 집합(set) 등 고수준의 자료구조를 제공하며, 수많은 라이브러리를 지원하여 개발자들이 원하는 프로그램을 손쉽게 작성할 수 있도록 한다. 또한 문법이 단순하여 파이썬 언어를 배우는 시간도 단축할 수 있다.
- 파이썬은 윈도우와 리눅스, Mac OS 등 대부분의 운영체제에서 실행된다. 즉, **운영체제에 독립적**이며 다른 운영체제 간에 코드 이식이 쉽다.
- 파이썬은 오픈소스 기반의 언어로 **무료로 사용**할 수 있다. 뿐만 아니라, 파이썬 언어의 소스 코드를 다운로드한 후, 필요에 따라 수정하고 배포하는 것이 가능하다.
- 파이썬 패키지 인덱스(Python package index: PyPi)를 통하여 **다양한 외장 라이브러리를 지원**한다. 2025년 1월 기준으로 600,000개 이상의 파이썬 라이브러리 프로젝트가 등록되어 있고, 그 결과로 6,400,000개 이상의 결과물이 공개되어 파이썬 프로그래밍을 할 때 활용할 수 있다.[2]

파이썬의 개방형 구조로 인하여 다양한 오픈소스 모듈들이 개발되어 있고, 이들을 이용하여 거의 대부분의 컴퓨터 응용분야에 파이썬 프로그램을 개발할 수 있다. 대표적인 파이썬 응용분야와 관련된 파이썬 모듈은 다음과 같다.

---

https://pypi.org

- 행렬 연산이나 수치 해석 등에 활용되는 과학 계산 모듈 - numpy, scipy
- 데이터 분석 및 가공 등에 활용되는 통계 모듈 - pandas
- 그래프 작성에 사용되는 시각화 모듈 - matplotlib, seaborn
- 기계 학습과 인공지능 개발에 활용되는 모듈 - scikit-learn, tensorflow, keras
- 웹 응용 개발에 활용되는 모듈 - Flask, Django
- HTML 문서 처리 - BeautifulSoup
- 게임 프로그래밍을 위하여 활용되는 모듈 - PyGame, Pyglet, PyOpenGL
- 암호화 및 정보보안에 필요한 모듈 - cryptography, PyCryptodome, pyOpenSSL
- 데이터베이스 관련 응용에 활용되는 모듈 - SQLAlchemy, PyMySQL
- 그래픽 사용자 인터페이스(GUI) 개발에 활용되는 모듈 - tkinter, pyQT, wxPython
- 인간이 사용하는 언어(자연언어) 처리에 활용되는 모듈 - nltk

## 1.5 파이썬 설치하기

파이썬을 설치하는 방법은 파이썬 공식 사이트에서 제공되는 파이썬 설치 파일을 활용하거나, 혹은 Anaconda 배포판에 포함된 파이썬을 사용하는 것이다. 파이썬 공식 웹 사이트는 https://www.python.org/이고, 2025년 1월 현재 최신 버전은 파이썬 3.13.1이다. 매년 10월경에 새로운 파이썬 버전이 출시되고 있고, 버전 3.13.0은 2024년 10월 7일에 출시되었다. 각 버전은 출시된 후 5년간 기술지원이 이루어지는데, 2019년 10월 14일에 출시된 버전 3.8은 2024년 10월 7일부터 지원이 종료되었다. 버전 3.13은 JIT (Just-in-Time) 컴파일러를 도입하여 성능을 향상한 것이 주요 특징이다.

본 교재에서는 파이썬을 별도로 설치하지 않고, **Anaconda 배포판**을 이용하여 파이썬을 설치하도록 한다. Anaconda는 파이썬 기본 패키지에 각종 수학/과학 모듈들을 묶어서 같이 설치하는 배포 버전이다. 즉, Anaconda 하나만 설치하면 파이썬부터 파이썬 프로그래밍에 필요한 도구와 많이 사용되는 모듈들까지 한꺼번에 설치할 수 있다.

Anaconda 배포판을 이용하는 경우에도 두 가지 설치 방법이 있는데, 첫 번째는 웹 사이트 https://docs.anaconda.com/anaconda/install에서 사용자의 운영체제에 맞는 Anaconda를 다운로드한 후 설치하는 것이다. 이 방법은 한 번의 설치로 파이썬을 포함한 250개 이상의 관련 모듈들이 같이 설치된다는 장점이 있다.

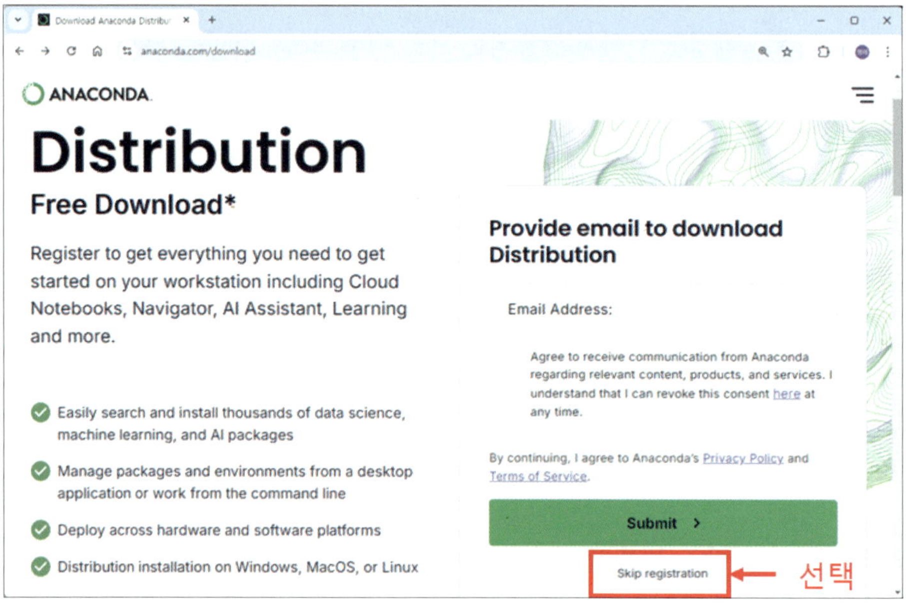


그림 1.7 Anaconda 설치 화면

두 번째 설치 방법은 conda와 파이썬만을 포함한 최소한의 배포판인 Miniconda를 이용하는 것이다. https://docs.conda.io/en/latest/miniconda.html 사이트에서 Miniconda 설치 파일을 다운로드할 수 있으며, 이 경우 70개 미만의 모듈만 설치된다. 그리고 추가로 필요한 모듈은 별도 설치하여야 한다.

2024년 기준으로 Anaconda를 설치하면 약 4.4GB 정도의 저장 공간이 필요하며, Miniconda는 1/10 수준인 480MB의 저장 공간으로 충분하다. 저장 공간 측면에서는 Miniconda를 사용하는 것이 좋겠지만, 일반인에게는 다양한 모듈의 설치과정이 어렵게 느껴질 수 있으므로 본 교재에서는 Anaconda를 기준으로 설치과정을 설명한다.

① https://www.anaconda.com/download 사이트에 접속해서 그림 1.7과 같이 [Skip registration]을 선택한다. 만약 Anaconda 제품이나 서비스에 대한 이메일을 받고 싶으면 Email Address를 입력한 후, [Submit] 버튼을 선택한다. 버튼을 선택하면 그림 1.8과 같이 자신의 운영체제에 따른 설치 파일을 다운로드할 수 있다.

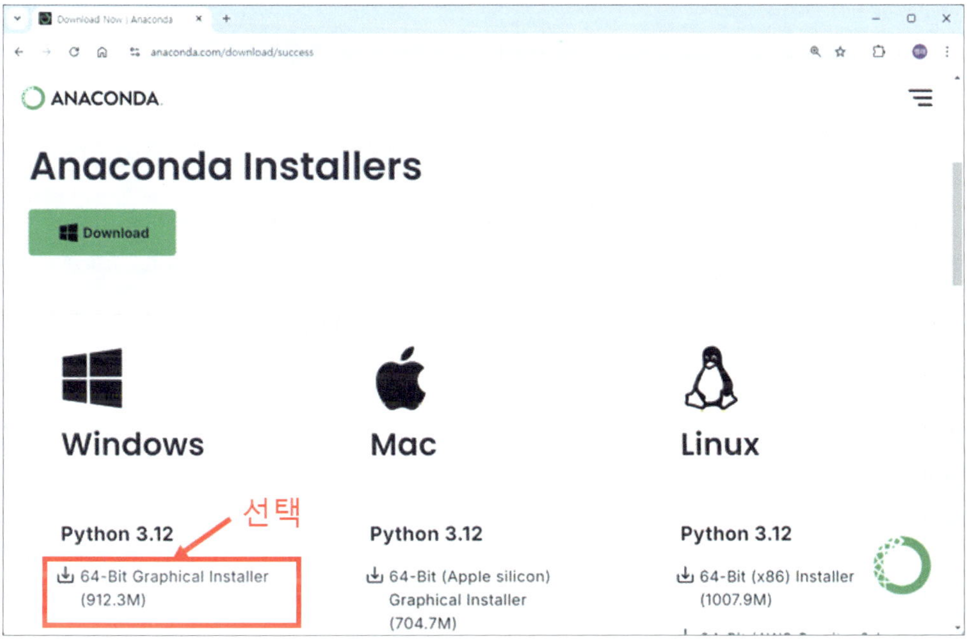


그림 1.8 윈도우 운영체제에서 Anaconda 설치 파일 다운로드

② Anaconda 설치는 웹을 이용해서 진행되므로 독자들이 설치하는 시점에는 웹 페이지가 다소 변경될 수도 있다. 설치 웹 페이지의 디자인이나 구성이 변경되더라도 동작 방식은 대동소이할 것으로 예상되므로, 당황할 필요 없이 웹 페이지 내용에 따라 침착하게 대응하면 된다.

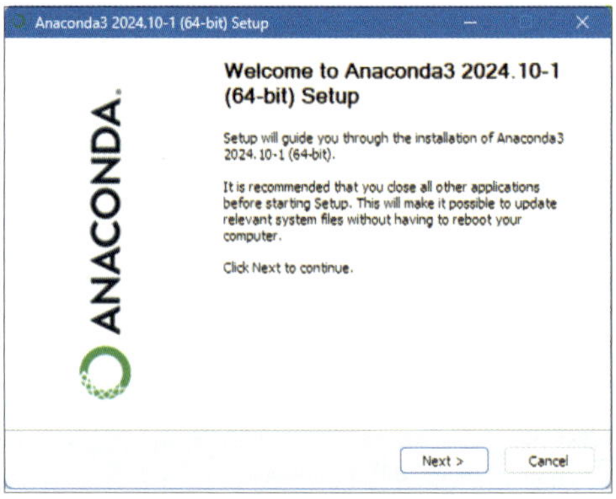


그림 1.9 Anaconda 설치화면 1

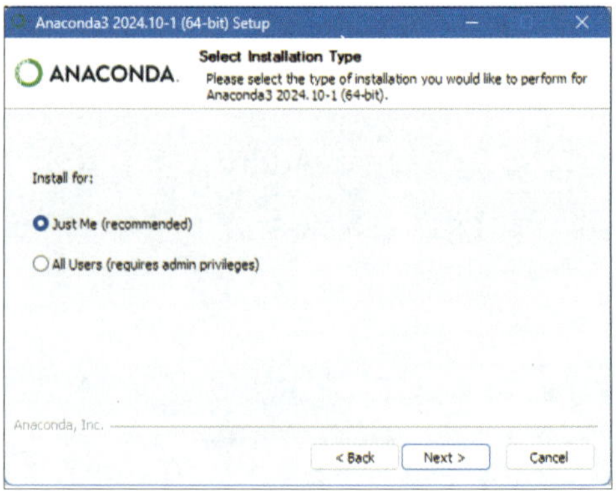


그림 1.10 Anaconda 설치화면 2

③ Anaconda 설치 파일을 정상적으로 다운로드한 후, 설치 파일을 실행한다. 그림 1.9과 같이 첫 번째 설치 화면이 나오면 [Next] 버튼을 클릭해서 다음 단계로 진행한다. 라이선스의 동의 여부를 묻는 화면에서 [I Agree] 버튼을 선택한다. 설치 유형을 묻는 단계에서는 그림 1.10과 같이 [Just me]를 선택한 후 [Next] 버튼을 클릭하면 된다. 나머지 화면에서 Anaconda가 설치될 폴더와 추가 옵션 선택 화면이 나오는데, 수정 사항이 없으면 [Next]와 [Install] 버튼을 각각 클릭하면 된다.

그림 1.11 Anaconda 설치 후 생성된 Anaconda 그룹

④ 설치가 완료된 후 윈도우의 시작 버튼을 클릭하면 그림 1.11과 같이 "Anaconda (anaconda3)" 그룹이 설치되어 있는 것을 확인할 수 있다.

⑤ 그림 1.11에서 [Anaconda Prompt] 버튼을 클릭해보자. 명령 창이 나타나는데, 이 창이 바로 Anaconda 콘솔(console) 창으로 추가적인 파이썬 모듈을 설치하거나, 혹은 명령줄에서 파이썬을 실행할 때 사용한다. 기본 모드로 Anaconda를 설치하였다면 커서는 "(base) C:₩Users₩사용자 이름>" 형태로 나올 것이다. 아래와 같이 명령어를 입력해보자. 그 결과로 현재 설치된 파이썬 버전(파이썬 3.12.7)이 출력된다.

```
(base) C:Users\user> python -V
python 3.12.7
```

⑥ Anaconda prompt에서 python 명령을 입력한 후, 아래와 같이 간단한 파이썬 프로그램을 작성해보자. ">>>" 커서에서 파이썬 명령어를 입력하면 된다.

```
(base) C:\Users\user> python
Python 3.12.7 | packaged by Anaconda, Inc. | (main, Oct  4 2024,
13:17:27) [MSC v.1929 64 bit (AMD64)] on win32
Type "help", "copyright", "credits" or "license" for more
information.
>>> radius = 3
>>> pi = 3.14159
>>> print(pi * radius ** 2)
28.27431
>>> quit()
```

## 1.6 Jupyter Notebook의 설치와 실행

그래픽 사용자 인터페이스(Graphical User Interface: GUI)를 지원하는 개발 환경을 사용함으로써 파이썬 프로그램을 편리하게 작성할 수 있다. Jupyter Notebook은 웹 브라우저에서 파이썬 프로그램을 작성하고, 실행 결과를 확인할 수 있는 오픈소스 기반의 웹 응용 프로그램이다. 파이썬으로 작성한 여러 개의 코드와 실행 결과를 하나의 문서처럼 관리할 수 있으며, 데이터 분석을 위해 여러 종류의 모듈을 불러온 후 일부 코드의 실행 결과를 확인할 수 있다. 또한, 사용자가 작성한 서식 있는 텍스트와 시각화, 수학 공식 등을 포함할 수 있다.

Anaconda 배포판으로 설치할 경우, Jupyter Notebook은 포함되어 있으므로 추가로 설치할 필요가 없다. Jupyter Notebook을 실행하는 가장 간단한 방법은 그림 1.11의 Anaconda 그룹에 포함된 "Jupyter Notebook" 아이콘을 클릭하는 것이다. 다른 방법으로는 Anaconda prompt에서 "jupyter notebook" 명령을 직접 실행하는 것도 가능하다.

아이콘을 클릭하면 제목 줄에 "Jupyter Notebook"으로 된 명령 창이 나타난 후, 웹 브라우저에 Jupyter 화면이 나타난다(화면의 주소는 http://localhost:8888/tree로 되어 있다). 명령 창은 Jupyter Notebook을 실행하는 동안 계속 켜두어야 한다. 그림 1.12와 같이 브라우저에서 파이썬 프로그램을 저장할 폴더를 선택한 후, 오른쪽에 있는 "New → Python 3"을 클릭하여 새로운 파이썬 노트북을 생성한다.[3]

3) 브라우저에 나타나는 초기 폴더는 "C:₩Users₩사용자 폴더"로 초기화되어 있고, 이를 변경하기 위해서는 아래와 같은 작업이 필요하다.
- Jupyter Notebook 아이콘을 선택한 뒤, 오른쪽 마우스 버튼을 클릭한 후 "자세히→파일 위치 열기" 선택
- 윈도우 창에서 Jupyter Notebook 아이콘을 선택한 후, 오른쪽 마우스 버튼을 클릭하여 "속성" 성택
- 대상에서 %USERPROFILE%을 원하는 폴더 이름(예: "C:₩workspace")으로 변경

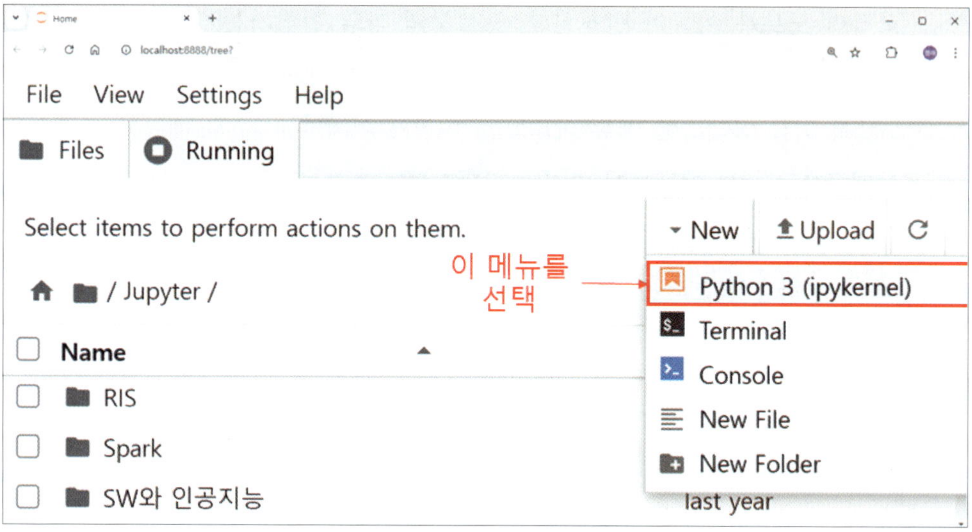


그림 1.12 Jupyter Notebook의 실행 방법

노트북을 생성하면 새로운 탭이 브라우저에 생성되며 그림 1.13과 같은 창이 나타난다. 노트북의 화면 구성은 매우 직관적이지만, 이해를 돕기 위해서 간단히 주요 기능들을 설명하도록 한다.

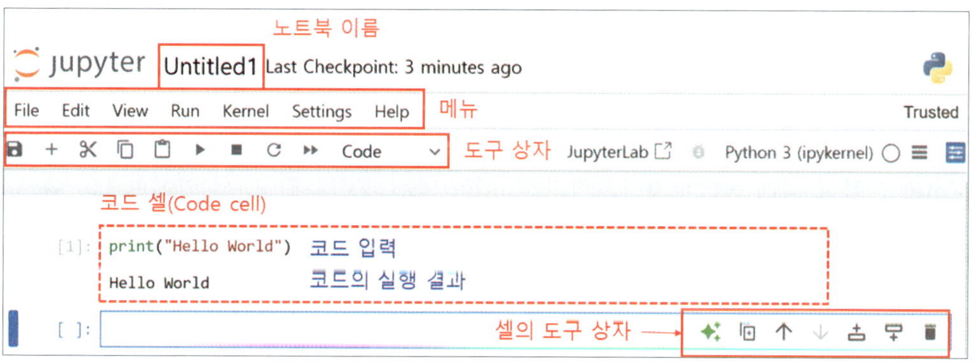


그림 1.13 Jupyter Notebook의 화면 구성

- 위쪽에 노트북의 이름이 나타난다. 초깃값은 "Untitled"로 시작하며, 이름을 클릭하면 노트북 이름을 변경하는 창이 나타나고 여기에 새로운 이름을 입

력하면 노트북 이름이 변경된다. 노트북의 파일 확장자는 "ipynb"(ipython notebook)이다.

- 노트북 이름 아래쪽에 메뉴 바(Menu bar)가 위치하는데, 각 메뉴를 선택하면 아래쪽으로 세부 메뉴들이 다시 나타난다.
- 메뉴 바 아래에 도구 상자(Tool bar)가 위치한다. Jupyter Notebook을 사용할 때 자주 사용하게 되는 도구들을 모아 놓은 곳이다. 각 도구의 용도는 다음과 같다.

표 1.1 Jupyter Notebook의 도구 상자

| 아이콘 | 설명 |
|---|---|
|  | 현재 사용 중인 노트북을 저장할 때 사용 |
|  | 새로운 코드 셀(cell)을 현재 셀 아래에 추가하라는 명령 |
|  | 선택한 셀을 각각 잘라내기, 복사, 붙여넣기하라는 명령 |
|  | 현재 선택한 셀을 실행하고, 아래에 새로운 셀 추가(ALT+ENTER) |
|  | 커널 중단, 커널 재실행, 커널과 노트북 재실행하라는 명령 |

도구 상자 다음부터는 실제 프로그램 코드나 일반 텍스트, 혹은 제목 등을 입력할 때 사용하는 **셀(cell)**이 나타난다. 도구 상자의 마지막 부분에 "Code"라고 표시된 곳이 있는데, 이는 현재 셀이 프로그램 코드를 입력하도록 설정되어 있다는 의미이다. 이 셀에 그림 1.13과 같이 `print("Hello World")` 라는 문장을 입력하고 Alt 키와 Enter 키를 동시에 눌러보자. 그 결과로 print 명령이 실행되고, 셀 밑에 `Hello World`가 출력되며 다시 새로운 셀이 생성되는 것을 알 수 있다. 각 셀에는 그림 1.14와 같이 셀에서 사용할 수 있는 도구들이 셀의 오른쪽에 표시된다.

그림 1.14 셀에서 사용할 수 있는 도구 상자

도구 아이콘에 마우스를 위치시키면 도구에 대한 설명이 나타나므로 도구의 역할을 쉽게 이해할 수 있다. 첫 번째 아이콘은 Anaconda assistant를 실행시키며, 나머지 아이콘은 셀을 중복하거나 셀의 위치 변경, 혹은 새로운 셀 추가와 셀 삭제 등의 기능을 한다.

그림 1.13의 두 번째 셀에 커서를 둔 상태에서 도구 상자의 "Code"를 클릭하여 "Markdown"으로 변경해보자. Markdown은 프로그램 코드가 아닌 일반 문장에 다양한 스타일을 적용할 때 사용하는 문법이다. Markdown으로 변경한 후, 두 번째 셀에 **# 제목입니다** 라는 문장을 입력하고 Alt와 Enter 키를 동시에 누르면, 그 결과로 "제목입니다"라는 문장이 멋있게 변했음을 알 수 있다.

여기까지 진행한 후 도구를 눌러 **노트북을 저장**하자. 그리고 노트북 이름을 "FirstNotebook"으로 변경한 후, File 메뉴의 "Close and Halt" 메뉴를 선택하여 노트북을 닫는다. Jupyter Notebook의 폴더 화면에서 방금 저장한 FirstNotebook.ipynb 파일이 보이는지 확인하자. 만약 파일이 보이면 그 파일을 클릭하여 조금 전에 작업한 내용이 그대로 남아 있는지 확인하자.

Jupyter Notebook을 종료하기 위해서는 Jupyter Notebook의 File 메뉴에서 "Shutdown" 메뉴를 선택하면 된다. 그러면 이때까지 실행되고 있던 Jupyter Notebook 명령 창이 사라지는 것을 알 수 있다. 이후 노트북을 다시 실행하기 위해서는 처음부터 과정을 반복하여야 한다.

## 1.7 파이썬을 계산기로 활용(실습)

산술 연산(+, -, *, /, //, %)을 이용하여 파이썬을 계산기로 활용하는 예제다. 다음 장에서 변수와 연산자에 대해서 자세하게 설명하겠지만, 우선 Jupyter Notebook을 이용하여 파이썬을 익숙하게 사용하기 위한 실습 과정이라고 생각하자. 노트북의 셀에 간단한 수식을 입력하고 실행하면 그 결과를 즉시 확인할 수 있다. 이때 수식에 아래와 같은 연산 기호들을 사용한다.

- + : 더하기, - : 빼기, * : 곱하기
- / : 나누기 (나누기의 결과는 소수점으로 출력)
- // : 정수 나누기로 몫을 출력한다. % : 정수 나누기에 대해 나머지를 출력한다.
- 수식 뒤에 # 표시가 된 부분이 있는데, 이는 주석(comment)으로 프로그램 코드에 대한 설명을 추가할 때 사용한다.

```
[1]: 2 + 3
5
[2]: 50 - 5 * 8
10
[3]: (50 - 5 * 8) / 2     # 실수 나누기의 결과는 실수로 표시
5.0
[4]: 19 / 3               # 실수 나누기
6.333333333333333
[5]: 19 // 3              # 정수 나누기 : 몫을 계산한다.
6
[6]: 19 % 3               # 나머지
1
[7]: 4 * 3.25 - 1         # 정수와 실수가 섞인 식의 결과는 실수
12.0
```

- 거듭제곱(**) 연산을 이용하는 예제들이다.

```
[1]: 4 ** 2               # 4^2
16
[2]: 2 ** 10              # 2^10
1024
```

• 변수는 수식의 값을 저장할 때 사용되는데, 등호(=)를 이용하여 변수에 값을 저장하는 예제들이다.

```
[1]: radius = 3
```

```
[2]: pi = 3.14159
```

```
[3]: area = pi * radius ** 2
```

```
[4]: area                        # print(area)로도 출력 가능
```

```
28.27431
```

## 연습문제

1. 다음 중 하드웨어와 소프트웨어에 대한 설명으로 잘못된 것을 모두 선택하시오.

   1) 컴퓨터 하드웨어는 컴퓨터를 구성하는 모든 물리적인 장치를 의미한다.
   2) 윈도우는 컴퓨터 하드웨어에 속한다.
   3) 컴퓨터 소프트웨어는 컴퓨터 프로그램과 같은 의미이다.
   4) 컴퓨터 프로그램이란 명령어들을 순서대로 나열해 놓은 것이다.
   5) App Store는 안드로이드 단말기에 사용되는 앱을 배포하는 플랫폼이다.

2. 다음 중 시스템 소프트웨어를 모두 선택하시오.

   1) 운영체제
   2) 데이터베이스 관리시스템
   3) 워드프로세서
   4) 스프레드시트
   5) 프리젠테이션

3. 다음 중 프로그래밍 언어에 대한 설명으로 올바른 것을 모두 선택하시오.

   1) 기계어는 CPU에 의해 바로 처리될 수 있는 명령들로 10진수의 조합으로 구성된다.
   2) 어셈블리어는 기계어보다 사용이 어렵다.
   3) 컴파일러 언어는 프로그램 일부를 수정해도 전체를 다시 번역하여야 실행할 수 있다.
   4) 인터프리터 언어는 컴파일러 언어보다 실행 시간이 빠르다.
   5) 파이썬은 인터프리터 언어이다.

4. 다음 중 파이썬 언어의 특징과 가장 거리가 먼 것은 무엇인가?

1) 영어와 유사한 매우 쉬운 문법 구조
2) 생산성이 뛰어나 빠른 개발이 가능
3) 라이브러리가 풍부
4) 하드웨어 제어 기능이 우수
5) 다양한 운영체제 지원

5. 컴퓨터가 이해할 수 있는 언어는 무엇인가?

1) 자바
2) 어셈블리어
3) 기계어
4) 파이썬

6. 고급 언어로 작성된 프로그램 전체를 기계어로 번역할 때 사용하는 프로그램은 무엇인가?

1) Assembler
2) Compiler
3) Translator
4) Interpreter

## 프로그래밍 문제

1. Jupyter Notebook을 제대로 사용할 수 있는지를 확인하기 위해 다음 과정을 차례대로 수행해보라.

   1) 노트북을 실행한 후, 새로운 파이썬 노트북을 생성하라.
   2) 노트북의 이름을 "MyPython"으로 변경하라.
   3) print 문을 이용하여 자신의 이름을 출력해보라.
   4) 2를 5번 곱한 결과를 출력해보라.
   5) "5 - (3 - 1)" 수식의 계산 결과를 출력해보라.
   6) 10을 2로 나눈 결과와 곱한 결과를 각각 출력해보라.
   7) 자르기와 붙여넣기 등의 도구를 이용하여 셀들의 위치를 변경하고, 재실행하라.
   1) MyPython 노트북을 종료하고, 다시 실행하라.

2. 1에서 만든 MyPython의 마지막 위치에 커서를 위치시킨 후, + 도구를 이용하여 셀을 추가하라. 그리고 그 셀에 Hello World! 를 입력한 후 ALT+Enter를 눌러 실행 결과를 확인하라. 오류가 발생할 경우, 오류 메시지를 확인해보자. 만약 셀에 숫자 5를 입력하고 ALT+Enter를 누르면 실행 결과가 어떻게 되는가? 셀에 Hello만 입력하고 실행하면 어떻게 되는가? 다양한 실행 결과가 나타나는 원인이 무엇인지 각자 생각해보자.

### 참고 문헌


1. https://docs.python.org/3/, Python documentation
2. https://www.anaconda.com/, Anaconda home page.
3. https://docs.conda.io/en/latest/miniconda.html, Miniconda - Conda documentation.

# 2 Chapter 파이썬 프로그래밍의 기초

**학습목표**

- 변수의 정의와 변수 이름을 만드는 규칙을 이해한다.
- 파이썬이 지원하는 정수, 실수, 문자의 자료형(data type)을 이해한다.
- 파이썬의 기초적인 문법을 이해한다.
- 표준 입력장치에서 데이터를 입력받고 표준 출력장치로 데이터를 출력할 수 있다.
- Turtle 그래픽스를 사용할 수 있다.

## 2.1 변수

**변수**(variable)란 프로그램에서 값이나 연산의 결과 등을 저장하는 곳이다. 아래 예에서는 변수 x에 정수 10을 저장한다.

[1]:
```
x = 10
```

위의 셀 [1]은 하나의 파이썬 **문장**(statement)을 나타낸다. 각 문장은 컴퓨터가 수행해야 하는 하나의 작업을 의미하는데, 앞의 문장은 이름이 x인 변수를 생성하고 대입 연산자 '='를 이용하여 변수 x에 값을 지정하라는 의미이다. 파이썬에서는 대부분의 문장들이 한 줄로 끝나지만, 경우에 따라서는 하나의 문장이 여러 줄에 걸쳐서 나타날 수 있다. 다음 문장은 변수 y에 5라는 값을 대입하라는 문장이다.

[2]:
```
y = 5
```

이제 아래와 같이 변수 x와 y의 값을 수식에 사용할 수 있다.

```
[3]: x + y
```

```
15
```

셀 [3]에서 '+' 기호는 더하기 연산자를 나타낸다. 종종 수식의 결과를 저장한 후, 나중에 사용할 필요가 있다. 아래 문장은 x와 y의 합을 total 변수에 저장한 후, 이 변수의 값을 출력한다.

```
[4]: total = x + y
[5]: total
```

```
15
```

**변수 이름을 만드는 규칙**은 다음과 같다.

- 변수 이름의 첫 번째 문자는 영문자(A-Za-z)나 밑줄(_) 문자다.
- 변수 이름의 그 이후 문자는 영문자, 밑줄, 그리고 숫자를 사용할 수 있다. 주의할 점은 변수 이름에는 공백이 포함될 수 없다는 것이다. 예를 들면 "Hello"는 변수 이름으로 사용할 수 있지만, "Hello World"는 사용할 수 없다.
- 변수 이름은 대소문자를 구분한다. 즉, age, Age, AGE는 모두 다른 변수를 나타낸다.
- 한글 이름도 변수 이름으로 사용할 수 있다.

```
[6]: 차이 = x - y
     차이
```

```
5
```

- 아래에 나타나는 "사용이 예약된 단어들"(reserved words)은 변수 이름으로 사용할 수 없다.

```
['False', 'None', 'True', 'and', 'as', 'assert',
'async', 'await', 'break', 'class', 'continue',
'def', 'del', 'elif', 'else', 'except', 'finally',
'for', 'from', 'global', 'if', 'import', 'in',
'is', 'lambda', 'nonlocal', 'not', 'or', 'pass',
'raise', 'return', 'try', 'while', 'with', 'yield']
```

## 2.2 자료형

**자료형**(data type)이란 컴퓨터로 표현할 수 있는 데이터의 종류를 의미한다. 파이썬은 다양한 형태의 정보를 저장할 수 있는 내장 자료형(built-in data types)을 제공한다. 물론 필요할 경우, 사용자가 추가로 자신의 자료형(user-defined data types)을 만들어 사용할 수 있다. 표 2.1에 파이썬이 제공하는 주요 자료형들을 나타낸다.

표 2.1 파이썬이 제공하는 주요 자료형

| 자료형 | 설명 | 예 |
|---|---|---|
| int | 정수를 표현하는 자료형 | 123, -123, 0 |
| float | 실수를 표현하는 자료형 | 3.14159, -2.7 |
| str | 문자열을 표현하는 자료형<br>큰 따옴표(" ")나 작은따옴표(' ')를 사용 | "Korea", '123', '안녕' |
| bool | 참(True)과 거짓(False)을 표현하는 자료 | True, False |
| list | 순서가 있는 데이터의 집합을 표현. 내용 변경이 가능 | [1, 2, 2, 3, 5] |
| tuple | 순서가 있는 데이터의 집합을 표현. 내용 변경이 불가능 | (1, 2, 2, 3, 5) |
| set | 집합을 표현. 중복이 되지 않으며, 데이터의 순서가 없음. 내용 변경 가능 | {1, 2, 3, 5} |
| dict | (키:값)의 쌍을 저장할 때 사용. 데이터의 순서가 없으며 내용 변경 가능 | {'철수':90, '영희':95} |

list와 tuple, set과 dict 등은 여러 개의 데이터를 저장할 때 사용하는 자료형으로 4장에서 자세히 설명하도록 하며, 이번 장에서는 int, float, str 자료형에 대해 살펴본다.

파이썬의 변수에는 정수와 실수, 그리고 문자열을 자유롭게 저장할 수 있다. 이때 각 변수에 저장된 값의 자료형을 알기 위해서 type() 함수를 사용하면 된다.

```
[1]:  s = "What a wonderful world!"
      type(s)

      str
```

또한, int(), float(), str() 등의 함수를 사용하여 자료형을 다른 자료형으로 변경할 수도 있다. 이때 함수의 입력 값이 변경될 자료형과 맞지 않을 경우에는 오류가 발생할 수 있으니 주의해야 한다. 표 2.2에 자료형 변경의 예를 나타내었다.

**문자열(string)**은 작은따옴표(' ')나 큰 따옴표(" ")로 묶은 문자(character)들을 의미한다. C나 자바의 경우에는 'A'와 "A"를 구분하여 전자는 하나의 문자, 후자는 여러 개의 문자로 구성된 문자열로 사용하지만, 파이썬에서는 모두 같은 문자열로 간주한다.

표 2.2 자료형의 변경

| 문장 | 실행 결과 | 설명 |
|---|---|---|
| • x = int(1)<br>• y = int(2.6)<br>• z = int("3")<br>• er = int("3.2") | • x에 1이 할당<br>• y에 2가 할당<br>• z에 3이 할당<br>※ 오류 발생 | • 정수를 정수로 변경<br>• 실수를 정수로 변경<br>• 문자열을 정수로 변경<br>← 3.2는 정수가 아니므로 오류 |
| • x = float(1)<br>• y = float(2.6)<br>• z = float("3")<br>• er = float("hello") | • x에 1.0이 할당<br>• y에 2.6이 할당<br>• z에 3.0이 할당<br>※ 오류 발생 | • 정수를 실수로 변경<br>• 실수를 실수로 변경<br>• 문자열을 실수로 변경<br>← hello는 실수가 아니므로 오류 |
| • x = str(1)<br>• y = str(2.6)<br>• z = str("3") | • x에 '1'이 할당<br>• y에 '2.6'이 할당<br>• z에 '3'이 할당 | • 정수를 문자열로 변경<br>• 실수를 문자열로 변경<br>• 문자를 문자열로 변경 |

따옴표를 포함하고 있는 문자열을 표현할 때는 다소 주의가 필요하다. 예를 들면, 아래와 같이 You're를 포함하고 있는 문자열을 작은따옴표로 묶게 되면, 문자열이 끝나는 지점이 불분명해져서 오류가 발생한다. 이럴 때는 문자열에 포함된 따옴표와 다

큰 따옴표로 문자열을 묶어야 한다.

```
[2]: print('You're a good man')
     SyntaxError: invalid syntax
[3]: print("You're a good man")
     You're a good man
```

만약 문자열에 작은따옴표와 큰 따옴표가 모두 포함되어 있다면, 아래 예와 같이 같은 모양의 따옴표 3개로 문자열을 묶는 방법도 가능하다.

```
[4]: print("""문자열에 "큰 따옴표"와 '작은 따옴표'가 같이 있음""")
     문자열에 "큰 따옴표"와 '작은 따옴표'가 같이 있음
```

## 2.3 산술 연산자

많은 프로그램에서 사칙연산과 같은 **수식(expression)**을 포함하고 있고, 산술 연산자는 수식을 표현할 때 사용하는 연산자이다. 파이썬에서 사용하고 있는 산술 연산자를 표 2.3에 정리한다. 연산자의 의미는 일반적으로 인간이 사용하는 기호와 유사하나, 피연산자의 자료형에 따라 의미가 조금 달라질 수 있으니 주의해야 한다.

표 2.3 산술 연산자

| 연산자 | 피연산자에 따른 연산자의 의미 | 실행의 예 |
|---|---|---|
| + | int와 float: 두 수를 더하기<br>str: 두 개의 문자열을 연결하기 | 5 + 3 → 8<br>"My" + "Name" → "MyName" |
|  | int와 float: 두 수를 빼기 | 5 - 3 → 2 |
| * | int와 float: 두 수를 곱하기<br>str: 문자열을 여러 번 반복하기 | 5 * 3 → 15<br>"Hello" * 3 → "HelloHelloHello" |
| ** | int와 float: 거듭제곱을 구하기 | 2 ** 4 → 16 (= $2^4$) |

| / | int와 float: 실수 나누기 | 5 / 3 → 1.6666666666666667 |
|---|---|---|
| // | int와 float: 정수 몫 구하기 | 5 // 3 → 1 |
| % | int와 float: 정수 나머지 구하기 | 5 % 3 → 2 |

나누기 연산자(/, //, %)의 경우에는 **0으로 나누면 오류가 발생**하니 주의해야 한다.

```
[1]: 5 / 0
     ZeroDivisionError: division by zero
```

괄호를 포함한 수식의 경우에는 괄호 안의 수식을 먼저 처리한다. 예를 들면, 아래 두 수식에서 괄호의 유무에 따라 실행 결과가 달라진다는 것에 주의하자.

```
[2]: 10 * (2 + 3)
     50
[3]: 10 * 2 + 3
     23
```

여러 개의 연산자로 구성된 수식의 경우, **연산자의 우선순위**에 따라 실행 결과가 결정된다. 파이썬에서 제공되는 연산자의 우선순위는 다음과 같이 정리할 수 있다.

- **괄호를 포함한 수식을 먼저 계산**한다. 괄호가 여러 개 중첩되어 있는 경우에는 가장 안쪽의 괄호부터 먼저 계산한다. 예를 들면, (5 / (2 + 3)) 수식에서 2 + 3부터 먼저 계산한다.
- 다음으로 **거듭제곱 연산을 계산**한다. 거듭제곱 연산자가 여러 개 중첩되어 있는 경우에는 오른쪽 연산자부터 먼저 계산한다. 예를 들면, 4 ** 3 ** 2 수식은 3 ** 2를 먼저 계산한 후 ($3^2$=9), 4 ** 9를 계산한다.
- 다음으로 **곱하기와 나누기, 나머지 연산**을 계산한다. 이들 연산자는 우선순위가 같으며, 여러 개의 곱하기/나누기/나머지 연산들이 중첩되면 왼쪽 연산자부터 먼

저 계산한다. 예를 들면, 4 * 3 // 2 수식은 ((4 * 3) // 2)의 순서로 처리되며, 결과는 6이다.

- 마지막으로 더하기와 빼기 연산을 계산한다. 이들 연산자는 우선순위가 같으며, 여러 개의 더하기와 빼기 연산들이 중첩되면 왼쪽 연산자부터 먼저 계산한다. 예를 들면, 4 - 3 - 2 수식은 ((4 - 3) - 2)의 순서로 처리되며, 결과는 -1이다.

정수로 구성된 수식의 경우, / 연산자를 제외하고는 결과 값의 자료형은 항상 정수(int)이다. / 연산자의 경우에는 항상 실수(float) 값을 생성한다. 실수로 구성된 수식의 경우에는 결과 값은 항상 실수이다. **정수와 실수가 섞여 있는 경우** 결과 값은 항상 실수이다.

```
[4]: type(10 * 2 + 3)
int
[5]: type(3.14159 * 3.2 ** 2.0)
float
[6]: type(4.2 // 2)
float
```

## 2.4 주석과 대입문

**수석(comment)**은 프로그램을 설명하는 내용이나 참고 사항 등을 프로그램 내에 기술할 때 사용한다. 주석은 "#"기호로 시작하며, # 후에 나오는 내용은 주석으로 취급하여 프로그램 실행에 영향을 미치지 않는다.

```
[1]: # 이 줄은 전체가 주석입니다.
```

[2]:
```
result = 3 + 2 ** 4     # 여기서부터 주석입니다.
```

앞에서 설명했듯이 "=" 연산자는 변수에 값을 대입할 때 사용하는 대입 연산자이다. **대입문(assignment statement)**이란 "=" 연산자 오른쪽의 값이나 수식의 결과를 왼쪽 변수에 대입하는 문장을 의미한다. 변수의 자료형은 대입하는 값에 의해 결정된다.

[3]:
```
x = 1          # 값을 변수에 대입하는 경우
```
[4]:
```
y = x + 1      # 수식을 변수에 대입하는 경우. y의 값은 2가 된다.
```

그러나 아래와 같이 "=" 연산자의 왼쪽과 오른쪽을 바꾸어 사용하면 오류가 발생한다. 반드시 "=" **연산자 왼쪽에 변수 이름**을 두어야 한다.

[5]:
```
1 + 1 = a
```
```
SyntaxError: cannot assign to operator
```

여러 개의 변수에 값을 대입하는 문장은 아래와 같이 다양하게 표현할 수 있다.

[6]:
```
x = 1             # 두 개의 문장으로 x와 y에 값을 대입하는 방법
y = 2             # 가장 쉬운 방법이며, 많이 사용된다.
```
[7]:
```
x, y = 1, 2      # 변수와 값을 ,로 구분하여 여러 개를 동시에 대입
```
[8]:
```
x = 1; y = 2     # 세미콜론(;)으로 두 개의 문장을 한 줄에 작성
```
[9]:
```
x, y = y, x      # 변수 x와 y의 값을 교환하는 문장
```
[10]:
```
x = y = 3        # 변수 x와 y에 같은 값을 대입하는 문장
```

변수가 이미 있을 경우에 새 값을 할당하면 기존의 값을 잃어버리고 새로운 값으로 변경된다.

[11]:
```
x = 2          # 변수에 정수를 대입
```
[12]:
```
type(x)        # 자료형을 확인
```
```
int
```
[13]:
```
x = "Hello"    # 동일한 변수에 다른 자료형을 대입
```
[14]:
```
type(x)        # 자료형을 확인
```
```
str
```

## 2.5 키보드 입력

파이썬의 input() 함수는 사용자가 키보드에 입력한 데이터를 읽어 들여 변수에 할당할 때 사용한다. input() 함수를 사용하는 문법은 다음과 같다.

<변수 이름> = input(<prompt 문자열>)

<prompt 문자열>은 사용자의 입력을 기다릴 때 출력되는 문자열이다. 파이썬은 input() 함수가 실행되면 "prompt 문자열"을 출력한 후 사용자가 키보드 입력을 한 후 Enter 키를 누를 때까지 대기한다. 사용자가 어떤 내용을 입력하든 **문자열로 변수에 저장**된다.

[1]:
```
name = input("이름을 입력하세요: ")
```
```
이름을 입력하세요: 홍길동
```
[2]:
```
name
```
```
'홍길동'
```

위의 예에서 "이름을 입력하세요: "가 prompt 문자열이며, 1번 셀을 실행시키면 prompt 문자열이 출력된 상태에서 사용자의 키보드 입력을 기다린다. 사용자가 **홍길동**이라는 데이터를 입력하면 name 변수에 문자열의 형태로 저장된다. 만약 사용자

가 '**홍길동**'을 입력한다면 작은따옴표도 데이터로 인식하여 변수에 같이 저장된다.

[3]:
```
name = input("이름을 입력하세요: ")
```
이름을 입력하세요: '홍길동'

[4]:
```
name
```
"'홍길동'"

input() 함수가 문자열을 변수에 저장하므로 숫자를 입력할 경우에는 주의가 필요하다. 다음의 예를 살펴보자.

[5]:
```
x = input("첫번째 수를 입력하세요: ")
```
첫번째 수를 입력하세요: 5

[6]:
```
y = input("두번째 수를 입력하세요: ")
```
두번째 수를 입력하세요: 4

[7]:
```
x + y
```
'54'

input() 함수가 문자열을 반환하므로 변수 x에는 "5", 변수 y에는 "4"가 저장되고, 두 변수의 합을 구할 경우 **문자열의 덧셈이 적용**되어 두 개의 문자열을 연결한 "54"가 출력된다. 정수 덧셈을 원하는 경우에는 이러한 결과가 다소 당황스러울 수 있다.

input() 함수의 결과를 문자열이 아닌 다른 자료형으로 변환하기를 원한다면 앞의 "2.2 자료형" 절에서 배운 int()와 float() 함수를 쓸 수 있다.

[8]:
```
x = input("정수를 입력하세요: ")
```
정수를 입력하세요: 5

[9]:
```
x = int(x)
```

[10]:
```
x
```

```
5
```

즉, 셀 9와 같이 input()의 결과를 받은 변수의 자료형을 int 형으로 변환하면 된다. 물론 이 프로그램은 사용자가 정수 형태의 문자열을 입력하는 경우에만 정상적으로 동작한다. 셀 8과 셀 9를 아래와 같이 한 문장으로 표현하는 것도 가능하다.

[11]:
```
y = int(input("또 다른 정수를 입력하세요: "))
```
```
또 다른 정수를 입력하세요: 4
```

[12]:
```
x + y
```
```
9
```

위의 셀 5, 6과 같이 여러 개의 데이터를 입력받을 경우 input() 함수를 여러 번 작성하여야 한다. 그러나 프로그램 길이를 줄이기 위하여 **input().split() 함수**를 이용함으로써 여러 개의 데이터를 하나의 문장으로 입력받을 수 있다. 여기에서 split()는 str 자료형에 적용 가능한 함수인데, 공백을 기준으로 하나의 문자열을 여러 개의 문자열로 나누는 기능을 한다. 아래 예를 살펴보자.

[13]:
```
x, y = input("남학생과 여학생의 수를 입력하세요: ").split()
print("남학생의 수: ", x)
print("여학생의 수: ", y)
```
```
남학생과 여학생의 수를 입력하세요: 10 20
남학생의 수: 10
여학생의 수: 20
```

두 개의 데이터를 공백으로 구분하여 입력하면, 처음에 입력한 "10"이 x에 저장되고 그 다음으로 입력한 "20"이 y에 저장된다. 단, **split() 함수도 문자열을 반환**하므로 x와 y에 저장되는 데이터는 모두 문자열이다.

**여러 개의 정수를 입력받는 방법**은 반복문을 이용하는 것이다. 반복문은 3장에서 사세히 설명하겠지만, 연습문제 등을 풀 때 여러 개의 정수를 입력받는 경우가 필요하므로 간단히 입력받는 예제만 소개한다. 예제에 대한 설명은 다음 장으로 연기하지만 독자들 스스로 이해하려고 노력해보자.

[14]:
```
a, b, c = [ int(x) for x in input('정수 3개를 입력: ').split() ]
```
정수 3개를 입력: 10 20 30

[15]:
```
a + b + c
```
60

## 2.6 화면에 출력

화면에 데이터를 출력할 때 가장 많이 사용하는 함수는 print()다. 물론 변수 이름이나 수식을 셀의 맨 앞에 적어서 그 결과를 바로 출력할 수도 있지만, print() 함수를 사용함으로써 여러 개의 변수 값을 동시에 출력할 수도 있고, 혹은 다양한 출력 메시지와 함께 출력하는 것도 가능하다. print() 함수를 사용하는 문법은 다음과 같다.

```
print(데이터1, 데이터2, ..., 데이터n)
```

print() 함수는 콤마(,)로 구분된 여러 개의 데이터를 차례대로 화면에 출력한다. 이때 각 데이터는 수식, 문자열, 혹은 변수일 수 있다. 각각의 데이터를 출력할 때마다 공백 한 개가 추가된다. 아래 예는 문자열과 수식을 섞어서 사용자가 보기 편하게 출력한 것이다.

[1]:
```
print("더하기의 결과는", 5+3, "입니다.")
print("5 / 3 =", 5/3)
```
더하기의 결과는 8 입니다.

5 / 3 = 1.6666666666666667

위의 예에서 나타나듯이 print() 문의 결과를 출력한 후, 자동으로 줄 바꿈 처리하여 다음 print() 문의 결과가 새로운 줄에서 시작하도록 한다. 그러나 경우에 따라 두 개의 **print() 문의 결과를 한 줄에 이어서 출력**할 필요가 있고, 이를 위해서는 앞의 print() 문의 마지막에 end = " "이란 명령을 추가하면 된다. 아래 예를 살펴보고, 차이점을 확인하자.

[2]:
```
print("더하기의 결과는", 5+3, "입니다.", end = " ")
print("5 / 3 =", 5/3)
```

```
더하기의 결과는 8 입니다. 5 / 3 = 1.6666666666666667
```

비슷한 방식으로 sep = "구분자" 명령을 추가하면 데이터를 출력할 때 공백이 아닌 다른 구분자로 구분하여 출력할 수 있다.

[3]:
```
print(1, 2, 3, 4, 5)                 # 공백으로 구분하여 출력
print(1, 2, 3, 4, 5, sep=", ")  # ,와 공백으로 구분하여 출력
print(1, 2, 3, 4, 5, sep="")     # 공백없이 붙여서 출력
```

```
1 2 3 4 5
1, 2, 3, 4, 5
12345
```

기본적인 print() 함수는 수식의 값을 그대로 출력하므로 출력 형태를 정리하기 위해서는 좀 더 세련된 방법이 필요하다. 예를 들면, 앞의 셀 2에서 5 / 3의 결과로 소수점 아래로 아주 많은 수들이 출력되는데, 이를 소수점 둘째 자리까지만 출력할 필요도 있다. 이런 것을 **포맷 지정 출력(formatted output)**이라고 한다. 파이썬에서는 아래와 같은 다양한 포맷 지정 출력 방식을 지정한다.

- % 연산자를 이용하는 방법
- format() 함수를 이용하는 방법
- f-string을 이용하는 방법

### 2.6.1 % 연산자를 이용한 포맷 지정

**% 연산자를 이용한 포맷 지정 방식**은 문자열 안에 서식문자(%d, %f, %s 등)를 지정하고, % 연산자 이후에 괄호로 출력될 데이터를 두는 방식이다. 출력 데이터가 정수이면 %d, 실수이면 %f, 문자열이면 %s를 사용하며, 출력할 자리수와 실수의 정밀도 등을 서식문자와 같이 표현한다. 예를 들면, %3d는 정수를 세 자리로 표시하라는 것이고, %.2f는 실수를 소수점 아래 둘째 자리까지 표시하라는 의미다.

[4]:
```
x = 31
print("%s: 정수 = %5d, 실수 = %.2f" % ("출력"*3, x, 8/3))
```
```
출력출력출력: 정수 =    31, 실수 = 2.67
```

위의 예와 같이 % 연산자가 여러 개 있을 경우, 서식 문자와 값은 순서대로 대응된다. 즉, %s에는 "출력"*3의 결과가 대응되고, %5d에는 x의 값이 출력된다. %.2f에는 8/3의 계산 결과가 출력된다.

출력할 내용이 복잡할 경우 % 연산자 방식은 가독성이 떨어져 빈번한 오류의 원인이 되므로 파이썬의 최신 버전에서는 이 방식을 권장하지 않는다.

### 2.6.2 format() 함수를 이용한 포맷 지정

**format() 함수**는 문자열(str)에 정의된 함수로 중괄호{ }안에 서식을 지정하고, format() 함수의 입력 인자로 출력할 값을 둔다.

[5]:
```
x, y = 31, 8/3
print("{0}:정수 = {1:5d}, 실수 = {2:.2f}".format("출력", x, y))
```
```
출력: 정수 =    31, 실수 = 2.67
```

중괄호 안에 숫자는 format() 함수의 인자 중에서 몇 번째 값에 해당하는지를 표시한다. 예를 들면, {0}은 첫 번째 인자를 그 자리에 표시하라는 것이고, {1:5d}는 두 번째 인자를 5자리 정수로 출력하라는 의미이다. {2:.2f}는 세 번째 인자를 소수점이하 2자리만 출력하라는 뜻이다. 중괄호 안에 숫자를 생략할 수 있는데, 이럴 경우에는 % 연산자와 마찬가지로 format() 함수의 인자와 순서대로 대응하면 된다.

[6]:
```
x, y = 31, 8/3
print("{}: 정수 = {:5d}, 실수 = {:.2f}".format("출력", x, y))
```
```
출력: 정수 =    31, 실수 = 2.67
```

아래 예는 2의 제곱근을 출력하는 문장으로 중괄호 안에 숫자가 없는 명령도 실행 결과가 동일함을 알 수 있다.

[7]:
```
print('sqrt({0}) = {1:.5f}'.format(2, 2**0.5))
```
```
sqrt(2) = 1.41421
```

[8]:
```
print('sqrt({}) = {:.5f}'.format(2, 2**0.5))
```
```
sqrt(2) = 1.41421
```

### 2.6.3 f-string을 이용한 포맷 지정

마지막 포맷 지정 방식은 f-string을 이용하는 것이다. 단, 이 기능은 파이썬 3.6 이상의 버전에서만 사용할 수 있다. f-string이란 f로 시작되는 문자열로 문자열 안의 중괄호에 출력할 변수나 수식을 바로 입력하면 된다.

[9]:
```
x = 31
msg = "포맷 지정 출력"
print(f'{msg}: 정수 = {x:5d}, 실수 = {8/3:.2f}')
```
```
포맷 지정 출력: 정수 =    31, 실수 = 2.67
```

위의 예에서 f-string은 **f'문자열 {변수나 수식} 또 다른 문자열 {변수나 수식}...'**의 형태를 갖는다는 것을 알 수 있다. 중괄호에는 msg나 x와 같은 변수 이름이 들어갈 수 있고, 8/3과 같은 수식이 입력될 수도 있다. 또한, 서식문자는 % 연산자나 format() 함수와 같이 5d, .2f 등을 사용할 수 있다.

지금까지 배운 세 가지 포맷 지정 방식으로 구성한 아래 3개의 print() 문장들이 모두 같은 내용을 출력하는 것을 확인하기 바란다.

[10]:
```
name = '홍길동'
age = 21
print('%s의 나이는 %d세 입니다' % (name, age))
print('{}의 나이는 {}세 입니다'.format(name, age))
print(f'{name}의 나이는 {age}세 입니다')
```

```
홍길동의 나이는 21세 입니다
홍길동의 나이는 21세 입니다
홍길동의 나이는 21세 입니다
```

## 2.7 터틀 그래픽(Turtle Graphics)

터틀 그래픽은 윈도우에 다양한 그림을 그릴 수 있도록 만들어진 파이썬 모듈이다. 터틀은 우리말 그대로 거북이를 나타내며, 터틀 그래픽은 펜을 꼬리에 묶은 거북이를 종이 위에서 움직이면 그 결과로 종이에 그림이 그려진다는 개념을 구현한 것이다. 터틀 그래픽의 명령어를 이용하여 거북이의 움직이는 방향과 거리, 펜의 색깔 등을 제어할 수 있고, 이를 이용하여 다양한 도형을 그릴 수 있다. 그림 2.1은 터틀 그래픽을 이용하여 그린 도형의 예를 나타낸다.

그림 2.1 터틀 그래픽스를 이용하여 그린 도형의 예

윈도우 상에서 터틀은 화살표나 혹은 거북이 아이콘으로 표시된다. 윈도우에서 터틀이 위치하는 지점은 (x, y) 좌표로 표시하며, 프로그램을 시작하면 터틀은 윈도우의 중앙인 좌표 (0, 0)에 위치한다. 터틀의 이동 방향은 각도로 표시한다. 초기 각도는 0도로 동쪽을 가리키고, 각도를 증가함에 따라 이동 방향이 왼쪽으로 움직인다. 90도는 북쪽, 180도는 서쪽, 270도는 남쪽을 가리킨다. 터틀이 이동하면서 그려지는 선의 색깔도 설정할 수 있는데, 초기에는 검정으로 설정되어 있으며 다양한 색깔("red", "green", "blue" 등)로 변경할 수 있다. 물론 선의 두께도 변경이 가능하다. 마지막으로 터틀이 움직일 때마다 선이 그려질지, 혹은 단순히 터틀의 위치만 변경할지에 대한 설정도 할 수 있다.

터틀 그래픽을 사용하기 위해서는 먼저 turtle 모듈을 아래와 같이 가져와야 한다.

```
[1]: import turtle    # turtle 그래픽스를 위한 모듈을 가져오기
```

터틀 그래픽에서 제공하는 연산은 **윈도우 속성에 대한 연산과 터틀 속성에 대한 연산**으로 나뉜다. 윈도우 연산으로는 배경색 변경(bgcolor), 윈도우에 그려진 모든 그래픽을 지우기(clear), 윈도우 상의 터틀을 초기화(reset) 등의 연산을 들 수 있다. 아래 코드는 윈도우 스크린 색상을 연두색으로 변경하는 코드이다.

[2]:
```
screen = turtle.Screen()      # 그래픽스 출력을 위한 화면 표시
screen.bgcolor("light green")
```

터틀 속성에 대한 대표적인 연산은 표 2.4에 나타나며, 아래는 이를 이용해서 사각형을 그리는 프로그램을 나타낸다. 동쪽부터 시작해서 100씩 이동한 후, 방향을 왼쪽으로 90도만큼 변경한다. 이 과정을 네 번 반복하면 길이가 100인 정사각형이 그려진다.

[3]:
```
t = turtle.Turtle()     # 그림을 그리기 위한 펜을 생성
t.shape("turtle")       # 펜의 모양을 거북이로 설정
t.forward(100)          # 펜을 앞으로 100만큼 전진
t.left(90)              # 왼쪽으로 90°만큼 펜의 방향을 변경
t.forward(100)
t.left(90)
t.forward(100)
t.left(90)
t.forward(100)
```

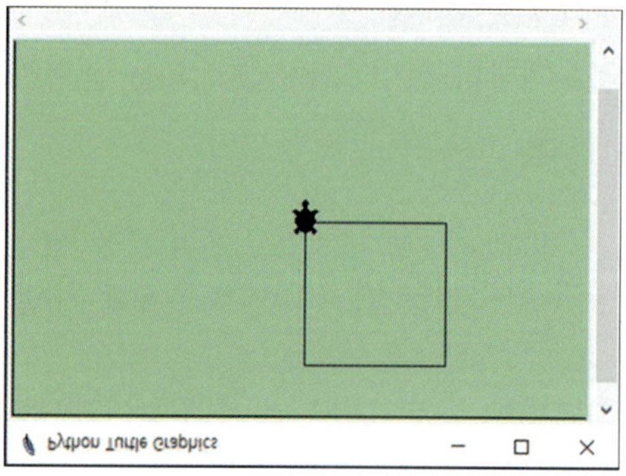


그림 2.2 프로그램의 실행 결과

표 2.4 터틀 그래픽의 주요 연산

| 연산 | 설명 |
|---|---|
| t = turtle.Turtle() | 그림을 그리기 위한 터틀 t를 생성 |
| t.shape() | 터틀의 모양 설정("arrow", "turtle", "circle", "square", ...) |
| t.forward(distance) | t를 distance만큼 이동 (방향은 현재 설정된 대로) |
| t.left(degree)<br>t.right(degree) | t를 왼쪽, 혹은 오른쪽으로 원하는 각도만큼 방향 변경 |
| t.circle(radius) | 반지름이 radius인 원을 그리기 |
| t.color(r, g, b)<br>t.color(문자열) | t의 펜 색을 RGB 값, 또는 문자열 색깔로 변경<br>문자열: "red", "green", "blue", "yellow", "black", ... |
| t.width(number) | t의 선 두께를 변경 |
| t.setheading(degree) | t의 방향 설정. 0: 동쪽, 90: 북쪽, 180: 서쪽, 270: 남쪽 |
| t.goto(x, y) | t를 (x, y) 좌표로 이동 |
| t.home() | t를 윈도우의 중앙에 위치시키고, 방향은 동쪽으로 설정 |
| t.speed(s) | 거북이의 움직이는 속도를 s 값으로 제어<br>가장 빠르게: 0, 빠르게: 10, 보통: 6, 느리게: 3, 매우 느리게: 1 |
| t.up() | t의 펜을 올리기 (이후 그림이 그려지지 않음) |
| t.down() | t의 펜을 내리기 |
| turtle.clearscreen() | 윈도우에 그려진 모든 그래픽을 지우기 |
| turtle.mainloop() | 이벤트를 시작하라는 명령. 프로그램의 마지막에 위치할 것 |
| turtle.bye() | 터틀 그래픽을 종료하라는 명령. 프로그램의 끝에 위치할 것 |

삼각형을 그리기 위해서는 위의 프로그램을 어떻게 수정하면 될까? 각자 삼각형과 오각형, 육각형 등 다양한 도형을 그려보기 바란다. 일부 도형은 연습문제로 남긴다. 다음 장에서 반복문을 배운 후, 터틀 그래픽을 이용하여 더욱 재미있는 도형을 그릴 수 있다. 터틀 그래픽을 종료할 경우에는 turtle.mainloop()과 turtle.bye() 명령을 차례로 호출한다.

## 프로그래밍 실습

일반적으로 프로그램을 개발하는 것은 쉽지 않은 작업이다. 특히 초보자인 경우는 프로그래밍 언어에 대한 문법 지식도 약하고, 또한 프로그램을 이용하여 문제를 푸는 방법론도 익숙하지 않은 경우가 많다. 프로그래밍 능력을 향상하는 가장 좋은 방법은 (1) 좋은 프로그래밍 예제들을 많이 접하고, (2) 새로운 문제를 풀 때 기존 예제에서 배운 지식들을 활용하도록 노력하는 것이다. 이런 과정을 많이 반복하면 할수록 좋다. 항상 다른 사람이 작성한 좋은 프로그램을 많이 읽으려고 노력하고, 동시에 스스로 프로그래밍하기를 즐거워해야 한다. 이를 위하여 본 교재에서는 다양한 프로그래밍 실습 예제들을 제시하고, 동시에 스스로 프로그래밍하기 위한 문제들을 연습문제로 남긴다.

### 실습 1

우리 집 야식으로 피자와 치킨, 떡볶이를 주문하려고 한다. 피자 가격은 15,000원이며, 치킨은 7,000원, 그리고 떡볶이는 3,000원이라고 가정하자. 그런데 가족 모두 피자를 가장 좋아하고, 다음으로 치킨을 좋아한다. 떡볶이에 대한 선호도는 가장 낮다. 따라서 예산이 허락하는 한 피자를 많이 주문하고, 남는 돈으로 치킨을 최대한 주문하자. 나머지 잔돈으로 떡볶이를 주문하려고 한다. 예산을 입력받아, 피자와 치킨, 떡볶이를 몇 개씩 주문할 수 있는지를 계산하여 출력하라. 예로 예산이 30,000원이면 피자를 두 판 주문하는 것이 최선이고, 40,000원이면 피자 두 판에 치킨 한 마리, 떡볶이 하나를 주문한다. 예산이 50,000원이면 피자 세 판에 떡볶이 하나를 주문하고 2,000원을 거스름돈으로 받는다.

이 문제를 풀기 위하여 결정해야 할 내용들은 다음과 같다.

- 예산을 어떻게 입력받고, 입력받은 값을 어디에 저장할까?

- 피자와 치킨, 떡볶이의 가격은 어디에 저장할까?
- 예산에서 살 수 있는 피자의 최대 개수는 어떻게 구할까?
- 남은 금액에서 살 수 있는 치킨의 마릿수는 어떻게 구할까?
- 다시 치킨을 사고 남은 금액은 어떻게 구할까?
- 그 금액에서 살 수 있는 떡볶이의 수는 어떻게 구할까?
- 거스름돈은 어떻게 계산할까?
- 마지막으로 지금까지 계산한 결과를 어떻게 출력할까?

첫 번째 실습으로 난이도가 다소 있는 것 같지만, 이미 이번 장에서 설명한 내용이다. 입력 방법, 변수, 산술 연산, 출력 방법 등의 문법이 생각나지 않는다면 다시 복습하기 바란다. 반드시 스스로 프로그램한 후, 아래에 나오는 프로그램과 비교하자.

### 실습 1의 문제 풀이

- 예산을 어떻게 입력받고, 입력받은 값을 어디에 저장할까?

[1]:
```
# 예산을 정수로 입력받아 budget 변수에 저장하자
budget = int(input("예산을 입력하세요: "))
```

- 피자와 치킨, 떡볶이의 가격은 어디에 저장할까?

[2]:
```
pizza = 15000        # 피자의 가격을 pizza 변수에 저장
chicken = 7000       # 치킨의 가격을 chicken 변수에 저장
cake = 3000          # 떡볶이의 가격을 cake 변수에 저장
```

- 예산에서 살 수 있는 피자의 최대 개수는 어떻게 구할까?

[3]:
```
num_pizza = budget // pizza # 15000으로 나눈 몫이 피자의 수
```

• 예산에서 피자를 사고 남은 금액은 어떻게 구할까?

[4]:
```
budget = budget % pizza #15000으로 나눈 나머지가 남은 금액
#budget = budget - pizza * num_pizza 이렇게 계산해도 동일함
```

• 남은 금액에서 살 수 있는 치킨의 수는 어떻게 구할까?

[5]:
```
num_chicken = budget // chicken   #7000으로 나눈 몫이 치킨의 수
```

• 다시 치킨을 사고 남은 금액은 어떻게 구할까?

[6]:
```
budget = budget % chicken   # 7000으로 나눈 나머지가 남은 금액
```

• 그 금액에서 살 수 있는 떡볶이의 수는 어떻게 구할까?

[7]:
```
num_cake = budget // cake   # 3000으로 나눈 몫이 떡볶이의 수
```

• 거스름돈은 어떻게 계산할까?

[8]:
```
change = budget % cake       #3000으로 나눈 나머지가 거스름돈
```

• 마지막으로 지금까지 계산한 결과를 어떻게 출력할까?

[9]:
```
print("피자{}판, 치킨{}마리, 떡볶이{}접시, 잔돈 = {}원".format
(num_pizza, num_chicken, num_cake, change))
```

### 실습 2

우리 집에서 인터넷을 통해 파일을 다운로드할 때 걸리는 시간을 계산해보자. 입력은 우리 집의 인터넷 속도와 다운로드할 파일의 크기다. 예를 들면, 인터넷 속도가 100Mbps이고 다운로드받을 파일의 크기가 2Gbyte라고 하자. 1M(mega의 줄

임말)는 $2^{20}$을 의미하고, 1G(giga의 줄임말)는 $2^{30}$을 의미한다. 그리고 1byte는 8bit로, 이진수 여덟 개를 의미한다. 100Mbps는 100M bit per second를 의미하므로, 100Mbps의 속도란 1초에 $100*2^{20}$개의 bit(이진수)를 다운로드할 수 있다는 의미이다. 2Gbyte 파일은 $2*2^{30}$개의 byte로 구성되어 있으므로, 이 파일을 다운로드하는 시간은 다음과 같이 계산할 수 있다.

$$2 * 2^{30} * 8 / (100 * 2^{20}) = 163.84\text{초}$$

소수점을 제거한 163초를 시간과 분, 초로 나누어 출력하면 된다. 즉, 위의 예에서 파일의 다운로드 시간은 "0시간 2분 43초"로 출력하면 된다. 이 문제를 풀기 위하여 결정해야 할 내용은 다음과 같다.

- 인터넷 속도와 파일 크기를 입력받은 다음 변수에 저장
- 입력받은 값을 이용하여 다운로드하는 전체 시간(초)을 구하기
- 전체 시간(초)을 시간-분-초 형태로 나누어 출력하기

### 실습 2의 문제 풀이

- 인터넷 속도와 파일 크기를 입력받은 다음 변수에 저장
  - 인터넷 속도는 Mbps 단위의 정수로 입력받고, 파일 크기는 Gbyte 단위의 실수로 입력받도록 한다.

[1]:
```
speed = int(input("인터넷 속도는 몇 Mbps인가요? "))
file_size = float(input("파일 크기는 몇 Gbyte인가요? "))
```

- 입력받은 값을 이용하여 다운로드하는 전체 시간(초)을 구하기

[2]:
```
# 원래 식:
#    total_secs = file_size * 2**30 * 8 / (speed * 2**20)
# 위의 식에서 분자와 분모를 2**20으로 약분하고, 정수로 바꾸면
total_secs = int(file_size * 2**10 * 8 / speed)
```

• 전체 시간(초)을 시간-분-초 형태로 나누어 출력하기

[3]:
```
hours = total_secs // 3600
total_secs = total_secs % 3600
mins = total_secs // 60
secs = total_secs % 60
print("다운로드 시간 = {}시간 {}분 {}초".format(hours, mins,
secs))
```

## 연습문제

1. 다음 중 파이썬 변수의 이름으로 잘못된 것을 모두 고르시오.

   1) while    2) a123    3) _private    4) age$    5)My Name

2. 다음 중 오류가 발생하지 않는 문장을 모두 선택하시오.

   1) z = int("4.2")

   2) 10 = a

   3) x = str(3.0)

   4) x = "홍길동"
   print("내 이름은 " + x)

   5) x = "3 + 1 = "
   y = 4
   print(x + y)

3. 다음 프로그램의 실행 결과는 무엇인가?

①
```
x = 2
y = 3
print(2 - x * x + y ** x)
```

②
```
x = "파이썬"
y = "프로그래밍"
print((x + y) * 3)
```

③
```
x = 100
y = 200
print(f"100 + 200 = {x + y}")
```

④
```
x = "100"
y = "200"
print(f"100 + 200 = {x + y}")
```

4. 아래 수식의 결과는 얼마인가?

   1) 2 + 2 + 2 / 3

   2) (2 + 2 + 2) / 3

   3) 2 // 3 + 2 // 3 + 2 // 3

   4) 2 + 2 * 3 // 2

   5) (2 + 2) * 3 // 2

   6) (2 + 2) * (3 // 2)

5. 파이썬에서는 사용이 예약된 단어들(reserved words)은 변수 이름으로 사용할 수 없다. 예약어 목록은 아래와 같이 확인할 수 있다. 예약어가 어떤 것들이 있는지 확인해 보자.

```
[1]: import keyword              # keword 패키지를 임포트
[2]: keyword.kwlist
     ['False',  'None', ... ]
```

## 프로그래밍 문제

1. '*'나 '+' 연산자를 이용하여 다음 문자열을 출력하는 프로그램을 작성하시오.

   1) '좋아요'를 10번 반복한 문자열

   2) 'G'와 'd'사이에 'o'가 20개인 문자열

   3) 변수 x에 문자열 '아름다운'을 저장하고, 변수 y에 문자열 '우리나라'를 저장한 후, x와 y를 이용하여 "아름다운 1) 우리나라"를  5번 반복한 문자열

2. $x = -2, y = 5$일 때, 다음 식의 값을 구하는 프로그램을 작성하시오.

   1) $2x - 5y$ 2) $-\frac{3}{x} + \frac{y}{3}$ 3) $x^y - 2xy$ 4) $\frac{3x + y}{x - 2y}$

3. 사정(0시 0분 0초)부터 경과 시간을 초 단위로 입력받자. 이를 이용하여 아래와 같이 현재 시각을 시/분/초로 표시하라. 1분은 60초, 1시간은 3600초라는 관계를 이용하자.

[1]:
```
자정부터 경과 시간을 초 단위로 입력 : 53457
```
```
현재 시각 = 14시 50분 57초
```

4. 2차 방정식 $ax^2 + bx + c = 0$의 해를 구하고자 한다. $a$와 $b, c$에 1, 4, 3의 값을 저장한 후, 근의 공식을 이용하여 해를 출력하는 프로그램을 작성하라. 근의 공식은 $x = \frac{-b \pm \sqrt{b^2 - 4ac}}{2a}$ 이므로, 루트를 구하기 위해서는 math 패키지를 임포트한 후, math.sqrt() 함수를 아래와 같이 사용하면 된다.

[1]:
```
import math                    # math 패키지를 임포드
print(math.sqrt(4))
```
```
2.0
```

5. 양의 정수 x와 y를 입력받은 다음, xy + xx + yy를 출력하시오. 예를 들면, x는 10, y는 20이라면, xy는 1020, xx는 1010, yy는 2020이다. 이들을 모두 더하여 4050을 출력하면 된다.

```
[1]: 정수 x와 y를 입력하세요: 10 20
     1020 + 1010 + 2020 = 4050
```

6. 자판기에서 잔돈을 거슬러주는 프로그램을 작성해보자. 사용자가 투입한 금액을 먼저 입력받고, 다음으로 사용자가 선택한 상품의 가격을 입력받자 (상품을 입력하면 가격을 자동 계산하는 것이 당연하지만, 이는 다음 장의 조건문을 알아야 해결할 수 있다). 그 후, 사용자에게 거스름돈을 내어주어야 하는데, 동전의 수가 최소가 되도록 해야 한다. 동전의 종류는 500원, 100원, 50원, 10원의 네 종류가 있다고 가정하자.

```
[1]: 투입한 금액을 입력하세요: 2000
     선택한 상품의 가격을 입력하세요: 1120
     거스름돈 = 880원
     동전의 수: 500원 1개, 100원 3개, 50원 1개, 10원 30개
```

7. 4자리의 정수를 입력받은 후, 나누기 연산자와 나머지 연산자를 활용하여 각 자릿수의 합을 출력하는 프로그램을 작성하라.

```
[1]: 네 자리 정수를 입력하세요: 1234
     각 자릿수의 합 = 10
```

8. 정수 n을 입력받은 다음, 변의 길이가 n인 정삼각형을 터틀 그래픽을 이용해서 그리시오.

```
[1]: 변의 길이를 입력하세요: 250
```

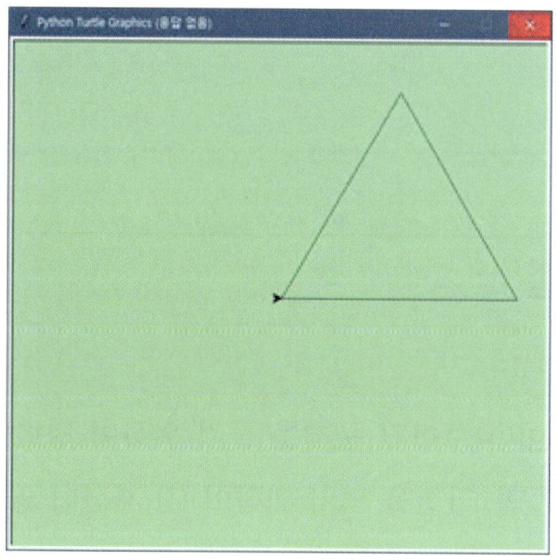


## 참고 문헌

1. https://docs.python.org/3/, Python documentation
2. K. A. Lambert, Fundamentals of PYTHON First Programs - 2nd ed. Cengage.
3. 이강성, 파이썬 3 바이블, 프리렉
4. 천인국, 파워 유저를 위한 파이썬 EXPRESS, 생능출판
5. 김진일, 윤장혁, 창의적 문제 해결을 위한 파이썬 프로그래밍, 연두에디션

# 3 Chapter 알고리즘과 제어문

**학습목표**

- 알고리즘의 정의와 알고리즘이 만족해야 하는 조건을 이해한다.
- 논리 연산자와 관계 연산자를 이해한다.
- 파이썬의 if-문을 이용하여 조건문을 작성할 수 있다.
- 파이썬의 while-문과 for-문을 이용하여 반복문을 작성할 수 있다.

## 3.1 알고리즘

**알고리즘(algorithm)**이란 주어진 문제를 풀기 위하여 명령어들을 순서대로 나열한 것을 의미한다. 예를 들면, 라면을 먹기 위하여 (1) 자신이 좋아하는 라면을 사고, (2) 냄비에 물을 500㎖ 넣고 거품이 날 때까지 끓인 후, (3) 라면과 스프를 함께 넣고, (4) 다시 3분간 더 끓이면, (5) 맛있게 끓인 라면을 먹을 수 있다. 이 예에서 라면을 먹기 위한 알고리즘은 다섯 개의 명령어들로 구성되며, 이 명령어들이 주어진 순서대로 수행되어야지 우리가 원하는 맛있는 라면을 만들 수 있다. 만약 단계 2와 단계 3의 순서를 바꾸면 퍼져서 맛이 없는 라면을 만들 수 있다. **제어문(control statement)**이란 원하는 결과를 얻기 위해 명령어들의 순서를 정의하는 역할을 한다. 이번 장에서는 파이썬에서 제공하는 다양한 제어문들을 살펴보도록 한다.

일반적으로 알고리즘이 만족해야 하는 조건은 다음과 같이 요약할 수 있다.

- **입력(Input)**: 0 혹은 그 이상의 입력이 존재하여야 한다. 앞의 라면 알고리즘의 예에서 단계 1이 입력을 나타낸다고 할 수 있다.
- **출력(Output)**: 적어도 하나 이상의 결과물을 출력하여야 한다. 라면 알고리즘에서는 단계 5가 출력을 나타낸다. 입력과 출력은 단계로 표시하지 않고, 알고리즘의 시작 부분에 별도로 표시하기도 한다.

- **명확성(Definiteness):** 알고리즘을 구성하는 모든 명령어의 의미는 명확하여야 하며, 애매모호해서는 안 된다. 라면 알고리즘의 단계 2부터 단계 4까지 명령어들의 의미는 명확하여 오해의 여지가 없다.
- **유한성(Finiteness):** 알고리즘은 한정된 수의 명령어들을 실행한 후 종료하여야 한다. 즉, 무한히 반복되는 명령어들의 집합은 알고리즘으로 볼 수 없다. 라면 알고리즘은 입력과 출력 단계를 포함하여 모두 다섯 개의 명령어(단계)들로 구성되므로 유한하다.
- **유효성/실행가능성(Effectiveness):** 모든 명령어는 실행 가능하여야 한다. 라면 알고리즘의 다섯 개 명령어들은 모두 실행할 수 있다.

알고리즘의 명령어들은 세 가지 구조로 구성될 수 있다. **순차 구조**는 명령어들이 차례대로 하나씩 실행되는 구조를 의미한다. 앞의 라면 조리 알고리즘은 순차 구조를 갖는다고 할 수 있다. **조건 구조**는 여러 가지 명령 중에서 조건에 따라 하나를 선택하여 실행하는 구조이다. 예를 들면, "매운 것을 좋아하면" 고춧가루를 추가로 넣고, "아니면" 그냥 끓이는 식이다. 마지막으로 **반복 구조**는 주어진 명령들을 여러 번 실행하는 구조이다. 예를 들면, "앞의 라면 끓이기를 10번 반복하라"와 같은 알고리즘을 들 수 있다.

알고리즘은 다양한 방법으로 작성할 수 있다. 가장 쉬운 방법은 라면 알고리즘과 같이 사람이 사용하는 언어로 작성하는 것이다. 이를 **의사 코드(pseudo code)**라고 한다. 혹은 그림으로 알고리즘을 표시하기도 하는데, 장난감 비행기의 제작 순서를 표시하는 그림이나 혹은 DIY 가구의 제작도 등이 이에 해당한다고 볼 수 있다.

프로그램의 알고리즘을 기술할 때 많이 사용하는 방식이 **흐름도(flowchart)**를 이용하는 것이다. 흐름도는 명령어를 사각형으로, 선택은 마름모, 그리고 명령어들 사이의 흐름은 화살표로 표시한 것이다. 흐름도의 몇 가지 사례가 그림 3.1에 나타난다. 그림에서 조건 구조는 입력받은 수의 절댓값을 출력하는 알고리즘이며, 반복 구조는 1부터 100까지 정수들의 합을 계산하여 출력하는 알고리즘이다.

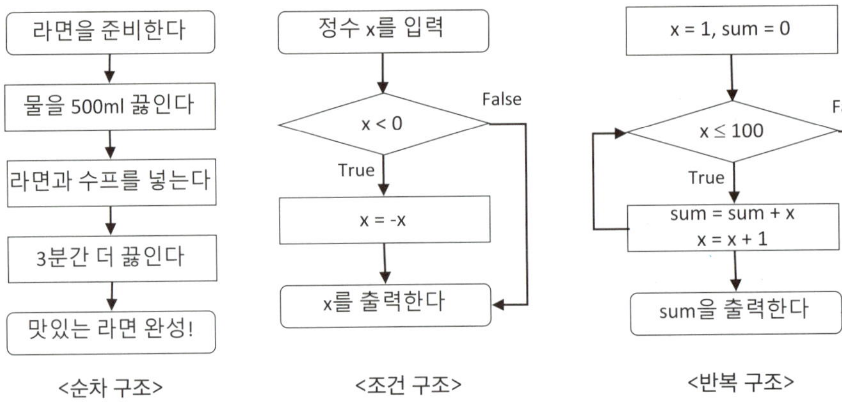


그림 3.1 흐름도의 예

## 3.2 관계 연산자와 논리 연산자

조건 구조와 반복 구조의 경우, 흐름도에서 마름모로 표시되는 선택 기호가 항상 포함된다. 선택 기호는 특정 조건에 대한 참(True), 거짓(False) 여부를 판단하고, 그 결과에 따라 다른 명령이 실행된다. 이렇게 선택 기호에서 사용되는 파이썬 연산자가 관계 연산자와 논리 연산자이다.

**관계 연산자(relational operator)**는 두 개의 데이터를 비교할 때 사용되며, 관계 연산자의 결과값은 bool 자료형으로 수식의 결과가 참이면 True 값을 갖고, 거짓이면 False 값을 갖는다. 파이썬에서는 모두 여섯 개의 관계 연산자를 제공하는데, 표 3.1에 이들을 설명한다.

표 3.1 관계 연산자

| 연산자 | 의미 | 결과 | |
|---|---|---|---|
| A == B | A와 B가 같은가? | 3 == 5 | → False |
| A != B | A와 B가 다른가? | 3 != 5 | → True |
| A > B | A가 B보다 큰가? | 3 > 5 | → False |
| A < B | A가 B보다 작은가? | 3 < 5 | → True |
| A >= B | A가 B보다 크거나 같은가? | 3 >= 5 | → False |
| A <= B | A가 B보다 작거나 같은가? | 3 <= 5 | → True |

관계 연산자 "=="는 변수에 값을 대입하는 대입 연산자"="와 혼동하기 쉬우니 주의하기 바란다. 아래에 관계 연산자를 이용한 몇 가지 예제가 나타난다.

[1]:
```
a = 3          # 대입 연산자
a == 3         # 관계 연산자
```

```
True
```

[2]:
```
a < 3          # 관계 연산자의 결과값은 True나 False
```

```
False
```

관계 연산자는 문자열의 크기 비교에도 사용할 수 있다. 단, 문자열의 비교는 사전순이다. 즉, 사전에서 앞에 나오는 문자열이 뒤에 나오는 문자열보다 크기가 작다.

[3]:
```
'flower' >= 'fly' # flower는 fly보다 사전에 먼저 나오므로 작다.
```

```
False
```

파이썬에서 True와 False가 피연산자로 사용될 경우, 각각 정수 1과 0의 값을 갖는다. 또한 bool() 함수는 0이 아닌 값을 인자로 받으면 True를 반환하고, 0은 False로 변환한다. 이 규칙은 실수와 문자열에도 같이 적용된다.

[4]:
```
True + 1
```

```
2
```

[5]:
```
False == 0
```

```
True
```

[6]:
```
bool(2)
```

```
True
```

[7]:
```
print(f"bool(0.1) = {bool(0.1)}, bool(0.0) = {bool(0.0)}")
print(f"bool('ab') = {bool('ab')}, bool('') = {bool('')}")
```

```
bool(0.1) = True, bool(0.0) = False
bool('ab') = True, bool('') = False
```

**논리 연산자(logical operator)**는 여러 개의 조건을 조합하여 전체적으로 참인지, 거짓인지를 파악할 때 사용한다. 파이썬에서는 and, or, not의 세 가지 논리 연산자를 지원하는데, 표 3.2에서 이들을 설명한다.

표 3.2 논리 연산자

| 연산자 | 의미 | 결과 |
|---|---|---|
| A and B | A 와 B가 모두 True일 때에만 True | 2 < 5 and 2 > 3 → False |
| A or B | A 와 B 중에서 하나라도 True이면 True | 2 < 5 or 2 > 3 → True |
| not A | A가 True이면 False, A가 False이면 True | not 2 < 5 → False |

논리 연산자와 관계 연산자, 그리고 산술 연산자를 조합한 사례들을 아래에 나타낸다.

[8]:
```
x, y = 100, 200
(x % 5 == 0) and (y % 7 == 0)   # x는 5의 배수, y는 7의 배수인가?
```
```
False
```

[9]:
```
(x % 5 == 0) or (y % 7 == 0)   # and 연산으로 변경하면?
```
```
True
```

[10]:
```
not (y % 7 == 0)               # y가 7의 배수가 아닌지를 검사
```
```
True
```

2장에서 산술 연산자들의 우선순위에 관해 설명하였는데, **논리 연산자와 관계 연산자들의 우선순위**는 다음과 같다.

• 산술 연산자의 우선순위가 가장 높고, 다음으로 관계 연산자의 우선순위가 높다. 논리 연산자의 우선순위는 가장 낮다. 따라서 위 셀 8에서 10까지의 예제에서 괄호를 제거해도 실행 결과는 모두 같다.

• 관계 연산자 간의 우선순위는 모두 같으며, 논리 연산자의 경우에는 not 연산자의 우선순위가 가장 높고, 다음으로 and 연산자, 우선순위가 가장 낮은 연산자는 or 연산자이다.

## 3.3 if 문

조건 구조를 위한 기본적인 문장은 **if 문**이다. if 문은 조건식이 참일 때 실행되는 문장을 포함한다. 만약 조건식이 거짓인 경우에도 실행할 문장이 있으면 **if-else 문**을 사용한다. 조건 구조의 두 가지 기본형과 이를 구현한 파이썬의 if 문 문법을 그림 3.2에 나타낸다.

조건식은 관계 연산자나 논리 연산자 등이 사용된 수식이며, 조건식이 참이면 if 문의 콜론(:) 기호 아래에 들여쓰기(indentation) 된 하나 이상의 문장들이 실행된다. 반대로 조건식이 거짓이면, else 절이 있을 때는 else 문의 콜론(:) 기호 아래에 들여쓰기 된 하나 이상의 문장들이 실행된다.

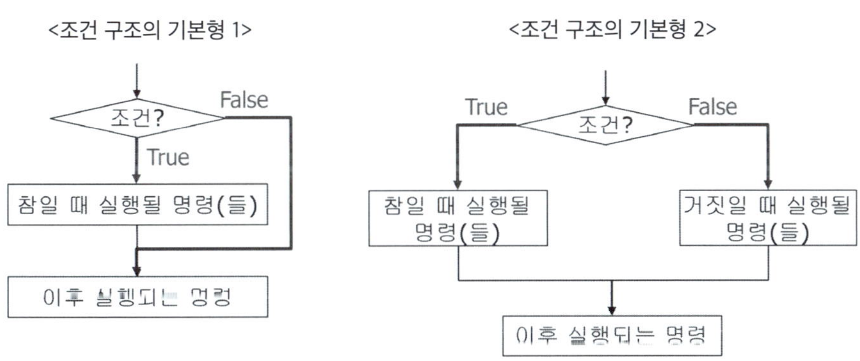


| | |
|---|---|
| **if 조건식 :**<br>    조건이 참일 경우 실행될 명령 1<br>    조건이 참일 경우 실행될 명령 2<br>    ... | **if 조건식 :**<br>    조건이 참일 경우 실행될 명령들<br>**else :**<br>    조건이 거짓일 경우 실행될 명령들 |

그림 3.2 조건 구조의 기본형

아래 셀 1은 if 문을 이용한 예제이다. 19보다 작은 정수를 입력할 경우, 미성년자라는 출력과 함께 입력한 나이를 출력하고, 19 이상의 정수를 입력하면 나이만 출력됨을 알 수 있다.

[1]:
```
age = int(input("나이를 입력하세요: "))
if age < 19 :
    print("미성년자입니다!")
print("나이는 {}살입니다.".format(age))
```

```
나이를 입력하세요: 15
미성년자 입니다!
나이는 15살입니다.
```

```
나이를 입력하세요: 20
나이는 20살입니다.
```

[2]:
```
number = int(input("정수를 입력하세요: "))
if number % 2 == 0 :
    print("2로 나누어 떨어지는 수입니다.")
    print("그러므로 짝수입니다.")
else :
    print("2로 나누어 떨어지지 않는 수입니다.")
    print("그러므로 홀수입니다.")
print("입력한 수는 {}입니다.".format(number))
```

```
정수를 입력하세요: 12
2로 나누어 떨어지는 수입니다.
그러므로 짝수입니다.
입력한 수는 12입니다.
```

```
정수를 입력하세요: 17
2로 나누어 떨어지지 않는 수입니다.
그러므로 홀수입니다.
입력한 수는 17입니다.
```

셀 2는 if-else 문을 이용한 예제 프로그램이다. 입력받은 정수를 2로 나누어 나머지가 0인지 아닌지를 검사하여 짝수 또는 홀수인지를 출력하고 있다. if 문의 조건식이 참일 경우 실행되는 문장들은 조건식 다음의 콜론(:) 기호 아래에 들여쓰기로 같은 위치에 작성하여야 한다. 이렇게 같은 들여쓰기로 묶인 문장들을 **블록(block)**이라고 한다. if 문의 문장이 들여쓰기가 되지 않거나, 같은 블록에 속하는 문장들의 들여쓰기가 다를 경우 아래와 같이 오류가 발생한다.

[3]:
```
if age < 19 :
print("미성년자 입니다!")        # 들여쓰기를 하지 않은 경우
```

```
IndentationError: expected an indented block
```

[4]:
```
if number % 2 == 0 :
  print("2로 나누어 떨어지는 수 입니다.")
   print("그러므로 짝수입니다.")  # 문장들의 들여쓰기가 다를 경우
```

```
IndentationError: unexpected indent
```

if-else 문에서 if 문의 조건식이 거짓일 경우 else 절에 조건식을 추가하여 또 다른 조건을 추가로 검사할 수 있다. 이때 사용하는 명령어가 **elif 문**으로 else-if의 줄임말이다. 여러 개의 elif 절을 이용하여 다양한 조건을 검사할 수 있으며, if-elif-else 문의 문법과 흐름도는 그림 3.3과 같다.

<if-elif-else 문의 문법>

```
if 조건1 :
    조건1이 참일 경우 실행
elif 조건2 :
    조건1은 거짓.
    조건2가 참일 경우 실행
elif 조건3 :
    조건1과 2는 거짓.
    조건3이 참일 경우 실행
...
elif 조건n :
    조건 n-1까지 거짓.
    조건n이 참일 경우 실행
else :
    모든 조건이 거짓일 경우 실행
```

<흐름도>

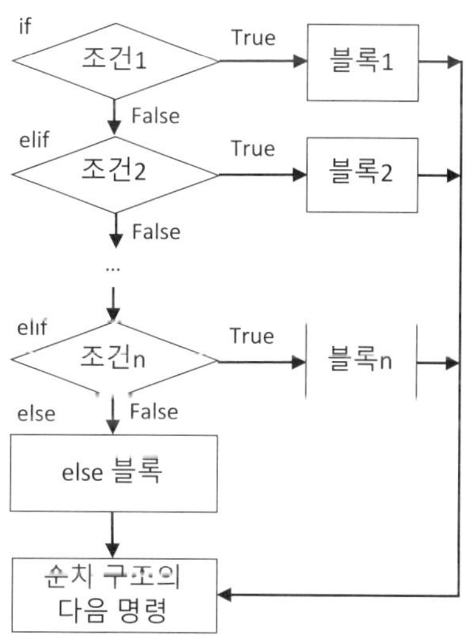


그림 3.3 if-elif-else 문의 문법과 흐름도

if-elif-else 문을 이용한 프로그램의 예제가 아래에 나온다. 성적을 입력받은 후, 여러 가지 조건을 검사하여 그 성적에 해당하는 학점을 출력하는 것을 알 수 있다.

[5]:

```
grade = int(input("성적을 입력하세요: "))
if grade >= 90 :
    print("{}점은 A 학점입니다.".format(grade))
elif grade >= 80 :
    print("{}점은 B 학점입니다.".format(grade))
elif grade >= 70 :
    print("{}점은 C 학점입니다.".format(grade))
else :
    print("열심히 공부합시다.")
print("항상 실행되는 문장입니다.")
```

```
성적을 입력하세요: 85
85점은 B 학점입니다.
항상 실행되는 문장입니다.
```

```
성적을 입력하세요: 65
열심히 공부합시다.
항상 실행되는 문장입니다.
```

## 3.4 while 문

while 문은 조건식이 참인 동안에 하나 혹은 여러 개의 명령어가 반복해서 실행되도록 한다. 이러한 문장을 **반복문(loop)**이라고 하고, 파이썬에서 반복문을 구현하는 두 가지 명령어는 while 문과 for 문이다.

while 문의 문법과 흐름도는 다음과 같다. while 문은 조건식이 참일 때까지 콜론(:) 다음의 명령들을 실행한다. 즉, 조건식의 결과가 True이면 내부 블록이 반복적으로 실행되고, 조건식의 결과가 False가 되면 반복을 마치고 while 문 다음 명령이 실행된다.

<while 문의 문법>

```
while 조건식 :
        반복하여 실행할 명령(들)
while 문이 끝나면 실행되는 명령
```

<흐름도>

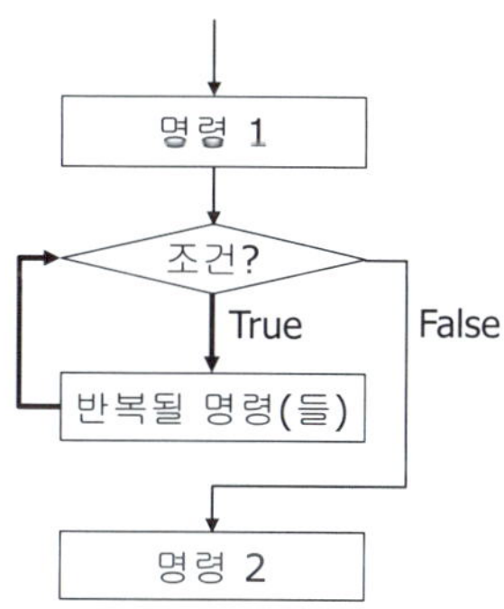


그림 3.4 while 문의 문법과 흐름도

다음은 while 문을 이용하여 1부터 10까지 출력하는 프로그램이다.

```
[1]: number = 1                          # 변수의 초기값
     while number <= 10 :                # 반복의 종료 조건
         print(number, end = " ")
         number = number + 1             # 변수의 값 증가
```

```
1 2 3 4 5 6 7 8 9 10
```

number 변수의 값을 1로 초기화한 후, 10보다 같거나 작을 때에 number 변수의 값을 출력하고 값을 1 증가하는 명령어를 반복 수행한다. 셀 1의 프로그램은 while 문을 사용하는 전형적인 패턴을 나타낸다. 즉, (1) 변수의 초깃값을 설정하고, (2) 반복이 끝나는 조건을 정한 후, (3) 반복을 수행하면서 변수의 값을 변화시켜 끝나는 조건으로 접근하도록 구성하는 패턴이다.

다음은 양의 정수 n을 입력받은 다음, 1부터 n까지 정수의 합을 구하는 프로그램이다. 역시 number를 1로 초기화하고, number가 n보다 작거나 같을 때까지 number의 값을 1씩 증가시키면서 total_sum 변수에 더하여 전체 합을 구해나가는 것을 알 수 있다.

[2]:

```
n = int(input("양의 정수를 입력하세요: "))
number = 1                         # 변수의 초기값
total_sum = 0
while number <= n :                # 반복의 종료 조건
    total_sum = total_sum + number
    number = number + 1            # 변수의 값 증가
print("1부터 {}까지 정수의 합 = {}".format(n, total_sum))
```

```
양의 정수를 입력하세요: 100
1부터 100까지 정수의 합 = 5050
```

아래 프로그램들은 셀 2의 더하기 프로그램을 변형한 것들이다. while 문을 이용하는 프로그램의 패턴은 거의 비슷한 것을 알 수 있다.

[3]:

```
number = 1                                  # 변수의 초기값
total_sum = 0
while number <= 100 :                       # 반복의 종료 조건
    total_sum = total_sum + number
number = number + 2                         # 변수의 값 증가
print("1부터 100까지 홀수의 합 = {}".format(total_sum))
```

```
1부터 100까지 홀수의 합 = 2500
```

[4]:
```
number = 2                                # 변수의 초기값
factorial = 1
while number <= 10 :                      # 반복의 종료 조건
    factorial = factorial * number
    number = number + 1                   # 변수의 값 증가
print("10 factorial = {}".format(factorial))
```

```
10 factorial = 3628800
```

[5]:
```
n = int(input("양의 정수를 입력하세요: "))
x = 0.0                                   # 변수의 초기값
while x <= n :                            # 반복의 종료 조건
    y = x ** 2 - 4 * x + 3                # 2차 함수의 값을 계산
    print("x = {}, y = {:.2f}".format(x, y))
    x = x + 0.5                           # 변수의 값 증가
```

```
양의 정수를 입력하세요: 1
x = 0.0, y = 3.00
x = 0.5, y = 1.25
x = 1.0, y = 0.00
```

## 3.5 break, continue, else 문

while 문에 포함된 명령들은 조건식이 참인 동안에 반복 실행된다. 그러나 조건식이 거짓이 되기 전에 반복문을 탈출하거나, 혹은 일부 명령들은 건너뛰고 반복을 계속하는 등 좀 더 정교하게 반복의 구조를 구성할 필요가 있다. 이럴 때 사용하는 명령어가 break와 continue 문이다.

**break 문**은 반복 조건식의 참/거짓 여부와 관계없이 반복문을 탈출할 때 사용된다. 다음은 break 문을 사용하는 예제 프로그램이다. while의 조건식은 num 변수의 값이 10보다 작을 때까지 반복하도록 설정되어 있지만, while 문 내에서 num이 5의 배수이면 반복문을 탈출하도록 break 문을 두고 있다. 그 결과로 num이 5가 되면 while 문이 종료된다.

[1]:
```
num = 1
while num < 10 :
    if num % 5 == 0 :
        break                  #num이 5의 배수이면 반복문을 탈출
    num = num + 1
print("{}에서 반복문이 종료되었습니다.".format(num))
```

```
5에서 반복문이 종료되었습니다.
```

위의 예에서 break 문을 사용하지 않고 while 문의 조건식을 변경하는 것도 가능하다. 즉, while num < 10 and num % 5 != 0 : 으로 조건식을 수정하면 break 문을 사용할 필요가 없다. 마찬가지로 break 문을 사용하는 대부분은 while 문의 조건식으로 대체할 수 있다. 그러나 **break 문을 사용함으로써 while 문의 조건식이 간단해지고, 프로그램의 가독성이 좋아진다**. 즉, 프로그램을 이해하기가 쉬워진다.

다음의 예를 살펴보자. 사용자에게 양의 정수를 여러 개 입력하게 하고, 음수를 입력하면 그때까지 입력한 양의 정수들의 합을 출력하는 프로그램이다.

[2]:
```
total_sum = 0
number = int(input("정수를 입력하세요. 음수면 종료합니다: "))
while number >= 0 :
    total_sum = total_sum + number
    number = int(input("정수를 입력하세요. 음수면 종료합니다: "))
print("양의 정수의 합 =", total_sum)
```

```
정수를 입력하세요. 음수면 종료합니다: 10
정수를 입력하세요. 음수면 종료합니다: 5
정수를 입력하세요. 음수면 종료합니다: 2
정수를 입력하세요. 음수면 종료합니다: -1
양의 정수의 합 = 17
```

while 문의 조건식이 사용자가 입력한 수가 양수인지를 검사하므로 while 문을 실행하기 전에 정수를 입력하는 명령이 실행되어야 하며, 또한 while 문 내에서도 **동일한 입력 문장이 중복**됨을 알 수 있다. 이를 break 문으로 대체하면 다음과 같다.

```
[3]: total_sum = 0
while True :
    number = int(input("정수를 입력하세요. 음수면 종료합니다: "))
    if number < 0 :
        break
    total_sum = total_sum + number
print("양의 정수의 합 =", total_sum)
```

```
정수를 입력하세요. 음수면 종료합니다: 10
정수를 입력하세요. 음수면 종료합니다: 5
정수를 입력하세요. 음수면 종료합니다: 2
정수를 입력하세요. 음수면 종료합니다: -1
양의 정수의 합 = 17
```

셀 3에서는 while 문의 조건식이 True이므로 항상 반복문을 수행한다. 따라서 while 문 이전에 정수를 입력하는 명령어를 둘 필요가 없다. 대신에 반복문 안에서 정수를 입력한 다음, 음수가 입력되면 반복문을 탈출하는 break 문이 필요하다. 셀 2와 비교할 때 number를 입력하는 명령을 한 번만 사용하고 있다는 것을 알 수 있고, 이를 가능하게 하는 것이 바로 break 문이다.

**continue 문**은 현재 수행 중인 반복의 나머지 명령들을 중단하고 다음 반복을 강제로 시작하게 한다. 다음 예제는 1부터 10 사이의 정수 중에서 3의 배수를 제외한 정수만 출력하는 프로그램이다. num이 3의 배수일 경우에는 continue 문이 실행되고, 그 결과로 다음 명령인 print 문이 실행되지 않는다는 것을 알 수 있다.

```
[4]: num = 0
while num < 10 :
    num = num + 1
    if num % 3 == 0 :
        continue                    # 3의 배수는 출력하지 않음
    print(num, end = " ")
print("\n반복문이 종료되었습니다 ") # \n은 한 줄을 띄우라는 명령
```

```
1 2 4 5 7 8 10
반복문이 종료되었습니다.
```

만약 num = num + 1을 아래와 같이 print 문 다음으로 옮기고 실행하면 어떻게 될지를 생각해보자.

[5]:
```
num = 0
while num < 10 :
    if num % 3 == 0 :
        continue                          # 3의 배수는 출력하지 않음
    print(num, end = " ")
    num = num + 1
print("\n반복문이 종료되었습니다.")  # \n은 한 줄을 띄우라는 명령
```

큰 문제가 없을 것도 같지만, 실행을 해보면 프로그램이 끝나지 않고 무한히 반복되는 것을 알 수 있다. 그 이유는 num이 0이므로 num % 3이 0이고, continue 문이 실행되어 num이 증가하지 않은 상태로 while 문의 조건식을 다시 검사하기 때문이다. 결국, 조건식 검사 → 3의 배수 검사 → continue 명령만 무한히 반복하여 실행한다. 이를 무한 루프(infinite loop)라고 하며, 프로그램을 개발할 때 절대로 범해서는 안 되는 오류이다.

if 문과 유사하게 파이썬에서는 while 문에도 else 절을 사용할 수 있다. while 문의 else 절은 while의 조건식이 거짓일 경우, 즉 마지막 반복이 수행되고 난 다음에 실행될 문장을 포함한다.

[6]:
```
num = 1
while num < 5 :
    print(num, end = " ")
    num = num + 1
else :
    print("\nnum이 5가 되어 반복문을 종료합니다.")
```

```
1 2 3 4
num이 5가 되어 반복문을 종료합니다.
```

사실 위의 예제만 봐서는 while 문에 else 절이 필요한지 불명확하다. 굳이 else 절을 쓰지 않더라도 while 문의 바깥에 print 문장을 작성하면 실행 결과는 같을 것이기 때문이다.

else 절이 효과를 발휘하는 경우는 break 문과 함께 사용할 때이다. break 문에 의해 while 문을 탈출하는 경우에는 else 절이 호출되지 않는다! 따라서 else 절에는 while 문의 조건식이 거짓일 경우에 실행될 명령을 추가하고, break 문과 연동함으로써 고급 프로그램을 작성할 수 있다. 아래 예를 살펴보자.

[7]:
```
num = 0
while num < 3 :
   passwd = input("암호를 입력하세요: ")
   if passwd == "1234" :
      print("환영합니다. 주인님...")
      break
   num = num + 1
else :
   print("암호 입력 횟수를 초과하였습니다")
```

```
암호를 입력하세요: 1345
암호를 입력하세요: 2345
암호를 입력하세요: 5678
암호 입력 횟수를 초과하였습니다
```

```
암호를 입력하세요: 1345
암호를 입력하세요: 1234
환영합니다. 주인님...
```

사용자가 입력한 암호를 검사하는 프로그램으로 3번 안에 암호(1234)를 맞추면 break 문에 의해 환영 메시지를 출력하고 반복문을 종료한다. 그렇지 않고, 3번의 암호 입력이 모두 잘못되었으면 while 문의 조건식이 거짓이 되고 else 절이 실행되어 오류 메시지를 출력한다. 만약 **print("암호 입력 횟수를 초과하였습니다")** 명령을 else 절이 아닌 while의 외부 명령으로 작성한다면 break 문에 의해 while 문을 탈출할 때도 실행되므로 잘못된 프로그램이 될 것이다.

**while 문**과 함께 반복문의 흐름을 제어하는 break, continue, else 문에 관해 설명하였고, 그림 3.5에 이들의 실행 흐름을 요약한다. 정리하면 **break 문**은 별도의 조건에 의해 while 문을 탈출할 때 사용하며, **continue 문**은 반복문의 나머지 명령들을 실행하지 않고 다음 반복 단계를 실행할 때 사용한다. 그리고 **else 문**은 while 문의 반복이 끝나서 조건식이 거짓일 때 실행된다.

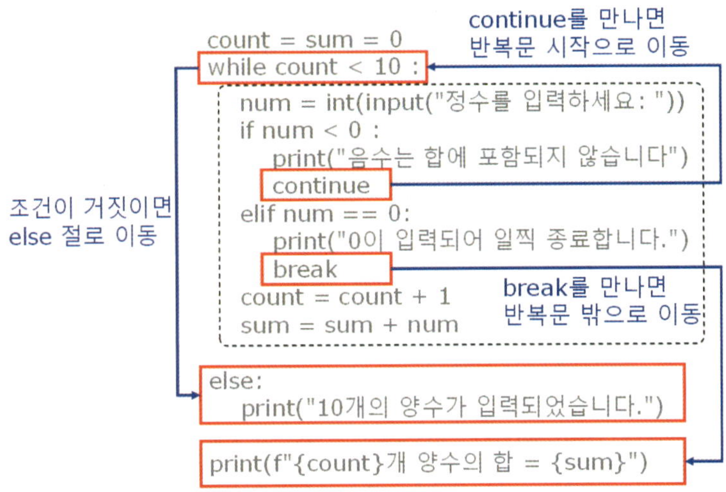


그림 3.5 while 문의 실행 흐름도

## 3.6 for 문

for 문은 while 문과 함께 반복 구조를 구현할 때 사용하는 대표적인 문법이다. while 문은 조건식이 참인 동안에 반복을 수행하지만, for 문은 **여러 개의 데이터에 대해 동일한 명령을 반복**할 때 사용한다. 이를 위해 "2.2 자료형" 절에서 설명한 list나 tuple, str과 같이 여러 개의 데이터를 저장하는 **시퀀스(sequence) 자료형**들이 for 문과 함께 사용된다. for 문과 함께 많이 사용되는 시퀀스 자료형의 예를 아래에 요약한다.

- list: [항목 1, 항목 2, …] 형태로 저장되며, 항목의 수정도 가능하다.
  - 예: list1 = [10, 20, 30, 40], list2 = ["철수", "영희", "민수"],
    list3 = [2.1, 3, "A"]
- tuple: (항목 1, 항목 2, …) 형태로 저장되며, 항목의 내용은 변경할 수 없다.
  - 예: t1 = ("사과", "바나나", "체리"), t2 = (1, 2, 3, 4), t3 = (1, 2, "Hello")
- string: ' '나 " "로 묶인 문자들의 모임으로 시퀀스의 일종이다.

4장에서 자세히 설명하겠지만, 시퀀스 자료형에 포함된 개별 항목을 참조하기 위해서는 0부터 시작되는 항목의 위치를 이용한다. 이를 시퀀스의 **인덱싱(indexing)**이라고 한다. 예를 들면, A가 4개의 항목 [10, 20, 30, 40]으로 구성된 리스트라고 하자. 그러면 첫 번째 항목은 A[0]로 참조하며, 그 값은 당연히 10이다. A[1]에는 20, A[2]에는 30과 같은 방식으로 개별 항목을 참조할 수 있다. 문자열도 마찬가지이다. 문자열 s = "Hello"라고 가정하면, s[0]에는 문자 H, s[1]에는 문자 e가 저장되는 것을 알 수 있다. 시퀀스 인덱싱에 대한 예제 프로그램이 아래에 나타난다.

```
[1]: A = [10, 20, 30, 40]                          # A는 리스트
     print(f"A[0] = {A[0]}, A[2] = {A[2]}")  # A[0]와 A[2] 출력
     A[2] = -30                                    # A[2]의 값을 변경
     print("A =", A)                               # 변경된 리스트를 출력
```

```
A[0] = 10, A[2] = 30
```

```
A = [10, 20, -30, 40]
```

```
[2]: s = "HELLO WORLD"
     print(f"s[0] = {s[0]}, s[3] = {s[3]}, s[-1] = {s[-1]}")
```

```
s[0] = H, s[3] = L, s[-1] = D
```

셀 1은 리스트에 대한 인덱싱의 예를 나타내고 있다. 참고로 리스트는 수정이 가능한 자료형이므로 A[2] = -30과 같이 인덱싱을 이용하여 항목의 값을 변경할 수 있다. 셀 2는 문자열의 항목들을 인덱싱으로 출력하는 예를 나타낸다. s[-1]과 같이 색인 -1은 제일 마지막 항목을 가리킬 때 사용한다. s[-2]는 마지막에서 두 번째 항목을 가리키는 식이다. 그리고 문자열은 수정 불가능한 자료형이므로 s[2] = 'K'와 같이 항목을 변경하려고 하면 오류가 발생하니 주의해야 한다.

for 문의 문법과 흐름도가 그림 3.6에 나타난다. 시퀀스에 포함되는 항목을 하나씩 변수에 할당하면서 for 문의 내부 블록을 실행하는 방식이다. if나 while과 마찬가지로 내부 블록은 콜론(:) 다음에 같은 길이의 들여쓰기로 작성하여야 한다.

< for 문의 문법>

```
for 변수 in 시퀀스 :
    반복하여 실행할 명령(들)
for 문이 끝나면 실행되는 명령
```

<흐름도>

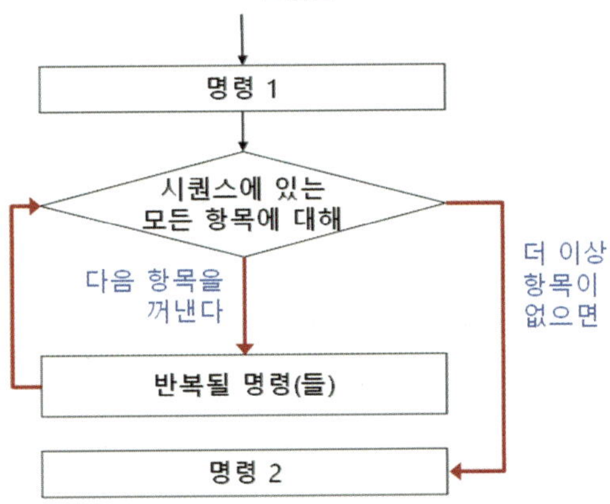


그림 3.6 for 문의 문법과 흐름도

for 문을 이용한 프로그램의 예제가 아래에 나타난다. 셀 3의 예제는 리스트에 저장된 정수들을 차례대로 더해서 변수 total에 저장한 후 그 값을 출력한다. 반복이 수행될 때마다 변수 x에 리스트의 항목이 10부터 40까지 차례대로 할당된다. 셀 4의 예제에서는 세 개의 문자열을 항목으로 갖는 튜플에 대해 각 문자열 항목과 그 항목의 길이를 같이 출력하고 있다. len(문자열) 함수는 문자열의 길이를 출력하는 함수이다.

[3]:
```
total = 0
for x in [10, 20, 30, 40] :
   total = total + x
print("항목들의 합 =", total)
```

```
항목들의 합 = 100
```

[4]:
```
for animal in ("원숭이", "사자", "바다코끼리") :
print(animal, len(animal))
```

```
원숭이 3
사자 2
바다코끼리 5
```

[5]:
```
for ch in "Wonderful World" :
   if ch == "e" or ch == "o" :
      continue
   print(ch, end = " ")
```

```
W n d r f u l   W r l d
```

셀 5의 예제는 시퀀스로 문자열을 사용하는 for 문을 나타낸다. 변수 ch에는 문자열 "Wonderful World"의 문자가 "W"부터 "d"까지 차례대로 할당되면서 ch와 공백 하나를 차례대로 출력한다. 만약 ch가 "e"거나 "o"이면 continue 문에 의해 print() 문이 실행되지 않고 다음 문자로 넘어간다.

range는 연속된 수들로 구성된 시퀀스 자료형이다. 일반적으로 아래와 같은 range 클래스의 생성자 형태로 for 문과 함께 많이 사용한다.

- **range(stop)** : 0부터 stop - 1까지 연속된 정수로 구성된 range 객체 생성
- **range(start, stop)**: start부터 stop - 1까지 연속된 정수로 구성된 range 객체 생성
- **range(start, stop, step)**: start부터 stop - 1까지 step만큼 떨어진 정수로 구성된

range 객체 생성. step이 음수이면 start부터 stop + 1까지 고려

다음은 range 생성자에 대한 예제 프로그램으로 list() 함수를 이용하여 range 객체를 리스트로 변환하여 출력하고 있다.

[6]:
```
list(range(10))                # 0부터 9까지 연속된 정수
```
```
[0, 1, 2, 3, 4, 5, 6, 7, 8, 9]
```

[7]:
```
list(range(2, 11))             # 2부터 10까지 연속된 정수
```
```
[2, 3, 4, 5, 6, 7, 8, 9, 10]
```

[8]:
```
list(range(5, 40, 5))          # 5부터 39까지 5씩 떨어진 정수
```
```
[5, 10, 15, 20, 25, 30, 35]
```

[9]:
```
list(range(0, -10, -1))        # 0부터 -9까지 -1씩 떨어진 정수
```
```
[0, -1, -2, -3, -4, -5, -6, -7, -8, -9]
```

[10]:
```
list(range(11, 1))             # 11부터 1까지 1씩 떨어진 정수
```
```
[]
```

아래 예제는 range와 for 문을 연동한 프로그램이다. 셀 11의 프로그램은 0부터 10까지의 짝수를 출력하고 있으며, 셀 12의 프로그램은 1부터 입력받은 수까지의 합을 계산하여 출력하고 있다. range 생성자는 연속된 수를 자동 생성하므로, 이를 for 문에 사용할 경우 while 문과 같이 연속된 수를 생성하기 위해 변수의 값을 1씩 증가하는 명령이 필요 없다는 것을 알 수 있다.

[11]:
```
for x in range(0, 11, 2) :
    print(x, end = " ")
```
```
0 2 4 6 8 10
```

[12]:
```
n = int(input("양의 정수를 입력하세요: "))
sum = 0
for x in range(1, n+1):
```

```
    sum = sum + x
print("1부터 {}까지의 합 = {}".format(n, sum))
```

```
양의 정수를 입력하세요: 100
1부터 100까지의 합 = 5050
```

while 문과 마찬가지로 for 문에서도 break와 continue, else 절을 같이 사용할 수 있다. break 절은 시퀀스의 나머지 항목들을 처리하지 않고 반복문을 탈출하며, continue 절은 현재 항목의 나머지 명령들을 뛰어넘고 다음 항목을 실행한다. else 절은 시퀀스의 모든 항목을 처리한 후 실행된다. break 절에 의해 for 문을 탈출할 때에는 else 절이 실행되지 않는다. for 문과 continue, break, else 절의 관계가 그림 3.7에 나타난다.

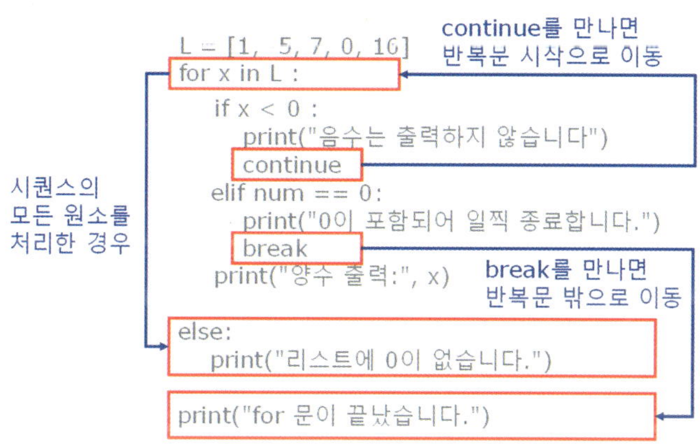


그림 3.7 for 문의 실행 흐름도

for 문과 break, 그리고 range를 이용하여 입력한 정수가 소수인지를 판단하는 프로그램이 아래에 나타난다. 앞 절의 프로그래밍 실습 4에서 while 문으로 구현한 프로그램과 비교할 때, range 문을 사용함으로써 프로그램이 단순해진 것을 알 수 있다.

[13]:
```
n = int(input("양의 정수를 입력하세요: "))
for divisor in range(2, n // 2):
    if n % divisor == 0 :
       print(f"소수가 아닙니다. {x}로 나누어 떨어집니다.")
       break
else :
    print("소수입니다.")
```

```
양의 정수를 입력하세요: 567817
소수가 아닙니다. 17로 나누어 떨어집니다.
```

```
양의 정수를 입력하세요: 567811
소수입니다.
```

for 문에서 사용되는 in 연산자는 not in 연산자와 함께 시퀀스에 특정 원소가 포함되어 있는지를 확인할 때 사용한다. **in 연산자**의 경우, 시퀀스에 특정 항목이 존재할 경우 True 값을 반환하고, 없을 때는 False 값을 반환한다. **not in 연산자**는 in 연산자와 반대로 동작한다. 다음은 in과 not in 연산자를 사용하는 예제 프로그램이다.

[14]:
```
A = (1, 2, 3, 4, 5)
print(f"2 in A = {2 in A}, 3 not in A = {3 not in A}")
```

```
2 in A = True, 3 not in A = False
```

[15]:
```
ch = input("영어 알파벳을 입력하세요: ")
if ch in "aeiouAEIOU" :
    print("모음입니다.")
else :
    print("자음입니다.")
```

```
영어 알파벳을 입력하세요: A
모음입니다.
```

셀 14의 프로그램에서는 튜플 A에 2와 3이 포함되는지를 검사하여 그 결과를 True, False로 출력하고 있다. 셀 15는 영어 알파벳 문자를 입력받은 다음, in 연산자를 이용하여 그 문자가 모음 문자열에 포함되어 있으면 모음이라고 출력하고, 아니면 자음이라고 출력한다. in 연산자를 이용하여 문자열이나 튜플 등의 시퀀스에 특정 항목이 포함되어 있는지를 쉽게 검사할 수 있다.

"2.7절 터틀 그래픽" 절에서 터틀 그래픽을 이용하여 그림을 그리는 방법에 관해서 설명하였다. 많은 도형이 반복적인 요소를 가지고 있으므로 for 문과 같은 반복문을 이용하여 복잡한 도형을 매우 쉽게 그릴 수 있다. 아래 프로그램에서 for 문을 이용하여 별 모양과 정사각형을 그리는 예를 소개한다.

표 3.3 for 문과 터틀 그래픽을 이용한 도형 그리기의 예

<table>
<tr><th>프로그램</th><th>실행 결과</th></tr>
<tr><td><pre>import turtle

star = turtle.Turtle()
for i in range(5) :
    star.forward(200)
    star.right(144)</pre></td><td>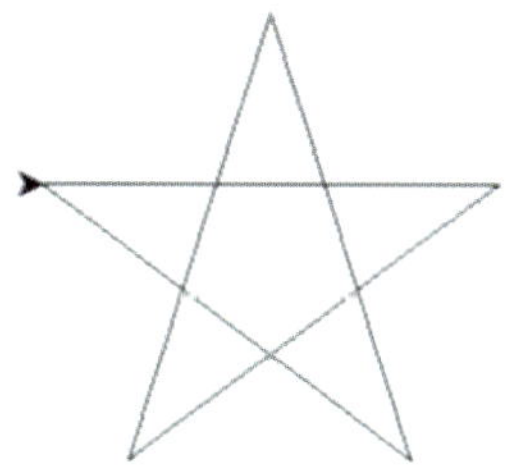</td></tr>
<tr><td><pre>import turtle

rectangle = turtle.Turtle()
line_color = ["red", "yellow", "green", "blue"]
for i in range(len(line_color)) :
    rectangle.color(line_color[i])
    rectangle.forward(200)
    rectangle.left(90)</pre></td><td></td></tr>
</table>

첫 번째 프로그램은 다섯 개의 선을 그리는데, 하나의 선을 그린 후 오른쪽으로 144도씩 방향을 변경하여 별 모양을 그리고 있다. 두 번째 프로그램은 네 가지 색상을 line color라는 list로 선언한 후, 4번의 반복 과정에서 변의 색상을 바꾸면서 정사각형을 그리고 있다. for 문을 이용한 다양한 도형을 그리는 문제들을 연습 문제에서 소개하고 있으니 모두 풀어보기 바란다.

## 3.7 중첩 반복문

중첩 반복문(nested loop)은 반복문 안에 또 다른 반복문이 존재하는 문장을 의미한다. 이때 바깥에 있는 반복문을 **외부 반복문**이라고 하고, 안쪽에 있는 반복문을 **내부 반복문**이라고 한다. 외부 반복문이 한번 반복할 때마다 내부 반복문 전체를 새로 실행한다. 그림 3.8에 while 문을 이용한 중첩 반복문이 나타난다.

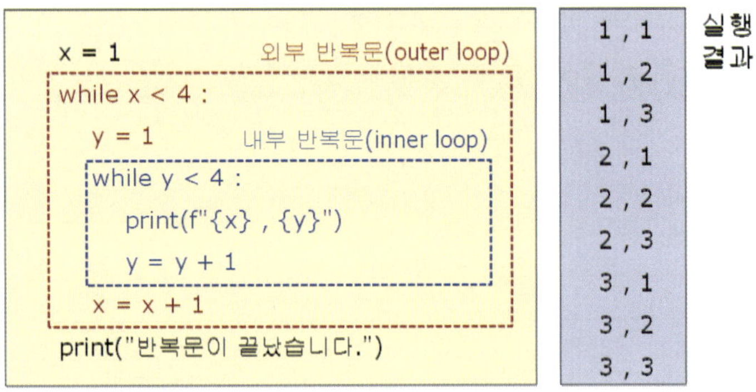


그림 3.8 중첩 반복문의 예

위의 그림에서 x의 값이 1부터 3까지 변하는 단계마다 y의 값이 1부터 3까지 변하는 과정이 반복된다. 그 결과 내부 반복문의 print() 문은 모두 9번 실행된다. 또한, 위의 예에서 외부 반복문과 내부 반복문이 모두 while 문으로 구성되어 있지만, 이들을 for 문으로 변경할 수도 있고, 때에 따라서는 외부 반복문과 내부 반복문에 while 문과 for 문을 같이 사용할 수도 있다. 물론 내부 반복문 안에 다시 내부 반복문을 가지는 것도 가능하다. 이 경우에는 3단계로 중첩 반복문이 구성된다. 이러한 중첩의 단계는 얼마든지 깊어질 수 있다.

중첩 반복문을 이용한 몇 가지 예제 프로그램들을 작성해보자. 먼저 앞 절에서 실습한 구구단 프로그램을 개선하여 2단부터 9단까지 모두 출력하도록 한다. 앞 절에서 구현한 구구단 프로그램이 아래에 나타난다.

```
n = int(input("양의 정수를 입력하세요: "))
if n >= 2 and n <= 9 :
   print(str(n) + "단")
   for x in range(1, 10) :
      print(f"{n} * {x} = {n*x}")
```

n을 입력받지 않고 외부 반복문에서 n의 값을 2부터 9까지 증가시키도록 하자. 그러면 if 문도 필요가 없어질 것이다. 중첩 반복문으로 구현한 구구단 프로그램은 아래와 같다.

```
[1]:  for n in range(2, 10) :
          print(str(n) + "단")
          for x in range(1, 10) :
              print("{} * {} = {}".format(n, x, n*x))
```

```
2단
2 * 1 = 2
2 * 2 = 4
2 * 3 = 6
2 * 4 = 8
2 * 5 = 10
2 * 6 = 12
2 * 7 = 14
2 * 8 = 16
2 * 9 = 18
3단
3 * 1 = 3
...
```

반복문을 연습할 때 많이 사용하는 예제는 print 문을 이용하여 도형을 그리는 것이다. 예를 들면, 아래 프로그램을 살펴보자. 문자열의 곱하기 연산을 이용하여 오른쪽과 같은 삼각형을 그리는 것이 가능하다.

[2]:

```
for x in range(1, 6) :
    print('*' * x)
```

```
*
**
***
****
*****
```

위의 그림 그리는 프로그램을 응용하여 아래의 삼각형 그리기도 각자 도전해보자.

```
**********
*********
********
*******
******
*****
****
***
**
*
```

```
         *
        **
       ***
      ****
     *****
    ******
   *******
  ********
 *********
**********
```

```
**********
 *********
  ********
   *******
    ******
     *****
      ****
       ***
        **
         *
```

## 프로그래밍 실습

### 실습 1 (조건문)

SW와 인공지능 과목의 성적을 두 번의 퀴즈와 한 번의 시험으로 평가한다고 가정하자. 퀴즈는 각각 25점 만점이며, 시험은 50점 만점으로 총점은 100점이다. 이 과목을 통과하기 위해서는 퀴즈 점수와 시험 점수의 합이 60점 이상이 되어야 한다. 또한, 퀴즈 점수와는 무관하게 시험 점수가 30점 미만이면 역시 이 과목을 통과하지 못하고, 다음 학기에 재수강하여야 한다. 두 번의 퀴즈 점수와 시험 점수를 입력받은 후, 통과 조건을 만족하지 못하면 "실패"를 출력하고, 아니면 점수의 합에 따라 다음과 같이 출력하라. 점수의 합이 90점 이상이면 "탁월", 80점 이상 90점 미만이면 "우수", 60점 이상 80점 미만이면 "양호"를 출력한다. 이 문제를 풀기 위하여 결정해야 할 내용은 다음과 같다.

- 점수를 입력받는 방법과 이들을 저장할 변수
- 두 가지 실패의 조건을 어떻게 검사할까?
- 통과한 경우, 점수 합에 따라 다양한 메시지를 출력하는 방법

### 실습 1의 문제 풀이

- 점수를 입력받는 방법과 이들을 저장할 변수

[1]:
```
# 두 개의 퀴즈와 시험 점수를 정수로 입력받아 3개의 변수에 저장하자
quiz1 = int(input("첫번째 퀴즈 점수를 입력하세요: "))
quiz2 = int(input("두번째 퀴즈 점수를 입력하세요: "))
exam = int(input("시험 점수를 입력하세요: "))
```

- 두 가지 실패의 조건을 어떻게 검사할까?

[2]:
```
total = quiz1 + quiz2 + exam
if exam < 30 or total < 60 :   # 시험이 30점 미만 "또는"
   print("실패")               # 총점이 60점 미만이면 실패
```

• 통과한 경우, 점수 합에 따라 다양한 메시지를 출력하는 방법

[3]:
```
# elif와 else 문으로 통과한 이후의 다양한 경우를 고려
elif total >= 90 :
    print("탁월")
elif total >= 80 :
    print("우수")
else :
    print("양호")
```

### 실습 2 (조건문)

키와 몸무게를 입력받아 체질량지수(Body Mass Index: BMI)를 출력하는 프로그램을 작성하라. BMI는 몸무게 / 키$^2$으로 계산하는데, 이때 몸무게의 단위는 kg이며, 키의 단위는 m이다. BMI를 기준으로 비만도를 다음과 같이 출력한다.

- BMI < 18.5 : 저체중, 18.5 ≤ BMI < 23 : 정상
- 23 ≤ BMI < 25 : 과체중, 25 ≤ BMI < 30 : 비만 1단계
- 30 ≤ BMI < 40 : 비만 2단계, 40 ≤ BMI : 심각한 비만 상태

이 문제를 풀기 위하여 결정해야 할 내용은 다음과 같다.

• 키와 몸무게를 입력받아 변수에 저장. 변수의 자료형?
• BMI를 계산
• BMI의 범위에 따라 비만도 출력. 어떤 순서로 조건들을 나열할까?

### 실습 2의 문제 풀이

• 키와 몸무게를 입력받아 변수에 저장. 변수의 자료형?

[1]:
```
# 키와 몸무게를 실수로 입력받아 두 개의 변수에 저장하자
height = float(input("키를 입력하세요(단위는 미터입니다): "))
weight = float(input("몸무게를 입력하세요(단위는 kg입니다): "))
```

- BMI를 계산

[2]:
```
# bmi = 몸무게 / 키의 제곱
bmi = weight / height ** 2
```

- BMI의 범위에 따라 비만도 출력. 어떤 순서로 조건들을 나열할까?

[3]:
```
# 저체중부터 조건식 나열.
# elif의 조건식에서 하한값은 검사할 필요가 없다 (else의 의미를 이용)
if bmi < 18.5 :
    print("저체중")
elif bmi < 23 : # if bmi >= 18.5 and bmi < 23 과 동일한 의미
    print("정상")
elif bmi < 25 :         # if bmi >= 23 and bmi < 25
    print("과체중")
elif bmi < 30 :
    print("비만 1단계")
elif bmi < 40 :
    print("비만 2단계")
else :
    print("심각한 비만 상태")
print("비만도 = {:.2f}".format(bmi))
```

### 실습 3 (while 문)

은행에 예금한 금액이 이자율에 따라 얼마만큼 늘어나는지를 출력하는 프로그램을 작성하고자 한다. 초기 예금액과 연간 이자율(%), 그리고 목표 금액을 입력받은 후, 예금액과 이자의 합이 목표 금액보다 같거나 커질 때까지 예금액과 이자의 합을 연간으로 출력하라. 예금액은 매년 복리로 늘어난다고 가정한다. 즉, 초기 예금액이 x이고, 이자율이 r이면 1년 후에는 예금액이 x(1 + r)로 늘어난다. 예를 들면, 초기 예금액이 1,000,000원이고, 연간 이자율이 8%, 목표 금액이 1,200,000원일 때 다음과 같이 출력한다.

- 1년 후의 예금액 = 1080000
- 2년 후의 예금액 = 1166400
- 3년 후의 예금액 = 1259712

이 문제를 풀기 위하여 결정해야 할 내용은 다음과 같다.

- 초기 예금액과 연간 이자율, 목표 금액을 입력받고 변수에 저장
- 반복을 위한 조건식이 무엇인지를 결정
- 연도별로 늘어나는 예금액을 계산하고 출력

### 실습 3의 문제 풀이

• 초기 예금액과 연간 이자율, 목표 금액을 입력받고 변수에 저장. 초기 예금액과 목표 금액은 원화이므로 정수로 입력. 이자율은 백분율 실수로 입력받고, 입력받은 값을 100으로 나누어 실제 값으로 변환. 그리고 연도별 출력을 위하여 year 변수를 0으로 초기화

[1]:
```
amount = int(input("초기 예금액을 입력하세요: "))
rate = float(input("연간 이자율(%)을 입력하세요: ")) / 100
target = int(input("목표 금액을 입력하세요: "))
year = 0
```

- 반복을 위한 조건식이 무엇인지를 결정. amount 변수의 값을 연도별로 증가시킬 예정이므로, 이 값이 target보다 작을 때까지 반복문을 수행

[2]:
```
while amount < target :
```

- 연도별로 늘어나는 예금액을 계산하고 출력. while 문의 내부 블록으로 구현

[3]:
```
    year = year + 1
    amount = int(amount + amount * rate)
    print("{}년 후의 예금액 = {}".format(year, amount))
```

### 실습 4 (while 문)

양의 정수 n을 입력받은 후, n이 소수(prime number)이면 "소수입니다."를 출력하고, 아니면 "소수가 아닙니다. ***로 나누어떨어집니다."를 출력하는 프로그램을 작성하라. 소수란 1과 자기 자신을 제외하고는 약수가 없는 정수를 의미한다. 따라서 n이 소수인지 알기 위하여 2부터 n/2까지 수들로 n을 나누고, 그 중에서 나머지가 0인 수가 있는지 확인하면 된다.

이 문제를 풀기 위하여 결정해야 할 내용은 다음과 같다.

- 양의 정수 n을 입력받고, 필요한 변수들을 초기화
- 2부터 n/2까지 수들로 n을 나누는 반복문을 구성
- 하나라도 나누어지는 수가 있는 경우를 검사하는 방법 및 결과 출력
- 나누어지는 수가 없는 경우를 검사하는 방법 및 결과 출력

### 실습 4의 문제 풀이

- 양의 정수 n을 입력받고, 약수를 2로 초기화

[1]:
```
n = int(input("1보다 큰 양의 정수를 입력하세요: "))
divisor = 2
```

- 2부터 n/2까지 수들로 n을 나누는 반복문을 구성

[2]:
```
while divisor <= n / 2 :
    ...
    divisor = divisor + 1      # divisor를 2부터 1씩 증가시키자
```

- 하나라도 나누어지는 수가 있는 경우를 검사하는 방법 및 결과 출력: 나머지 연산자를 이용하고, 나누어지면 결과 출력 후 break 문으로 반복문 탈출

[3]:
```
while divisor <= n / 2 :
    if n % divisor == 0 :  # n이 divisor로 나누어지는지 검사
        print(f"소수가 아닙니다. {divisor}로 나누어집니다.")
        break               # 나누어진다면, 출력 후 반복문 탈출
    divisor = divisor + 1
```

- 나누어지는 수가 없는 경우를 검사하는 방법 및 결과 출력. while에 대한 else 절로 모든 약수에 대해 나누어지지 않는 경우 검사

[4]:
```
while divisor <= n / 2 :
    ...
else :
    print("소수입니다.")
```

### 실습 5 (while 문)

양의 정수 n을 입력받은 후, 이를 뒤집은 수를 출력하라. 만약 123이 입력되면, 321을 출력하고, 12345가 입력되면 54321을 출력하면 된다. n을 문자열로 변환한 후 str의 슬라이싱을 이용하는 것이 가장 파이썬다운 방법이지만, 아직 우리는 문자열에 대한 다양한 기능들을 배우지 않았으므로 n을 정수로 두고 산술 연산으로 뒤집은 수를 계산하자.

아이디어는 n의 가장 마지막 자릿수는 10으로 나눈 나머지로 구할 수 있다는 것이다. 이를 result 변수에 두자. 이후 n을 10으로 정수 나누기를 하면 n은 한자리 줄어들고, 다시 10으로 나눈 나머지를 이용하여 n의 끝에서 두 번째 자릿수를 구할 수 있다. 이 수를 result 변수의 마지막에 붙이기 위하여 result에 10을 곱한 다음 더해준다. 이 과정을 반복하면 n을 뒤집은 수가 result에 저장될 것이다.

이 문제를 풀기 위하여 결정해야 할 내용은 다음과 같다.

- 양의 정수 n을 입력받고, 필요한 변수들을 초기화
- 반복문의 조건식을 구하기: 언제까지 반복할 것인가?
- 반복문의 내부 블록을 구성하기: n의 자릿수를 result에 추가하는 방법
- result가 완성되면 출력

### 실습 5의 문제 풀이

- 양의 정수 n을 입력받고, 뒤집은 수를 저장할 변수 result를 0으로 초기화

[1]:
```
n = int(input("양의 정수를 입력하세요: "))
result = 0
```

- 반복문의 조건식을 구하기: n의 뒤에 자릿수부터 result에 붙이고, n의 자릿수는 하나씩 줄여나가자. 마지막으로 n은 0이 되므로, 반복문의 조건은 다음과 같다.

[2]:
```
while n > 0 :
```

- 반복문의 내부 블록을 구성하기: n의 자리수를 result에 추가하는 방법

[3]:
```
while n > 0 :
    result = result * 10 + n % 10   # n의 마지막 자릿수를 붙이자
    n = n // 10                     # n의 자릿수를 하나 줄이자
```

• result가 완성되면 출력: while의 외부 문장으로 구현

[4]:
```
print(result)
```

### 실습 6 (for 문)

정수를 입력받아, 구구단 중 입력된 수의 단 값을 출력하자. 단, 입력받은 정수의 값이 2부터 9 사이의 수일 경우에만 값을 출력한다. 다음은 프로그램이 실행되는 모습이다.

```
양의 정수를 입력하세요: 7
7단
7 * 1 = 7
7 * 2 = 14
7 * 3 = 21
7 * 4 = 28
7 * 5 = 35
7 * 6 = 42
7 * 7 = 49
7 * 8 = 56
7 * 9 = 63
```

### 실습 6의 문제 풀이

• 입력받은 수가 2와 9 사이에 있는지 검사하기 위하여 if 문을 사용한다.
• for 문을 이용하여 9개의 곱하기 연산을 수행하고, 결과를 출력한다.

```
n = int(input("양의 정수를 입력하세요: "))
if n >= 2 and n <= 9 :
   print(str(n) + "단")
   for x in range(1, 10) :
       print(f"{n} * {x} = {n*x}")
```

## 실습 7 (for 문)

피보나치 수열은 k번째 항의 값과 k+1번째 항의 값을 더한 값이 k+2번째 항의 값이 되는 수열을 의미한다. 단, 첫 번째 두 항의 값은 모두 1이다. 따라서 피보나치 수열은 다음과 같다.

1, 1, 2, 3, 5, 8, 13, ...

사용자로부터 항의 번호를 입력받은 후, 그 항의 값을 출력하는 프로그램을 작성해 보자. 예를 들면, 사용자가 4를 입력하면 3을 출력하고, 7을 입력하면 13을 출력한다.

이 문제를 풀기 위하여 결정해야 할 내용은 다음과 같다.

- 피보나치 수열을 구하기 위한 공식은 무엇인가?
- 항의 번호를 입력받아 변수에 저장하고, 처음 두 항의 값을 묻는 경우를 처리
- 항의 번호가 2보다 클 경우, 그 항까지 반복하기 위한 반복문의 구성
- 각각의 반복에서 수행할 작업은 무엇인가?
- 결괏값은 언제 출력하는가?

## 실습 7의 문제 풀이

• 피보나치 수열을 구하기 위한 공식

- 피보나치 수열에서 n번째 항 f(n) = f(n-1) + f(n-2)로 구할 수 있다.
- 단, f(1) = f(2) = 1이다.

• 항의 번호를 입력받아 변수에 저장하고, 처음 두 항의 값을 묻는 경우를 처리

[1]:
```
n = int(input("피보나치 수열의 항 번호를 입력하세요: "))
if n <= 2:                # 항의 번호가 2보다 같거나 작은 경우
   print(1)
```

• 항의 번호가 2보다 클 경우, 그 항까지 반복하기 위한 반복문의 구성

```
[2]: else :
        fn_1 = fn_2 = 1                  # 피보나치 수열의 첫 번째 두 항
        for x in range(3, n+1) :         # 3번째 항부터 n번째 항까지 반복
```

• 각각의 반복에서 수행할 작업은 무엇인가?

```
[3]:        fn = fn_1 + fn_2             # 현재 항은 이전 두 항의 합
            fn_2 = fn_1                  # 다음 항을 구하기 위하여
            fn_1 = fn                    # 이전 두 항을 이동
```

• 결괏값은 for 문을 종료한 후 fn에 마지막 항의 값이 저장되어 있으므로 이를 출력

```
[4]: print(f"피보나치 수열에서 {n}번째 항의 값 = {fn}")
```

### 실습 8 (for 문)

앞 절의 실습에서 입력받은 수가 소수인지를 검사하는 프로그램을 while 문과 for 문으로 각각 구현해보았다. 이 프로그램을 확장하여 사용자로부터 두 수를 입력받아 두 수 사이에 존재하는 모든 소수를 구해보자. 먼저 앞에서 while 문을 이용하여 소수를 구한 프로그램은 다음과 같다. 이 프로그램을 수정하여 원하는 프로그램을 만들어 보자.

```
n = int(input("1보다 큰 양의 정수를 입력하세요: "))
divisor = 2
while divisor <= n / 2 :
    if n % divisor == 0 :
        print(f"소수가 아닙니다. {divisor}로 나누어떨어집니다.")
        break
    divisor = divisor + 1
else :
    print("소수입니다.")
```

### 실습 8의 문제 풀이

- n을 입력받는 것이 아니라, 범위에 해당하는 두 수를 입력받도록 수정하자.

```
[1]:  first = int(input("첫 번째 수를 입력하세요: "))
      second = int(input("두 번째 수를 입력하세요: "))
      print(f"{first}에서  {second}사이에 존재하는 소수:",
      end = " ")
```

- first부터 second 사이에 수들을 조사하기 위하여 for 문을 사용하자.

```
[2]:  for n in range(first, second+1) :
```

- 원래 프로그램에서 n을 입력받던 것을 for 문에 의해 자동 증가하도록 수정했으므로, 원래 프로그램의 나머지 문장들은 그대로 사용할 수 있다. 단, 소수가 아닐 경우 출력할 필요는 없으므로 if 문의 출력 메시지는 삭제하자. 그리고 else 절에서는 소수인 n을 출력하도록 수정하면 되겠다.

```
[3]:      divisor = 2
          while divisor <= n / 2 :
            if n % divisor == 0 :
              break
            divisor = divisor + 1
          else :
            print(n, end = " ")
```

### 실습 9 (중첩 반복문)

양이 정수 n을 입력받은 다음 오른쪽 그림과 같은 삼각형을 출력해보자. 오른쪽 그림은 n이 5일 경우이 출력 결과이다. 이 문제를 풀기 위하여 관찰해야 할 내용은 다음과 같다.

```
양의 정수를 입력하세요: 5
    *
   ***
  *****
 *******
*********
```

- 줄마다 표시되는 '*'의 수가 1, 3, 5, 7, 9이다. 즉, 2 * (줄 번호) - 1만큼의 '*'를 그려야 한다.
- 각 줄에서 첫 번째 '*'가 표시되기 전에 공백 문자가 먼저 나오는데, 각 줄에 표시되는 공백 문자의 수는 4, 3, 2, 1, 0이다. 즉, 공백 문자의 수는 (n - 줄 번호)이다.

### 실습 9의 문제 풀이

• 줄의 수 n을 입력받고, for 문으로 반복문을 구성하자. x는 1부터 n까지 증가하는 줄 번호 역할을 한다.

[1]:
```
n = int(input("양의 정수를 입력하세요: "))
for x in range(1, n+1):
```

• 각 줄에서 공백을 먼저 그리고, 이어서 '*'를 표시하자.

[2]:
```
    print(' ' * (n-x), end = "")
    print('*' * (2*x - 1))
```

### 실습 10 (중첩 반복문)

실습 9의 도형을 응용한 프로그램이다. 양의 정수 n을 입력받은 다음 오른쪽 그림과 같은 삼각형을 출력해보자. 출력되는 숫자는 1부터 시작해서 0까지 반복한다. 오른쪽 그림은 n이 5일 경우의 출력 결과이다. 이 문제를 풀기 위하여 관찰해야 할 내용은 다음과 같다.

```
양의 정수를 입력하세요: 5
    1
   234
  56789
 0123456
789012345
```

- 줄마다 2 * (줄 번호) - 1만큼의 숫자를 증가시키면서 출력해야 한다. 출력될 숫자의 초깃값은 1이고, 매번 1씩 증가한 후 10이 되면 다시 0으로 돌아간다. 즉, 출력될 다음 숫자 = (현재 숫자 + 1) % 10이다.

- 문자열 곱하기 연산으로 여러 개의 '*'을 한 번에 출력할 수 있었으나, 연속된 숫자의 출력은 내부 반복문으로 하나씩 출력해야 한다.

### 실습 10의 문제 풀이

[1]:
```
n = int(input("양의 정수를 입력하세요: "))
digit = 1                           # 출력될 수를 1로 초기화하자
for x in range(1, n+1):
    print(' ' * (n-x), end = "")
    for _ in range(2*x - 1): # _도 변수이름이다.
        print(digit, end = "")
        digit = (digit + 1) % 10  # 다음에 출력될 수를 계산
    print()
```

## 연습문제

1. 다음은 코끼리를 냉장고에 집어넣는 명령어들의 나열이다. 올바르게 설명한 것은 무엇인가?

> 1. 냉장고 문을 연다.
> 2. 코끼리를 냉장고에 넣는다.
> 3. 냉장고 문을 닫는다.

1) 알고리즘의 모든 조건을 만족하고 있다.
2) 명확성을 만족하지 않으므로 알고리즘이 아니다.
3) 유한성을 만족하지 않으므로 알고리즘이 아니다.
4) 실행 가능성을 만족하지 않으므로 알고리즘이 아니다.

2. 다음 중 관계 연산자가 아닌 것은 무엇인가?

1) > 2) < 3) != 4) = 5) >=

3. 다음은 입력받은 연도가 윤년인지를 판단하는 프로그램이다. (가)에 들어갈 내용은 무엇인가?

```
year = int(input("연도를 입력: "))
if year % 400 == 0 :
   print("윤년입니다.")
elif (가) :
   print("윤년입니다.")
else :
   print("윤년이 아닙니다.")
```

1) year % 4 == 0 or year % 100 != 0
2) year % 4 != 0 or year % 100 == 0

3) year % 4 == 0 and year % 100 == 0

4) year % 4 == 0 and year % 100 != 0

4. n이 20일 때 다음 식의 값은 무엇인가?

```
not n != 10 or n == 1
```

5. 다음 프로그램이 포함하고 있는 모든 오류를 수정한 후, 프로그램을 실행하시오.

```
for i in [1, 2, 3, 4, 5, 6, 7, 8, 9, 10)
sum = Sum + x
print 'sum: ', sum
```

6. 다음 프로그램이 포함하고 있는 모든 오류를 수정한 후, 프로그램을 실행하시오.

```
num = 0
i = 1
while i < 11
num = num + 1
print num
```

7. 다음 프로그램의 실행 결과는 무엇인가?

1)
```
for i in range(5, 20, 3) :
    print(i)
```

2)
```
for i in range(0, -10, -1) :
    print(i, end = " ")
```

3)
```
for x in ["빨강", "파랑", "노랑"] :
    for y in range(1, 3):
        print(x * y)
```

4)
```
for x in range(10) :
    if x % 2 == 0 :
        continue
    print(x, end = " ")
```

5)
```
n = 12345
sum = 0
while n > 0 :
   sum = sum * 10 + n % 10
   n = n // 10
print(sum)
```

6)
```
for x in range(5) :
    if x == 3 :
        break
    print(x, end = " ")
else:
    print("else 절")
```

8. 다음 프로그램에서 출력되지 않는 수들을 모두 선택하시오.

```
for number in range(10) :
    if number % 3 == 0 or number % 5 == 2 :
        continue
    print(number)
```

1) 1 2) 4 3) 6 4) 7 5) 9

## 프로그래밍 문제

1. 놀이 기구를 타기 위해서는 나이가 12세 이상, 키가 120cm 이상의 두 조건을 모두 만족하여야 한다. 나이와 키를 입력받은 다음, 놀이 기구를 탈 수 있는지를 출력하시오.

2. 장학금은 성적과 봉사 시간을 기준으로 아래의 조건을 순차적으로 적용하여 지급한다. 학생의 성적과 봉사 시간을 입력받아, 장학금 지급 내용을 출력하는 프로그램을 작성하시오.
   - 성적이 4.0 이상이고, 봉사 시간이 20시간 이상: 전면 장학금
   - 성적이 3.7 이상이며, 봉사 시간이 10시간 이상: 50% 장학금
   - 그 외 성적이 4.0 이상이거나 봉사 시간이 20시간 이상: 30% 장학금
   - 그 외의 경우: 장학금 지급 대상이 아님

3. 룰렛 게임은 0부터 36까지의 숫자를 적은 구멍 뚫린 원반을 돌리면서 구슬을 굴리다가 멈추었을 때, 구슬이 들어간 구멍의 색이나 숫자로 이기고 지는 것을 결정하는 게임이다. 구멍의 색은 아래와 같다. 사용자로부터 구멍의 번호를 입력받은 후, 구멍의 색을 출력하는 프로그램을 작성하라. 단, 사용자가 입력한 구멍의 번호가 0~36 사이의 정수가 아닐 경우, 오류 메시지를 출력한다.
   - 0번은 초록색이다.
   - 1번부터 10번까지의 구멍 중에서 홀수는 빨강색이고, 짝수는 검정색이다.
   - 11번부터 18번까지의 구멍 중에서 홀수는 검정색이고, 짝수는 빨강색이다.
   - 19번부터 28번까지의 구멍 중에서 홀수는 빨강색이고, 짝수는 검정색이다.
   - 29번부터 36번까지의 구멍 중에서 홀수는 검정색이고, 짝수는 빨강색이다.

4. 파이썬에서 random 모듈은 무작위로 수를 생성할 때 사용하며, 게임 등을 개발할 때 많이 사용되므로 알아두면 편리하다. “import random” 명령을 수행하여 random 모듈을 불러드린 후, 아래와 같은 함수들을 사용할 수 있다.

| 함수 | 설명 |
|---|---|
| random() | 0에서 1사이의 실수를 생성 (1은 포함하지 않는다)<br>예: random.random() |
| randrange() | 지정된 범위 내 임의의 정수를 반환<br>예: random.randrange(0, 10, 2) # 0이상 10미만의 2의 배수를 반환 |
| randint(a, b) | a≤N≤b 사이의 정수 N을 반환<br>예: random.randint(1, 3) # 1이상 3이하의 임의의 정수를 반환 |
| shuffle(seq) | seq 리스트의 원소를 무작위로 섞는다.<br>예: mylist = [1,2,3,4,5]<br>random.shuffle(mylist)<br>mylist# 항목들이 섞여있는 것을 확인 |
| choice(seq) | seq 시퀀스의 임의의 원소를 선택한다<br>예: random.choice(mylist) # 리스트의 항목 중에서 임의의 항목을 선택 |

random 모듈을 이용하여 “가위/바위/보” 게임을 만들어 보자. 가위를 1, 바위를 2, 보를 3이라고 정한 후, randint() 함수에서 1, 2, 3 중에 하나의 값을 생성하여 저장한다. 이후 사용자로부터 가위(1), 바위(2), 보(3) 중의 하나의 값을 입력받은 후, 저장한 값과 비교하여 가위/바위/보 규칙에 따라 사용자나 프로그램이 이기는 경우, 혹은 비기는 경우 등을 출력하라.

5. 문제 4의 random 모듈을 이용하여 숫자 맞추기 게임을 만들어 보자. 프로그램은 1에서 100사이의 임의의 수를 생성한 다음 저장한다. 사용자는 여러 번의 질문으로 이 수를 맞추어야 하는데, 매 질문에서 사용자가 생각하는 수를 입력하고, 프로그램은 저장하고 있는 수가 클 경우에는 “입력한 수보다 큰 수입니다”를 출력하며, 저장한 수가 작을 경우에는 “입력한 수보다 작은 수입니다”를 출력한다. 그리고 입력한 수와 저장한 수가 같을 경우에는 “정답입니다. 시도 횟수는 ??번 입니다.”를 출력한다. 이때 ??에는 사용자가 입력한 횟수를 출력하여 몇 번 만에 정답을 맞혔는지를 표시하자. 단, 사용자가 -1을 입력하면, 게임을 포기하는 것으로 간주하고, 그냥 정답을 출력한다.

6. 양의 정수 n을 입력받은 다음, 아래 식의 결과를 출력하라.

1) $1+2^3+3^2+\cdots+n^2$

2) $1+\frac{1}{2^2}+\frac{1}{3^2}+\cdots+\frac{1}{n^2}$

3) $\frac{1}{n}+\frac{2}{n-1}+\frac{3}{n-2}+\cdots+\frac{n-2}{3}+\frac{n-1}{2}+\frac{n}{1}$

4) $1+\frac{2}{1+2}+\frac{3}{1+2+3}+\cdots+\frac{n}{1+2+\cdots+n}$

5) $1+\frac{1}{1}+\frac{1}{1\times 2}+\frac{1}{1\times 2\times \ \times 3}+\cdots\frac{1}{1\times 2\times \cdots \times n}$

7. 터틀 그래픽을 이용하여 아래와 같은 도형을 그리시오. 원은 t.circle(radius) 함수로 그릴 수 있다.

1)

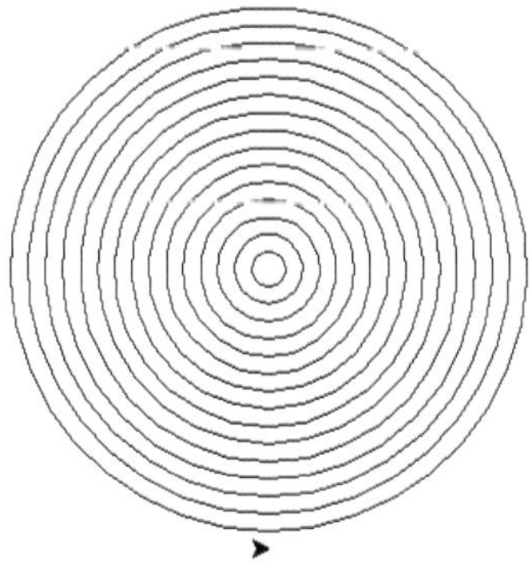

2)

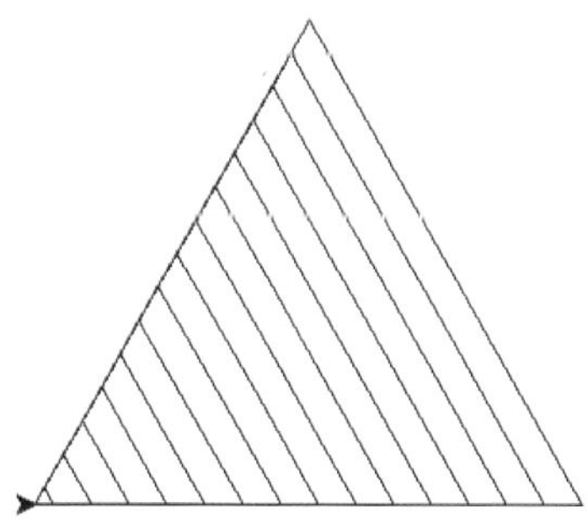

8. 피타고라스의 수란 $a^2+b^2=c^2$을 만족하는 세 수를 의미한다. 예를 들면, (3, 4, 5)는 피타고라스의 수이다. $1\le a\le b\le c\le 100$의 범위에 포함되는 모든 피타고라스의 수들을 출력하시오.

9. 정수 317은 각 지릿수의 세제곱을 더한 값과 같다. 즉, $371=3^3+7^3+1^3$이다. 이러한 수를 암스트롱의 수라고 한다. 세 자리 정수 중에서 암스트롱의 수를 모두 찾아 출력하시오.

10. 본문의 실습 5에서 입력받은 수를 뒤집은 수를 출력하는 프로그램을 작성하였다. 정수를 뒤집어도 원래 수와 같은 수를 회문(palindrome)이라 한다. 예를 들면, 23432나 5115 등은 회문이다. 어떤 정수 x에 대해 x를 뒤집은 수를 더하는 과정을 여러 번 반복하면 대부분은 회문을 만들 수 있다. 예를 들면, 194의 경우 다음과 같이 3번의 연산을 거쳐 회문을 만들 수 있다.

194 + 491 = 685 → 685 + 586 = 1271 → 1271 + 1721 = 2992 (회문)

정수 n을 입력받은 다음, 위의 방법으로 회문을 만들 수 있을 경우"회문 x를 y번 만에 생성하였습니다."를 출력하고, 경계 조건($2^{31}-1$)까지 증가시켜도 회문을 만들 수 없을 경우에는 "회문을 만들 수 없습니다."라는 메시지를 출력하는 프로그램을 작성하시오.

11. 2부터 10 사이의 정수 n을 입력받은 후, 1부터 $n^2$까지의 연속된 수를 아래와 같이 행의 순서와 열의 순서로 각각 출력하라. 예를 들면, n이 5일 때 출력 방식은 아래와 같다.

1) 행 순서로 출력

```
1부터 10 사이의 정수 입력 : 5
 1  2  3  4  5
 6  7  8  9 10
11 12 13 14 15
16 17 18 19 20
21 22 23 24 25
```

2) 열 순서로 출력

```
1부터 10사이의 정수 입력 : 5
 1  6 11 16 21
 2  7 12 17 22
 3  8 13 18 23
 4  9 14 19 24
 5 10 15 20 25
```

12. 2부터 10 사이의 정수 n을 입력받은 후, 1부터 $n^2$까지의 연속된 수를 'ㄹ'패턴으로 출력하라. 예를 들면, n이 5일 때 출력 방식은 아래와 같다.

```
1부터 10 사이의 정수를 입력하세요 : 5
1   2  3  4  5
10  9  8  7  6
11 12 13 14 15
20 19 18 17 16
21 22 23 24 25
```

13. 양의 홀수를 입력받아 아래와 같은 모양을 출력하라. 입력받은 수만큼 줄을 출력하는데, 각 줄에는 0부터 9까지 정수들이 반복하여 나타난다. 첫째 줄은 0부터 시작하며, 이전 줄의 마지막 번호 다음부터 아래 줄에서 시작한다. 처음부터 중간 줄까지는 줄이 증가함에 따라 숫자의 수를 왼쪽과 오른쪽에 각각 하나씩 더 출력하고, 중간 줄 이후부터는 숫자의 수를 하나씩 줄여서 출력한다. 숫자와 숫자 사이에는 공백을 하나씩 포함시킨다.

```
양의 홀수를 입력: 11
0                     1
2 3                 4 5
6 7 8             9 0 1
2 3 4 5         6 7 8 9
0 1 2 3 4     5 6 7 8 9
0 1 2 3 4 5 6 7 8 9 0 1
2 3 4 5 6     7 8 9 0 1
2 3 4 5         6 7 8 9
0 1 2             3 4 5
6 7                 8 9
0                     1
```


참고 문헌

1. https://docs.python.org/3/, Python documentation
2. 이강성, 파이썬 3 바이블, 프리렉
3. 천인국, 어서와 파이썬은 처음이지!, 인피니티북스
4. 천인국, 파워 유저를 위한 파이썬 EXPRESS, 생능출판
5. 김진일, 윤장혁, 창의적 문제 해결을 위한 파이썬 프로그래밍, 연두에디션

# 4 Chapter 다양한 자료형

**학습목표**

- 다양한 자료형(리스트, 튜플, 집합, 사전)의 개념을 이해한다.
- 리스트와 튜플의 특성을 이해하고 관련 함수 및 연산을 활용할 수 있다.
- 인덱싱, 슬라이싱의 개념을 이해하고 활용할 수 있다.
- 집합과 사전의 특성을 이해하고 다양한 함수와 연산을 활용할 수 있다.

## 4.1 리스트(List) 자료형

리스트는 숫자나 문자열, True나 False 같은 불리언 값 등을 순서대로 저장하는 시퀀스(sequence) 자료형이다. 리스트는 대괄호[ ]를 사용해서 표현되며, 리스트에 저장된 값을 항목(item) 또는 요소(element)라고 부른다. 간단한 리스트의 예제들을 살펴보자.

```
In [1]: A = [100, 200, 300, 400]                          #정수 리스트
In [2]: B = ['한국', '미국', '영국', '일본', '중국']      #문자열 리스트
In [3]: C = [100, '한국', '미국', 300, -1.23]             #혼합된 리스트
```

위 예제에서와 같이 파이썬의 리스트는 서로 다른 타입의 값들을 저장할 수 있어, 다양한 종류의 데이터를 한꺼번에 다루는 것을 쉽게 도와준다. 하지만, 동일한 타입의 데이터를 저장하는 것이 프로그램의 가독성과 안정성 등을 높일 수 있기 때문에, 동일한 타입의 값들을 하나의 리스트에 저장하는 것이 일반적이다. 참고로 C, Java 등 다른 프로그래밍 언어들의 경우 파이썬 리스트와 유사한 개념인 배열을 사용하며 하나의 배열에는 동일한 타입의 값들만 저장될 수 있다.

### 4.1.1 리스트 항목 읽기와 변경하기

리스트에 저장되어 있는 항목들은 저장된 위치를 인덱스(index)라 부르는 정숫값으로 지정할 수 있다. 리스트의 첫 번째 항목은 인덱스 0에 저장되며, 그 이후 항목의 인덱스는 1씩 증가한다. 다음은 4개의 항목을 가지는 리스트 testList를 만드는 예다. 리스트의 이름을 만드는 규칙은 2장에서 배운 변수 이름을 만드는 규칙과 동일하며, 순서에 따라 각 항목의 인덱스는 0, 1, 2, 3이 된다.

```
In [1]: testList = [10, 20, '한국', '미국']
```

인덱스를 사용해 각 아이템들의 값을 확인해보자. 리스트 이름 다음에 대괄호를 적고 인덱스 번호를 주면 해당 아이템 값을 확인할 수 있다.

```
In [2]: testList[0]
        10
In [3]: testList[1]
        20
In [4]: testList[2]
        '한국'
In [5]: testList[3]
        '미국'
```

리스트의 항목 값을 변경하는 방법 역시 매우 간단하다. 다음과 같이 인덱스를 사용해 특정 항목을 지정한 후 새로운 값을 대입하면 된다.

```
In [6]: testList[3] = 30    #네 번째 항목(3번 인덱스)의 값을 30으로 변경
        testList[3]
        30
```

```
In [7]: testList[0] = '중국'    #첫 번째 항목의 값을 '중국'으로 변경
        testList[0]
```

```
'중국'
```

```
In [8]: print(testList)
```

```
['중국', 20, '한국', 30]
```

여기서 주의해야 할 점은, 리스트가 가진 값의 개수를 초과하는 인덱스를 사용할 수 없다는 점이다. 즉 아래와 같이 인덱스 4번 항목에 값을 대입하는 것은 불가능하다.

```
In [9]: testList[4] = 10
```

```
----------------------------------------------------------
IndexError Traceback (most recent call last)
<ipython-input-2-edd9aa795771> in <module>
----> 1 testList[4] = 10
IndexError: list assignment index out of range
```

### 4.1.2 인덱싱과 중첩 리스트

인덱싱(indexing)이란 인덱스를 이용하여 리스트의 특정 항목을 읽고 변경하는 것을 의미한다. 리스트 인덱싱의 특징은 음수 값의 인덱스를 사용할 수 있다는 점이다. 음수 값은 리스트를 맨 마지막 값부터 인덱싱한다. 즉, -1은 주어진 리스트의 맨 마지막에 위치한 항목을 뜻하는 인덱스이며 -2는 마지막 항목의 왼쪽에 위치한 항목을 의미하는 인덱스다. 다음은 음수 인덱스를 사용하는 예제다.

```
In [1]: testList = [1,2,3,4,5]
        testList[-1]
```

```
5
```

```
In [2]: testList[-2]
```

```
4
```

```
In [3]: testList[-4]
```

```
2
```

중첩 리스트란 리스트 안에 또 다른 리스트를 하나의 항목으로 저장하는 리스트를 의미한다. 이는 다른 프로그래밍 언어의 다차원 배열과 비슷하다고 생각할 수 있다. 아래 예제의 리스트 scores는 세 개의 리스트를 항목으로 갖는 중첩 리스트이다. 중첩 리스트 역시 인덱싱을 통해 각 항목에 접근할 수 있다. scores 리스는 세 개의 항목을 가지고 있고 각 항목은 다시 리스트이다. 따라서 **scores[1]**은 scores 리스트의 두 번째 항목인 [20, 30, 40]을 의미한다.

```
In [4]: scores = [[100,90,80], [20,30,40], [40,50,60]]
        scores[1]
```

```
[20, 30, 40]
```

또한, 두 번째 항목 역시 리스트이기 때문에 추가적인 인덱싱을 통해 저장된 값에 접근할 수 있다. 예를들어 다음과 같이 scores[1][2]는 scores[1]의 [2]번 항목, 즉 [20, 30, 40]의 세 번째 항목인 40을 의미한다.

```
In [5]: scores[1][2]
```

```
40
```

### 4.1.3 슬라이싱

프로그래밍을 하다보면 주어진 리스트의 일부분으로 구성된 새로운 리스트를 만들어야 하는 경우가 자주 있다. 이때 사용할 수 있는 방법이 슬라이싱(slicing)이다. 슬라이싱이란 리스트처럼 연속적인 객체들에 범위를 지정해 선택한 항목들을 가져오는 방법을 말한다. 슬라이싱은 **리스트 이름 [시작 인덱스:끝 인덱스]** 형태로 사용하며 그 의미는 다음과 같다.

- 해당 리스트의 시작 인덱스부터 끝 인덱스-1까지의 부분 리스트를 지칭한다.
- 시작 인덱스를 생략하면 처음부터를 뜻한다.
- 끝 인덱스를 생략하면 끝까지를 의미한다.
- 시작 인덱스와 끝 인덱스를 모두 생략하면 전체 리스트를 의미한다.

다음 예제들을 살펴보자. testList[1:4]는 testList[1]부터 testList[3]까지의 항목들로 구성된 부분 리스트를 나타내며, testList[:3]은 testList[0]부터 testList[2]까지, 즉 앞쪽 3개의 항목을 가진 부분 리스트를 나타낸다. testList[2:]의 경우 testList[2]부터 리스트의 마지막 항목인 testList[4]까지의 항목들로 구성된 부분리스트를 나타내고, 시작 인덱스와 끝 인덱스가 생략된 testList[:]는 testList 전체를 의미한다.

In [1]:
```
testList = [10,20,30,40,50]
testList[1:4]
```
```
[20,30,40]
```

In [2]:
```
testList = [0,1,2,3,4,5]
#앞쪽 3개의 항목을 가진 부분 리스트 선택하기
testList[:3]
```
```
[0, 1, 2]
```

In [3]:
```
#2번 인덱스부터 마지막 항목까지 부분 리스트 선택하기
testList[2:]
```
```
[2, 3, 4, 5]
```

In [4]:
```
#처음부터 끝까지 선택하기 (전체 리스트)
testList[:]
```
```
[0, 1, 2, 3, 4, 5]
```

### 4.1.4 리스트에 대한 연산

파이썬은 다양한 리스트 연산을 제공하며, 이들 연산은 리스트의 내용을 변경하지 않는 연산과 변경하는 연산으로 구분할 수 있다.

### (1) 리스트의 내용이 변경되지 않는 연산들

리스트의 내용이 변경되지 않는 연산은 +, *, in, len, max, sum, sorted, list.index(), list.count(), list.copy() 등으로, 연산을 실행하더라도 원본 리스트의 내용이 바뀌지 않는다. 다음은 리스트의 내용이 변경되지 않는 대표적인 연산들이다.

• **+ 연산자** : "리스트1 + 리스트2" 형태로 사용되며 두 리스트를 합친 리스트를 생성한다.

```
In [1]: [ 1, 2, 3] + [4, 5, 6]
        [1, 2, 3, 4, 5, 6]
```

• *** 연산자** : "리스트 * 정수" 형태로 사용되며, 리스트의 내용을 정수만큼 반복해서 저장한 새로운 리스트를 생성한다.

```
In [2]: ['a', 'b'] * 3
        ['a', 'b', 'a', 'b', 'a', 'b']
```

• **in 연산자** : "데이터 in 리스트" 형태로 사용되며, 리스트가 데이터를 저장하고 있으면 True, 아니면 False를 반환한다.

```
In [3]: 3 in [1, 2, 3]
        True
```

• **len() 함수** : "len(리스트)" 형태로 사용되며, 리스트에 저장된 항목의 개수를 반환한다.

```
In [4]: len([1, 2, 3])
        3
```

• **max() 함수와 min() 함수** : "max(리스트)" 형태로 사용되며, 리스트에 저장된 항목 중에서 가장 큰 항목을 반환한다. "min(리스트)" 함수는 가장 작은 항목을 반환한다.

In [5]:
```
A = [7, 2, 5, 8, 4]
print(max(A), min(A))
```
```
8  2
```

• **sum() 함수** : "sum(리스트)" 형태로 사용되며, 숫자를 저장하는 리스트의 모든 항목의 값을 합한 값을 반환한다. 문자열 항목이 포함되어 있으면 오류가 발생한다.

In [6]:
```
sum(A)
```
```
26
```

• **sorted() 함수** : "sorted(리스트)" 형태로 사용되며, 리스트의 항목을 오름차순으로 정렬한 리스트를 출력한다. 내림차순 정렬은 sorted(리스트, reverse=True) 명령을 이용한다.

In [7]:
```
sorted(A)   #A의 내용은 변하지 않고, A를 정렬한 새로운 리스트가 반환
```
```
[2, 4, 5, 7, 8]
```

• **리스트.index() 함수** : "리스트.index(value)" 형태로 사용되며, value를 저장한 첫 번째 항목의 위치가 반환된다.

In [8]:
```
S = ['a', 'b', 'a', 'b', 'a']
S.index('b')
```
```
1
```

• **리스트.count() 함수** : "리스트.count(value)" 형태로 사용되며, value가 리스트

에 저장된 빈도수를 반환한다.

```
In [9]: S.count('a')
```
```
3
```

• **리스트.copy() 함수** : "리스트.copy()" 형태로 사용되며, 리스트의 항목을 복사한 새로운 리스트를 생성한다. 아래 예제에서 L은 리스트 S를 복사한 새로운 리스트이며, L의 첫 번째 항목을 'c'로 변경한 후 L과 S를 출력한 결과를 나타낸다. S는 변경되지 않음을 알 수 있다.

```
In [10]: L = S.copy()
         L[0] = 'c'
         print(f"L = {L}, S = {S}")
```
```
L = ['c', 'b', 'a', 'b', 'a'], S = ['a', 'b', 'a', 'b', 'a']
```

### (2) 리스트의 내용이 변경되는 연산들

이번 절에서 설명하는 연산들은 실행 후 원본 리스트의 내용을 변경시킨다. del 연산을 제외한 대부분의 연산은 리스트 클래스에 정의된 함수들로 리스트에 새로운 항목을 추가하거나, 기존 항목을 삭제, 혹은 리스트의 내용을 수정하는 기능들을 수행한다.

• **del 연산자** : "del 리스트[인덱스]" 형태로 사용되며 리스트에서 선택한 인덱스의 항목을 삭제한다.

```
In [1]: A = [7, 2, 5, 8, 4]
        del A[1]
        A
```
```
[7, 5, 8, 4]
```

• **리스트.pop() 함수** : "리스트.pop(index)" 형태로 사용되며 리스트에서 선택한 인덱스의 항목을 삭제하고 삭제된 항목의 값이 반환된다.

In [2]:
```
A = [7, 2, 5, 8, 4]
print(f"삭제된 항목 = {A.pop(1)}, 결과 리스트 = {A}")
```
```
삭제된 항목 = 2, 결과 리스트 = [7, 5, 8, 4]
```

• **리스트.remove() 함수** : "리스트.remove(value)" 형태로 사용되며 리스트에서 value 값을 갖는 항목을 찾아서 삭제한다. 단, 삭제된 항목의 값은 반환되지는 않는다.

In [3]:
```
A = [7, 2, 5, 8, 4]
A.remove(8)
A
```
```
[7, 2, 5, 4]
```

• **리스트.clear() 함수** : "리스트.clear()" 형태로 사용되며 리스트의 모든 항목을 삭제한다.

In [4]:
```
A = [7, 2, 5, 8, 4]
A.clear()
A
```
```
[]
```

• **리스트.append() 함수** : "리스트.append(value)" 형태로 사용되며 리스트의 마지막에 value 값을 갖는 항목을 추가한다.

In [5]:
```
A = [7, 2, 5, 8, 4]
A.append(100)
A
```
```
[7, 2, 5, 8, 4, 100]
```

• **리스트.insert() 함수** : "리스트.insert(index, value)" 형태로 사용되며 리스트의 index 위치에 value 값을 갖는 항목을 추가한다.

In [6]:
```
A = [7, 2, 5, 8, 4]
A.insert(2, 100)
A
```
```
[7, 2, 100, 5, 8, 4]
```

• **리스트.extend() 함수** : "리스트1.extend(리스트2)" 형태로 사용되며 리스트2의 내용을 리스트1의 마지막에 추가한다. "리스트1 = 리스트1 + 리스트2" 와 같은 명령이다.

In [7]:
```
A = [7, 2, 5, 8, 4]
A.extend([10, 20, 30])
A
```
```
[7, 2, 5, 8, 4, 10, 20, 30]
```

• **리스트.sort() 함수** : "리스트.sort()" 형태로 사용되며 리스트의 내용을 오름차순으로 정렬한다. "리스트.sort(reverse=True)" 명령은 내림차순으로 정렬할 때 사용한다.

In [8]:
```
A = [7, 2, 5, 8, 4]
A.sort(reverse=True)
A
```
```
[8, 7, 5, 4, 2]
```

• **리스트.reverse() 함수** : "리스트.reverse()" 형태로 사용되며 리스트의 항목들을 역순으로 저장한다.

In [9]:
```
A = [7, 2, 5, 8, 4]
A.reverse()
A
```
```
[4, 8, 5, 2, 7]
```

## 4.2 튜플(Tuple) 자료형

튜플은 리스트와 비슷하게 여러 개의 요소로 이루어진 시퀀스 자료형이다. 대부분의 기능의 리스트와 비슷하지만, 다음과 같은 몇 가지 차이가 있다. 1) 리스트는 대괄호[ ]로 항목들을 둘러싸지만 튜플은 소괄호()로 항목들을 둘러싼다. 즉, 튜플은 **(항목1, 항목2, …, 항목n)** 형태로 표현된다. 2) 리스트의 경우 항목을 변경(추가, 수정, 삭제)하는 것이 가능한 반면 튜플은 항목을 변경할 수 없다.

### 4.2.1 튜플 생성과 항목 읽기

이제 다양한 종류의 튜플을 만들어 보자. 먼저, 항목을 포함하지 않는 빈 튜플은 다음과 같이 만들 수 있다.

```
In [1]: t = ()
```

하나의 항목을 저장하는 튜플을 만들어보자. 항목이 하나일 때는 반드시 끝에 ,를 붙여야 한다.

```
In [2]: t = (1,)
In [3]: t = (5,)
        t
        (5, )
In [4]: type(t)
        tuple
```

만일 아래와 같이 콤마(,)를 붙이지 않으면 튜플이 아닌 단순 정숫값이 된다는 점에 유의하자.

```
In [5]: t = (5)
        t
```
```
5
```
```
In [6]: type(t)
```
```
int
```

여러 개의 항목을 갖는 튜플을 만드는 법은 다음과 같다.

```
In [7]: t = (5,7,9)
        t
```
```
(5, 7, 9)
```
```
In [8]: t = 5,7,9
        t
```
```
(5, 7, 9)
```

위의 두 가지 명령의 결과는 동일하다. 즉, 셀8과 같이 튜플을 만들 때 괄호를 생략해도 되며, 괄호를 생략해도 자동으로 튜플로 묶어준다는 의미에서 튜플의 **패킹**(Packing)이라고 부른다. 패킹의 반대 과정을 **언패킹**(Unpacking)이라고 한다. 즉, 튜플의 각 항목을 동시에 여러 변수에 할당하는 것을 말한다. 아래 예제에서 a, b, c에는 각각 t[0], t[1], t[2]의 값이 동시에 할당된다.

```
In [9]: a, b, c = t
        print(a, b, c)
```
```
5 7 9
```

튜플의 패킹, 언패킹을 활용하면 한 번에 여러 변수의 값을 설정할 수 있다. 다음 예제는 튜플의 패킹과 언패킹을 동시에 사용해 a, b, c, d 변숫값을 동시에 설정하는 것을 보여준다. 또한 셀 11의 예제는 변수 a와 b의 값을 교환하는 편리한 방법을 나타낸다.

```
In [10]: a, b, c, d = 1, '영남대', [1, 2, 3], 10.5
         print(a, b, c, d)
```

```
1 영남대 [1, 2, 3] 10.5
```

```
In [11]: a, b = b, a
         print(a, b)
```

```
영남대 1
```

### 4.2.2 인덱싱과 슬라이싱

튜플은 리스트와 동일한 방법으로 인덱싱과 슬라이싱을 사용할 수 있다. 다만, 튜플은 값을 수정할 수 없는 자료형이기 때문에 값을 변경하거나 삭제하는 것은 불가능하다.

아래는 인덱스로 튜플의 항목 값을 확인하는 예제다.

```
In [12]: t = (5,7,9)
         t[2]
```

```
9
```

이번에는 항목의 변경을 시도해 보자. 앞서 설명한 것과 같이 튜플은 항목을 변경하는 것이 불가능하기 때문에 항목의 값을 변경하고자하면 TypeError가 발생한다.

```
In [13]: t[2] = 10
```

```
---------------------------------------------------------
TypeError Traceback (most recent call last)
<ipython-input-4-82312e814937> in <module>
----> 1 t[2]=10
TypeError: 'tuple' object does not support item
assignment
```

리스트의 슬라이싱과 동일하게 튜플에서도 슬라이싱이 가능하다. 다음은 튜플의 슬라이싱 예제이다.

In [14]:
```
t  = (1,3,5,7,9,11,13,15)
t[:5]
```
```
(1, 3, 5, 7, 9)
```

In [15]:
```
t[4:]
```
```
(9, 11, 13, 15)
```

In [16]:
```
t[2:5]
```
```
(5, 7, 9)
```

### 4.2.3 리스트와 튜플 간 상호 변환

tuple() 함수를 이용하여 주어진 리스트의 모든 항목들을 갖는 튜플을 생성할 수 있다. 반대로 list() 함수를 이용하면 주어진 튜플의 모든 항목들을 갖는 리스트를 생성할 수 있다. 다음은 tuple()과 list() 함수를 사용하는 예제다.

In [1]:
```
#tuple()은 튜플을 생성하는 함수
mytuple = tuple([1, 2, 3, 4, 5])
mytuple
```
```
(1, 2, 3, 4, 5)
```

In [2]:
```
mylist = list(mytuple)          #list()는 리스트를 생성하는 함수
mylist
```
```
[1, 2, 3, 4, 5]
```

### 4.2.4 튜플에 대한 연산

튜플은 항목을 변경할 수 없기 때문에 튜플에 대한 연산은 앞서 알아본 '리스트의 내용이 변경되지 않는 연산들'과 비슷하다. 구체적으로 +, *, in, len, max, sum, sorted, tuple.index(), tuple.count() 등이 있으며 그 사용법은 다음과 같다.

- **+ 연산자** : "튜플1 + 튜플2" 형태로 사용되며 주어진 두 튜플을 하나로 합친 튜플을 생성한다.

```
In [1]: ( 1, 2, 3) + (4, 5, 6)
        (1, 2, 3, 4, 5, 6)
```

- *** 연산자** : "튜플 * 정수" 형태로 사용되며, 주어진 튜플의 항목들을 정수만큼 반복해서 저장한 새로운 튜플을 생성한다.

```
In [2]: ('a', 'b') * 3
        ('a', 'b', 'a', 'b', 'a', 'b')
```

- **in 연산자** : "데이터 in 튜플" 형태로 사용되며, 주어진 데이터가 튜플에 포함되어 있으면 True, 아니면 False를 반환한다.

```
In [3]: 3 in (1, 2, 3)
        True
```

- **len() 함수** : "len(튜플)" 형태로 사용되며, 튜플에 저장된 항목의 개수를 반환한다.

```
In [4]: len((1, 2, 3))
        3
```

- **max() 함수, min() 함수** : "max(튜플)" 형태로 사용되며, 튜플에 저장된 항목 중

에서 가장 큰 항목을 반환한다. 반대로 “min(튜플)” 함수는 튜플에 저장된 항목 중 가장 작은 항목을 반환한다.

In [5]:
```
A = (7, 2, 5, 8, 4)
print(max(A), min(A))
```
```
8 2
```

• **sum() 함수** : “sum(튜플)” 형태로 사용되며, 숫자를 저장하는 튜플에 포함된 항목들의 값들을 합한 결과를 반환한다. 만약 튜플에 문자열 항목이 포함되어 있으면 오류가 발생한다.

In [6]:
```
sum(A)
```
```
26
```

• **sorted() 함수** : “sorted(튜플)” 형태로 사용되며, 튜플의 항목을 오름차순으로 정렬한 리스트를 반환한다. 내림차순 정렬은 sorted(튜플, reverse=True) 명령을 이용한다.

In [7]:
```
sorted(A)                    #튜플의 정렬 결과로 리스트가 생성
```
```
[2, 4, 5, 7, 8]
```

• **튜플.index() 함수** : “튜플.index(value)” 형태로 사용되며, value의 위치를 인덱스로 반환한다. 만약 튜플이 두 개 이상의 value를 포함하고 있을 경우, 첫 번째 value의 위치가 반환된다.

In [8]:
```
S = ('a', 'b', 'a', 'b', 'a')
S.index('b')                 #첫 번째 'b'의 위치가 반환
```
```
1
```

• **튜플.count() 함수** : “튜플.count(value)” 형태로 사용되며, 튜플에 포함된

value의 개수를 반환한다.

In [9]:
```
S.count('a')
```
```
3
```

• **copy.copy() 함수** : 리스트와 달리 튜플은 copy() 함수를 제공하지 않는다. 따라서 copy 모듈을 import한 후, "copy.copy(튜플)" 형태로 사용하여야 한다. 주어진 원본 튜플과 동일한 항목으로 구성된 새로운 튜플이 반환된다.

In [10]:
```
import copy
L = copy.copy(S)
L
```
```
L = ('a', 'b', 'a', 'b', 'a')
```

## 4.3 집합(Set) 자료형

집합은 수학 시간에 배운 집합에 관련된 기능을 쉽게 사용할 수 있도록 만들어진 자료형이다. 집합은 {항목1, 항목2, …, 항목n} 형태로 표현되며, 리스트나 튜플과 달리 중복된 데이터가 저장될 수 없다. 즉, 집합에 포함되는 모든 항목의 값은 서로 다르다. 따라서 리스트나 튜플처럼 인덱스를 사용해 항목을 읽고 변경하는 것이 불가능하다.

먼저 집합 자료형을 생성하는 방법을 살펴보자. 빈 집합은 아래와 같이 set()을 이용하여 생성할 수 있다. "s = {}"형태는 집합을 생성하는 것이 아니라, 다음 절에서 설명하는 사전(dictionary) 자료형을 생성할 때 사용한다는 점에 유의하자.

In [1]:
```
s = set()
```

### 4.3.1 집합 다루기

집합은 다음과 같이 리스트나 튜플을 이용해 생성하는 것이 가능하다. 이 경우 리스트나 튜플에 같은 값이 여러 개 있더라도 집합에는 하나의 값만이 포함된다.

```
In [2]: s = set([1,2,3,4,1,2,3)
        s
        { 1, 2, 3, 4 }
```

다음과 같이 문자열을 이용한 집합 생성도 가능하다. 참고로 이것이 가능한 이유는 파이썬은 문자열을 문자들로 구성된 리스트로 다루기 때문이다.

```
In [3]: s = set("안녕하세요")
        s
        {'녕', '세', '안', '요', '하'}
```

집합을 다루는데 주의해야 할 점은 집합은 순서가 없으므로 리스트나 튜플처럼 인덱스로 원하는 각 요소에 접근할 수는 없다는 사실이다. 아래 예제는 이러한 집합의 특징을 잘 보여준다.

```
In [4]: s = set([1,2,3,4,5])
        s[0]
        ---------------------------------------------------------
        TypeError Traceback (most recent call last)
        <ipython-input-65-c9c96910c542> in <module>
        ----> 1 s[0]
        TypeError: 'set' object is not subscriptable
```

집합에 저장된 항목을 인덱스로 접근하려면 집합을 리스트나 튜플로 형태를 변환한 후 가능하다. 아래 예제에서처럼 list() 함수를 사용하면 집합을 리스트로 변경할 수 있다. 물론 tuple() 함수를 사용하여 집합을 튜플로 변경하는 것 역시 가능하다.

```
In [5]: l = list(s)
        l[0]
        1
```

### 4.3.2 집합의 내용을 변경하지 않는 연산

리스트와 마찬가지로 집합 역시 수정 가능한 자료형이다. 따라서 집합의 연산은 내용을 변경하지 않은 연산과 내용을 변경하는 연산 두 종류로 나누어진다. 먼저 집합의 내용을 변경하지 않는 연산은 리스트와 동일한 부분이 많다. 주어진 집합 S에 대해 len(S)는 집합의 항목 수를 반환하며, min(S)는 최솟값, max(S)는 최댓값, sum(S)는 모든 항목을 합한 값을 반환한다. 그리고 원소 in S는 S에 원소가 있으면 True, 없으면 False를 반환한다. sorted(S)는 S의 항목들을 정렬한 리스트를 생성하며, S.copy()는 S를 복사한 새로운 집합을 생성하는 함수이다. 이들 함수는 리스트와 동작 과정이 같다.

집합은 리스트와 달리 합집합이나 교집합, 차집합과 같은 다양한 집합 연산을 지원한다. 다음은 집합의 내용을 변경하지 않는 집합 연산의 설명이다.

- **집합.isdisjoint() 함수** : "집합1.isdisjoint(집합2)" 형태로 사용하며, 주어진 집합1과 집합2가 서로소(교집합이 공집합)이면 True, 아니면 False를 반환하는 함수이다.

```
In [1]: s = {1, 3, 5, 7, 9}
        s.isdisjoint({2, 4, 6, 8})
        True
```

- **집합.issubset() 함수, <= 연산자, < 연산자** : "집합1.issubset(집합2)" 형태로 사용하며, 집합1과 집합2가 같거나, 혹은 집합1이 집합2에 포함되면(즉, 집합1 ⊆ 집합2이

면) True, 아니면 False를 반환하는 함수이다. "집합1 <= 집합2" 연산도 동일한 결과를 출력한다. "집합1 < 집합2" 연산은 집합1이 집합2에 포함될 때만 True를 반환하는 연산자이다.

```
In [2]:  print(s.issubset({1, 3, 5}), s <= {1, 3, 5})
         False False
```

• **집합.issuperset() 함수, >= 연산자, > 연산자** : "집합1.issuperset(집합2)" 형태로 사용하며, 집합1과 집합2가 같거나, 혹은 집합1이 집합2를 포함하면(즉, 집합1 ⊇ 집합2이면) True, 아니면 False를 반환하는 함수이다. "집합1 >= 집합2" 연산도 동일한 결과를 출력한다. "집합1 > 집합2" 연산은 집합1이 집합2를 포함할 때만 True를 반환하는 연산자이다.

```
In [3]:  print(s.issuperset({1, 3, 5}), s >= {1, 3, 5})
         True True
```

• **집합.union() 함수, | 연산자** : "집합1.union(집합2)" 형태로 사용하며, 집합1과 집합2의 합집합을 생성하는 함수이다. "집합1 | 집합2"도 동일한 결과를 출력한다.

```
In [4]:  print(s.union({2, 3, 4, 5}), s | {2, 3, 4, 5})
         {1, 2, 3, 4, 5, 7, 9} {1, 2, 3, 4, 5, 7, 9}
```

• **집합.intersection() 함수, & 연산자** : "집합1.intersection(집합2)" 형태로 사용하며, 집합1과 집합2의 교집합을 생성하는 함수이다. "집합1 & 집합2"도 동일한 연산을 수행한다.

```
In [5]:  print(s.intersection({2, 3, 4, 5}), s & {2, 3, 4, 5})
         {3, 5} {3, 5}
```

• **집합.difference() 함수, - 연산자** : "집합1.difference(집합2)" 형태로 사용하며, 차집합을 생성하는 함수다. 즉, 집합1에는 속하고 집합2에는 속하지 않는 원소들의 집합을 생성하는 함수이다. "집합1 - 집합2"도 동일한 연산을 수행한다.

In [6]:
```
print(s.difference({2, 3, 4, 5}), s - {2, 3, 4, 5})
```
```
{1, 9, 7} {1, 9, 7}
```

• **집합.symmetric_difference() 함수, ^ 연산자** : "집합1.symmetric_difference(집합2)" 형태로 사용하며, ((집합1 - 집합2) ∪ (집합2 - 집합1))을 생성하는 함수이다. "집합1 ^ 집합2"도 동일한 연산을 수행한다.

In [7]:
```
t = {2, 3, 4, 5}
print(s.symmetric_difference(t), s ^ t)
```
```
{1, 2, 4, 7, 9} {1, 2, 4, 7, 9}
```

### 4.3.3 집합의 내용을 변경하는 연산

다음은 집합의 내용을 변경하는 연산들이다. 집합에 새로운 항목을 추가하거나 삭제하는 함수와 연산들로 구성된다.

• **집합.add() 함수** : "집합.add(value)" 형태로 사용하며, value 값을 갖는 항목을 집합에 추가하는 함수이다. 물론 value 값이 이미 집합에 존재하면 집합 내용은 변경되지 않는다.

In [1]:
```
s = {1, 3, 5, 7, 9}
s.add(2)
s
```
```
{1, 2, 3, 5, 7, 9}
```

• **집합.remove() 함수** : "집합.remove(value)" 형태로 사용하며, value 값을 갖는 항목을 집합에서 삭제하는 함수이다. value 값이 집합에 존재하지 않으면 KeyError가 발생한다.

In [2]:
```
s = {1, 3, 5, 7, 9}
s.remove(5)
s
```
```
{1, 3, 7, 9}
```

In [3]:
```
s.remove(8)       #존재하지 않는 값의 삭제를 시도할 경우 KeyError 발생
```
```
KeyError: 8
```

• **집합.discard() 함수** : "집합.discard(value)" 형태로 사용하며, value 값을 갖는 항목을 집합에서 삭제하는 함수이다. "집합.remove()" 함수와의 차이는 value 값이 집합에 존재하지 않더라도 KeyError가 발생하지 않는다는 점이다.

In [4]:
```
s = {1, 3, 5, 7, 9}
s.discard(5)
s
```
```
{1, 3, 7, 9}
```

In [5]:
```
s.discard(8)      #없는 값을 삭제해도 오류가 발생하지 않음
```

• **집합.pop() 함수** : "집합.pop()" 형태로 사용하며, 집합에서 임의의 항목을 삭제한 후 삭제된 값을 반환한다. 재미있는 점은 어떤 항목이 삭제될지 사전에 알 수는 없다는 것이다. 만약 주어진 집합이 공집합이면 KeyError가 발생한다.

In [6]:
```
s = {'a', 'b', 'c', 'd', 'e'}
print(s.pop(), s)
```
```
c {'e', 'b', 'd', 'a'}
```

• **집합.clear() 함수** : "집합.clear()" 형태로 사용하며, 집합의 모든 항목을 삭제한다.

In [7]:
```
s = {1, 3, 5, 7, 9}
s.clear()
s
```
```
set()
```

• **집합.update() 함수, |= 연산자** : "집합1.update(집합2)" 형태로 사용하며, 집합1을 집합1과 집합2의 합집합으로 변경한다(즉, 집합1 = 집합1 ∪ 집합2). "집합1 |= 집합2"도 동일한 연산을 수행한다.

In [8]:
```
s = {1, 3, 5, 7, 9}
t = {2, 3, 4, 5}
s.update(t)                    # s |= t
s
```
```
{1, 2, 3, 4, 5, 7, 9}
```

• **집합.intersection_update() 함수, &= 연산자** : "집합1.intersection_update(집합2)" 형태로 사용하며, 집합1을 집합1과 집합2의 교집합으로 변경한다(즉, 집합1 = 집합1 ∩ 집합2). "집합1 &= 집합2"도 동일한 연산을 수행한다.

In [9]:
```
s = {1, 3, 5, 7, 9}
t = {2, 3, 4, 5}
s.intersection_update(t)       # s &= t
s
```
```
{3, 5}
```

• **집합.difference_update() 함수, -= 연산자** : "집합1.difference_update(집합2)" 형태로 사용하며, 집합1을 집합1과 집합2의 차집합으로 변경한다(즉, 집합1 = 집합1 - 집합2). "집합1 -= 집합2"도 동일한 연산을 수행한다.

In [10]:
```
s = {1, 3, 5, 7, 9}
t = {2, 3, 4, 5}
s.difference_update(t)          #s-=t
s
```
```
{1, 7, 9}
```

## 4.4 사전(Dictionary) 자료형

사전 자료형은 키(key)와 값(value)의 쌍을 항목으로 하는 집합이다. 사전형은 **{키1:값1, 키2:값2, …, 키n:값n}**의 형태로 표현되며, 콜론(:)으로 구분되는 키와 값이 하나의 항목으로 다뤄진다. 키로 사용할 수 있는 자료형은 정수, 실수, 문자열 등이 있으며, 사전에 포함되는 모든 키는 값이 유일해야한다. 즉, 동일한 키가 하나의 사전에 중복해서 존재할 수 없다. 값은 파이썬에서 제공하는 모든 자료형을 사용할 수 있다.

먼저 비어 있는 사전을 생성하는 방법을 살펴보자. 비어 있는 사전은 아래와 같이 "s = {}" 형태로 생성할 수 있으며, 앞서 살펴본 비어 있는 집합을 생성하는 방법과 혼동하지 않도록 유의해야 한다.

In [1]:
```
my_Dic = {}
```

다음은 영어 단어를 키값으로 하고 한글 단어를 값으로 저장하는 사전을 생성하는 예이다.

In [2]:
```
myDic = { "apple":"사과", "dog":"개", "cat":"고양이"}
```

### 4.4.1 사전형 다루기

사전형은 리스트와 튜플과 유사하게 인덱싱 개념을 제공한다. 다만 인덱스로 항상 숫값을 사용해야 하는 리스트와 튜플과 달리 사전형은 인덱스로 키를 사용한다는 차이가 있다. 이 점을 제외하면 리스트나 튜플과 유사한 방식으로 인덱싱이 가능하다.

```
In [1]: myDic = {"apple":"사과", "dog":"개", "cat":"고양이"}
        myDic["apple"]
        사과
In [2]: myDic["cat"]
        고양이
```

주의할 점은 다음과 같이 사전에 포함되어 있지 않은 키를 사용할 경우 **keyError**가 발생한다는 점이다. **get() 함수**는 이러한 상황에서 유용하게 사용될 수 있다. **get(키, 기본값)** 형태로 특정 키가 존재하지 않는 경우를 대비해 대체할 기본값을 미리 지정할 수 있다. 물론 해당 키가 사전에 존재한다면 그 키에 대응되는 값이 출력된다.

```
In [3]: myDic["lion"]                    #사전에 포함되지 않은 key 사용
        keyError: 'lion'
In [4]: myDic.get("lion", "없음")
        없음
```

사전에 포함된 값만을 추출하기 위하여 **values()** 함수를 사용한다. 해당 함수는 사전이 가진 값들의 뷰(view)가 dict_values() 자료형으로 반환하며, 이를 list() 함수를 이용하여 값들의 리스트로 변환할 수 있다.

```
In [5]: myDic = {"apple":"사과", "dog":"개", "cat":"고양이"}
        myDic.values()
        dict_values(['사과', '개', '고양이'])
```

In [6]:
```
list(myDic.values())
```
```
['사과', '개', '고양이']
```

다음과 같이 for문을 이용하여 values() 함수를 통해 추출된 값들을 하나씩 탐색할 수도 있다.

In [7]:
```
for value in myDic.values():
   print(value)
```
```
사과
개
고양이
```

사진에 포함된 키만을 추출하기 위하여 **keys()** 함수를 사용한다. 해당 함수는 사전이 가진 키들의 뷰가 dict_keys() 자료형으로 반환하며, 이를 list() 함수를 이용하여 키들의 리스트로 변환할 수 있다.

In [8]:
```
myDic = {"apple":"사과", "dog":"개", "cat":"고양이"}
myDic.keys()
```
```
dict_keys(['apple', 'dog', 'cat'])
```

In [9]:
```
list(myDic.keys())
```
```
['apple', 'dog', 'cat']
```

마찬가지로 for문을 이용하여 keys() 함수를 통해 추출된 키들을 하나씩 탐색할 수 있다.

In [10]:
```
for key in myDic.keys():
  print(key)
```
```
apple
dog
cat
```

item() 함수는 사전에 저장된 키:값으로 구성된 각 항목을 추출한다. 해당 함수는 사전이 가진 모든 항목의 뷰가 dict_items() 자료형으로 반환하며, 이를 list() 함수를 이용하여 키들의 리스트로 변환할 수 있다. 이때 각 항목은 (키, 값)의 튜플 형태로 저장되며, for문을 이용해 이 항목들을 탐색할 수 있다.

```
In [11]: myDic = {"apple":"사과", "dog":"개", "cat":"고양이"}
         myDic.items()
         dict_items([('apple','사과'),('dog','개'),('cat','고양이')])
In [12]: list(myDic.items())
         [('apple','사과'),('dog','개'),('cat','고양이')]
In [13]: for item in myDic.items():
             print(item)
         ('apple':'사과')
         ('dog':'개')
         ('cat':'고양이')
```

사전형에 특정 키나 값이 포함되어 있는지 확인하는 것도 리스트와 유사하게 처리할 수 있다. 먼저 특정 키가 존재하는지 확인하는 방법을 살펴보자. keys() 함수를 사용해 키의 리스트를 만들어 in 또는 not in 연산자를 사용해 확인하는 방법이 있다.

```
In [14]: "cat" in myDic.keys()
         True
In [15]: "lion" in myDic.keys()
         False
In [16]: "lion" not in myDic.keys()
         False
In [17]: "lion" not in myDic.keys()
         True
```

또 다른 방법은 아래 예제와 같이 사전형 데이터 타입에 직접 in 연산자를 사용해 특정 키가 존재하는지 확인하는 것이다. 이 방법이 더 단순하므로 보통 키의 포함 여부를 확인할 때 자주 사용된다.

In [18]:
```
"cat" in myDic
```
```
True
```

In [19]:
```
"lion" in myDic
```
```
False
```

이번에는 키가 아니라 특정 값의 존재 여부를 확인하는 방법을 알아보자. 앞에서 잠시 살펴본 것과 같이 파이썬에서 기본 제공하는 values() 함수로 값의 리스트를 만들고, 이렇게 만들어진 리스트에 in 연산자를 사용해 특정 값의 존재 여부를 확인할 수 있다.

In [20]:
```
"사과" in myDic.values()
```
```
True
```

In [21]:
```
"사자" in myDic.values()
```
```
False
```

## 4.4.2 항목의 추가와 삭제

사전에 새로운 항목을 추가할 때는 다음과 같이 **'사전[새로운 키] = 새로운 값'**의 명령어를 을 사용한다.

In [1]:
```
myDic = {"apple":"사과", "dog":"개", "cat":"고양이"}
myDic["cow"] = "소"                          #새로운 항목 추가
myDic
```
```
{'apple': '사과', 'dog': '개', 'cat': '고양이', 'cow': '소'}
```

사전에 저장된 항목은**"사전.pop(키)"** 혹은 **"del 사전[키]"**을 통해 삭제할 수 있다. 참고로 pop() 함수는 삭제된 키의 값을 반환하지만, del 함수는 반환 값이 없다는 차이점이 있다. 두 함수 모두 존재하지 않는 키를 사용하면 keyError를 반환한다.

In [2]:
```
myDic =  {"apple":"사과", "dog":"개", "cat":"고양이"}
print(myDic.pop("dog"))
print(myDic)
```
```
개
{'apple': '사과', 'cat': '고양이'}
```

In [3]:
```
myDic = {"apple":"사과", "dog":"개", "cat":"고양이"}
del myDic["dog"]
myDic
```
```
{'apple': '사과', 'cat': '고양이'}
```

In [4]:
```
myDic = {"apple":"사과", "dog":"개", "cat":"고양이"}
del myDic["rabbit"]
```
```
KeyError: 'rabbit'
```

사전의 내용을 모두 삭제하기 위해서는 **"사전.clear()"** 함수를 사용한다.

In [5]:
```
myDic = {"apple":"사과", "dog":"개", "cat":"고양이"}
myDic.clear()
myDic
```
```
{}
```

사전에 저장된 항목의 내용을 변경하기 위하여 **"사전[기존 키] = 새로운 값"** 형태의 문장을 사용한다. 단, 기존 값의 키를 바꾸기 위해서는 기존 키를 갖는 항목을 삭제한 후, 새로운 키:값 항목을 추가하여야 한다.

In [6]:
```
myDic = {“apple”:”사과”, “dog”:”개”, “cat”:”고양이”}
myDic[“dog”] = “강아지”
myDic
```
```
{‘apple’: ‘사과’, ‘dog’: ‘강아지’, ‘cat’: ‘고양이’}
```

마지막으로 setdefault(키:값)함수에 대해서도 알아보자. 이 함수는 키가 사전에 포함되어 있지 않다면 주어진 키와 값 쌍을 새로운 항목으로 추가한다. 만약 키가 사전에 이미 포함되어 있다면 기존 값을 유지한다. 즉, 아무런 변화가 일어나지 않는 것이다.

In [7]:
```
myDic = {“apple”:”사과”, “dog”:”개”, “cat”:”고양이”}
myDic.setdefault(“lion”,”사자”)
myDic.setdefault(“dog”,”강아지”)
myDic
```
```
{ “apple”:”사과”, “dog”:”개”, “cat”:”고양이”,”lion”:”사자” }
```

## 프로그래밍 실습

### 실습 1

리스트 list_a가 다음과 같을 때 반복문을 이용하여 모든 항목들의 합을 구하는 프로그램을 작성하시오.

```
list_a = [10, 20, 50, 90, 100]
```

### 실습 1의 문제 풀이

```
list_a = [10, 20, 50, 90, 100]
sum = 0
for x in list_a:
    sum += x
print(sum)
```

### 실습 2

로또 번호 생성기를 만들어보자. (두 가지 버전으로 만든다.)

① 첫 번째는 아주 간단한 로또 번호 생성기로 1부터 45까지의 정수 난수값 6개를 출력한다.

(참고) 1부터 45까지 난수값을 생성하는 방법 : random.randint(1,45)

② 위의 간단한 로또번호 생성기는 중복된 숫자가 나올 수 있다. 이를 개선해서 중복되지 않는 난수 6개를 생성해 로또번호를 추천해주는 프로그램을 작성하시오.

## 실습 2의 문제 풀이

○ 간단한 로또 번호 생성 코드

```
def lotto():
    for i in range(0,6):
        print(random.randint(1,45))
```

○ 문제점

- 중복된 숫자가 나올 수 있다!

○ 개선 방향

- 리스트를 활용해 기존과 동일한 숫자일 경우 다시 난수를 생성함.

○ 개선된 코드

```
import random

lottoNumber = []
while True:
    if len(lottoNumber) == 6:
        break
    newNumber = random.randint(1,45)
    if newNumber not in lottoNumber:
        print(newNumber)
        lottoNumber.append(newNumber)
```

○ 동작 설명

- 생성된 로또 번호를 lottoNumber 리스트에 저장한다.
- 단, 기존에 lottoNumber 리스트에 값이 있는지 확인 후 저장.
- lottoNumber 길이가 6이 될 때까지 무한 반복하며, 6이되면 반복문을 break로 빠져 나온다.

## 연습문제

1. 리스트 list_a = [1, 2, 3, 4]일 때 다음 각 코드의 출력 결과는 무엇인가?

① list_a[2]

② list_a[1:]

③ list_a[:2]

2. 리스트 끝에 새로운 아이템을 추가하는 함수는 무엇인가?

3. 리스트의 특정 아이템 값을 삭제하는 방법은 무엇인가?

4. 다음 이차원 리스트에 대해 각 코드의 출력 결과는 무엇인가?

```
list_b = [[ 1,2,3],
          [4,5,6],
          [7,8,9]]
```

① list_b[2]

② list_b[1][1]

③ list_b[2][:2]

5. 키와 값의 쌍으로 된 데이터를 저장하기에 적당한 자료형은 무엇인가?

① set ② list ③ tuple ④ dictionary ⑤ variable

6. 요소가 하나인 튜플을 만드는 방법으로 적절한 것은 무엇인가?

① t=[1 ② t={1} ③ t=(1) ④ t=(1,) ⑤ t=[1,]

7. 한번 만들어진 값을 변경할 수 없는 자료형은 무엇인가?

① set ② list ③ tuple ④ d ictionary ⑤ variable

8. 다음 코드의 결과는?

```
>>> myDic = { "apple":"사과", "dog":"개", "cat":"고양이"}
>>> myDic.setdefault('dog', '강아지')
>>> myDic.setdefault('peach', '복숭아')
>>> print(myDic.get('dog', '강지')
>>> print(myDic.get('melon', '멜론')
>>> print(myDic.get('peach', '복숭아')
```

① 강아지
멜론
복숭아

② 개
Error
복숭아

③ 개
멜론
복숭아

④ 강아지
melon
복숭아

## 프로그래밍 문제

1. 위의 로또 번호 생성기를 사용해 로또 게임기를 만들어보자.

   ○ 사용자로부터 1부터 45사이의 숫자 6개를 입력 받는다.

   ○ 로또 번호 생성기로 생성한 로또 번호와 비교해서 등수를 출력한다.

   ○ 등수

   - 1등 : 6개 숫자 정답
   - 2등 : 5개 숫자 정답
   - 3등 : 4개 숫자 정답
   - 4등 : 3개 숫자 정답
   - 꽝 : 나머지

   ○ 결과 화면

```
숫자를 입력하세요:5
숫자를 입력하세요:8
숫자를 입력하세요:13
숫자를 입력하세요:17
숫자를 입력하세요:21
숫자를 입력하세요:23
꽝
로또 번호!!!
[5, 31, 23, 16, 18, 26]
```

2. 알파벳 빈도율 구하기

○ 소개

- 사용자로부터 문장을 입력 받고,
- 입력받은 문장에 포함된 알파벳의 출연 빈도율을 출력하시오.

○ 결과

```
문장을 입력하세요:Yeungnam University Computer Science
  Y:5.0%
  e:25.0%
  u:10.0%
  n:20.0%
  g:5.0%
  a:5.0%
  m:10.0%
   :15.0%
  U:5.0%
  i:15.0%
  v:5.0%
  r:10.0%
  s:5.0%
  t:10.0%
  y:5.0%
  C:5.0%
  o:5.0%
  p:5.0%
  S:5.0%
  c:10.0%
```

3. 회문검사기를 만들어 보자. 회문이란? 문자열을 뒤집어도 같은 문자열이 되는 것을 말한다. 사용자에게 문자열을 하나 입력 받아 회문인지 아닌지 판단하는 프로그램을 작성하시오.

예상결과 )

단어을 입력하세요 : 기러기

회문입니다.

# 5 Chapter 문자열과 파일처리

**학습목표**

- 문자열을 다양하게 다룰 수 있다.
- 파일 입출력을 사용할 수 있다.

## 5.1 문자열

빅데이디, 기계학습 또는 인공지능 등 여러 분야에서 문자열에 대한 처리가 필요하다. 파이썬은 문자열을 아주 쉽게 다룰 수 있는 다양한 기능을 제공한다.

먼저, 문자열을 만드는 다양한 방법들을 자세히 살펴보자. 한 줄 문자열 생성을 생성하는 방법은 아래와 같이 두 가지 방법이 있다.

첫 번째 방법은 대부분의 프로그래밍 언어에서 사용하는 큰 따옴표 " " 로 문자열을 표현하는 것이다. 간단한 예제는 아래와 같다. 여기서 주목해서 볼 점은 문자열을 만들 때 큰따옴표를 사용했지만 실제 변수에는 작은 따옴표로 저장된 것을 알 수 있다. 사실 파이썬에서는 문자열을 만들 때 큰 따옴표와 작은 따옴표를 구분하지 않는다.

In [1]:
```
str1 = "문자열입니다"
str1
```
```
'문자열입니다'
```

아래처럼 작은 따옴표로 문자열을 만들 수 있고 위의 예제와 같은 결과인 것을 알 수 있다.

In [2]:
```
str = '문자열입니다'
str
```
'문자열입니다'

다시 정리하면, C나 자바등의 프로그래밍 언어와는 다르게 파이썬에서는 큰따옴표와 작은따옴표의 차이가 없다. 즉, 다른 언어에서처럼 작은따옴표는 문자를 표현하고 큰따옴표는 문자열 표현하는 것으로 구분하지 않는다. 다시 말해, 파이썬에서는 문자와 문자열을 구분하지 않는다.

이렇게 문자열을 표현하는 두 가지 방법을 동시에 지원하기 때문에 큰따옴표 안에서는 작은따옴표를 작은따옴표 안에서는 큰따옴표를 자유롭게 사용할 수 있다. 아래 예제에서 이 상황을 자세하게 살펴볼 수 있다.

In [3]:
```
str1 = '큰따옴표 사용 가능 "자유롭게" 가능'
str1
```
'큰따옴표 사용 가능 "자유롭게" 가능'

In [4]:
```
str1 = "작은 따옴표 사용 가능 '자유롭게' 가능"
str1
```
"작은 따옴표 사용 가능 '자유롭게' 가능"

파이썬에서는 다른 프로그래밍 언어에는 잘 없는 기능인 여러 줄로 구성된 문자열을 쉽게 생성하는 방법을 제공한다. 큰따옴표 3개(""") 또는 작은따옴표 3개(''')를 사용해 여러 줄의 문자열을 나열하는 방법으로 만들 수 있다. 아래 예제와 같이 자동으로 문장과 문장 사이에 newline(₩n) 기호를 추가한다.

In [5]:
```
str1 = '''
안녕하세요!
영남대학교에 오신 것을 환영합니다.
반갑습니다.
'''
```

```
'\n안녕하세요!\n영남대학교에 오신 것을 환영합니다.\n반갑습니다!!!\n'
```

두 문자열을 합치는 것은 리스트를 합치는 것과 같은 방법인 + 연산자로 두 문자열을 결합할 수 있다.

In [6]:
```
str1 = '안녕'
str2 = '하세요'
str3 = str1 + str2
str3
```
```
'안녕하세요'
```

리스트나 튜플과 같은 방법으로 문자열도 슬라이싱을 통해 부분 문자열을 추출할 수 있다. 앞서 잠시 설명했지만 문자열은 문자들의 리스트로 생각하면 이해하기 편하다.

In [7]:
```
str3[:2]
```
```
'안녕'
```

In [8]:
```
str3[2:]
```
```
'하세요'
```

In [9]:
```
str3[2:4]
```
```
'하세'
```

In [10]:
```
str3[2]
```
```
'하'
```

당연히 리스트나 튜플에서처럼 슬라이싱을 뒤쪽에서 앞으로 하는 것도 가능하다. 그러면 이런 방법을 사용해서 문자열을 뒤집어 보자. 즉 abc를 cba 형태로 만들어보자. 그리고 문자열의 특정위치부터 뒤에서 앞으로 부분 문자열을 구하는 예제도 살펴보자.

```
In [11]: str = '안녕하세요'
         #문자열을 뒤집는다.
         str[::-1]
```

```
'요세하녕안'
```

```
In [12]: # 3번 인덱스부터 0번 인덱스 앞까지 즉 1번 인덱스까지 문자열을 역순으로 추출한다.
         str[3:0:-1]
```

```
'세하녕'
```

```
In [13]: #2칸씩 건너띄면서 문자열을 추출한다.
         str[::2]
```

```
'안하요'
```

다른 자료형과 같이 in 을 활용해 원하는 문자나 부분 문자열이 포함되었는지 확인하는 것도 가능하다. '안녕'이라는 문자열이 str3에 있는지 확인하는 예제는 아래와 같다.

```
In [14]: '안녕' in str3
```

```
True
```

이번에는 문자열을 특정 기본 데이터 타입, 즉 정수형, 실수형 등으로 변경하는 방법을 살펴보겠다. 이 기능은 실제로 프로그램을 작성할 때 매우 자주 사용되는 기능이다. 사용자에게 입력받은 문자열을 숫자 값으로 변경해 연산하거나 파일이나 네트워크로부터 전송받은 데이터도 연산을 위해서 원하는 타입으로 변경해줘야만 한다.

- int() : 문자열을 정수값으로 변경한다.
  int('1234') → 1234
- float() : 문자열을 실수값으로 변경한다.
  float('12.34') → 12.34

- complex() : 문자열을 복소수로 변경한다.
  complex('3+6j') → (3+6j)

반대로 이번에는 다양한 타입의 값들 예를 들면 실수로 된 값을 문자열로 변경하는 예제를 살펴보자.

- str() : 다양한 숫자 자료형을 문자열로 변경한다.
  str(12.34) → '12.34'

이번에는 문자열에서 사용되는 유용한 함수들을 살펴보자. 먼저 find()함수다. 이 함수는 매개변수로 주어진 문자열의 위치를 앞에서부터 찾아서 인덱스를 알려준다. 만약에 없으면 -1을 반환한다. 또 rfind()함수는 find()와 같은 기능을 하지만 문자열 끝부터 앞쪽으로 찾는다. 아래 예제에서 find('학') 의 경우 문자열 앞쪽에서부터 검색을 시작해서 10번 인덱스에 있는 '학'을 발견하고 그 결과를 알려준다. 즉 '영남대학교'에 포함된 '학'을 찾은 것이다. 이와 다르게 rfind('학')함수는 문자열 끝에서부터 '학'을 검색하고 이번에는 '컴퓨터공학과'에 포함된 '학'이 먼저 검색되고 그 인덱스인 17이 결과값으로 나오는 것을 알 수 있다.

In [15]:
```
str = '안녕하세요, 영남대학교 컴퓨터공학과입니다. 만나서 반갑습니다.'
str.find('학')
```
```
10
```

In [16]:
```
str.rfind('학')
```
```
17
```

또한 특정한 문자열로 시작되는지, 또는 끝나는지도 쉽게 판단할 수 있는데 이때 사용하는 함수가 바로 startswith()와 endswith()함수다. 아래 사용 예제를 보면 동작을 쉽게 이해할 수 있다.

```
In [17]: str.startwith('안녕하')
```

```
True
```

```
In [18]: str.endwith('습니다.')
```

```
True
```

문자열에서 특정 문자열을 찾아 다른 문자열로 대체하는 것도 가능한데 이 기능은 replace()함수가 제공한다. 이 함수는 아래 예제에서처럼 일치하는 문자열을 모두 찾아 변경해준다.

```
In [19]: str.replace('영남대학교', '영대')
```

```
'안녕하세요, 영대 컴퓨터공학과입니다. 만나서 반갑습니다.'
```

```
In [20]: str.replace('학', '흑')
```

```
'안녕하세요, 영남대흑교 컴퓨터공흑과입니다. 만나서 반갑습니다.'
```

사용자로부터 문자열을 직접 입력받거나, 크롤링을 통해 수집한 문자열에는 앞뒤로 불필요한 공백 문자가 포함된 경우가 많다. 이런 불필요한 공백 문자를 효과적으로 제거하는 방법도 당연히 파이썬에서 제공한다. strip()함수는 아래 예제에서와 같이 문자열 양쪽에 있는 공백 문자 제거한다.

```
In [21]: '          안녕        '.strip()
```

```
'안녕'
```

또한 문자열이 알파벳(영어, 한글등)으로 구성되어 있는지 아니면 숫자로만 이루어졌는지 아니면 특수문자 없이 알파벳과 숫자로만 이루어졌는지를 판단할 수 있는 함수도 있다. isalpha()함수는 알파벳만으로 구성된 문자열인지 확인한다. 아래 예제에서처럼 한글과 같은 다국어도 알파벳으로 처리된다. isnumeric()함수는 문자열이 수로만 이루어졌는지 확인한다. 마지막으로 isalnum()함수는 문자열이 알파벳과 수로만 이루어졌는지 확인한다. 아래 예제들을 통해서 사용법을 간단히 알아보자.

```
In [22]: '안녕'.isalpha()
```

```
True
```

```
In [23]: 'youn1234'.isnumeric()
```

```
False
```

```
In [24]: 'youn1234'.isalnum()
```

```
True
```

문자열의 모든 문자를 소문자로 변경하거나 대문자로 변경하는 lower(), upper() 함수도 제공된다. 이런 함수들은 입력값을 대소문자 구분 없이 치리할 때 유용하게 사용할 수 있다.

```
In [25]: 'Computer'.lower()
```

```
'computer'
```

```
In [26]: 'Computer'.upper()
```

```
'COMPUTER'
```

split()함수는 문자열을 주어진 기준 문자로 구분해서 부분 문자열의 리스트를 만든다. 특히 여러 가지 자료를 수집할 때 자주 활용되기 때문에 잘 기억해 두면 유용하다. 아래 예제는 콤마로 구분되어 하나의 문자열로 저장된 데이터를 리스트로 구분해 주는 예제다.

```
In [27]: str = '이름,홍길동,주소,경산시,전화번호,0538102550'
         str
```

```
'이름,홍길동,주소,경산시,전화번호,0538102550'
```

```
In [28]: str.split(',')
```

```
['이름','홍길동','주소','경산시','전화번호','0538102550']
```

## 5.2 파일 입출력

파이썬으로 데이터를 다루다 보면 이미 만들어진 자료들을 읽어와서 분석하거나, 최종 분석된 내용을 파일로 저장해서 보관할 필요가 있다. 이번 장에서는 파이썬에서 파일을 읽고 쓰는 방법에 대해서 배워보겠다.

파일을 읽고 쓰는 작업을 보통 파일 입출력이라고 하고, 파일 입출력을 수행하기 위해서는 가장 먼저 특정 파일을 지정해서 열기 작업부터 시작해야한다. 파일 열기(open)는 어떤 파일을 열 것인지에 대한 파일 경로와 읽을 것인지 쓸 것인지에 따른 열기 모드를 지정하면 된다. 문법은 다음과 같다.

- **파일 객체 이름** = open( 경로, 열기 모드)
- **파일 객체 이름** : open을 한 후 실제로 파일 입출력을 지원할 객체
- **경로** : 파일 이름과 경로명
- **열기 모드** : r(read, 읽기), w(write, 쓰기), a(append,추가)

다음은 test.txt라는 파일을 쓰기모드로 열어 testFile로 저장하는 예제다.

```
In [1]: testFile = open('test.txt', 'w')
```

이제는 이렇게 연 파일에다 여러 가지 정보들을 저장해보자. write()함수를 통해 간단하게 파일에 데이터를 쓸수 있다. write()함수는 파일에 해당 문자열을 저장 한 후 저장한 문자의 개수를 리턴한다.

```
In [2]: testFile.write('영남대학교')
```

```
testFile.write('컴퓨터공학과')
```

6

위 예제에서는 '영남대학교' 와 '컴퓨터공학과' 두 개의 문자열을 파일에 쓰고, 마지막에 쓴 '컴퓨터공학과'의 글자 수인 6이 결과로 리턴된 것을 확인 할 수 있다.

파일을 다 사용하고 나면 반드시 닫아(close)줘야 한다. 다음과 같이 위의 파일을 닫으면 시스템에 더 이상 이 파일을 사용하지 않는다고 알려주게되고 다른 프로그램에서 그 파일을 사용할 수 있다. 또한 현재 파일 버퍼에 저장된 일부 내용도 파일에 실제로 저장된다. 이부분은 참고로 알아두면 되겠다.

```
In [3]: testFile.close()
```

파일을 닫고 난 후 우리가 새롭게 만든 'test.txt'파일을 확인해 보면 다음과 같이 내용이 저장되어 있다.

**test.txt 파일 내용**

```
영남대학교컴퓨터공학과
```

우리는 앞에서 write()함수를 두 번 사용해서 '영남대학교'와 '컴퓨터공학과'를 각각 저장하였다. 위의 파일 내용에서 확인 할 수 있듯이 write()함수는 줄바꿈 문자를 추가하지 않고 write()에 인자로 넘겨준 문자열을 차례대로 저장한다는 것을 알 수 있다.

자 그러면 이제 간단하게 파일에서 데이터를 읽어와 보자. 데이터를 읽어 올 때도 쓸 때와 마찬가지로 읽기 모드로 파일 열기를 먼저 한 후 read()함수를 통해 전체 내용을 간단하게 읽어 올 수 있다. 다음 예제에서 그 결과를 살펴보자.

In [4]:

```
testFile = open('test.txt', 'r')
line = testFile.read()
testFile.close()
print(line)
영남대학교컴퓨터공학과
```

위 예제에서 확인 할 수 있듯이 read()함수는 파일에서 문자열을 읽어 문자열로 리턴을 해준다. 물론 파이썬에는 read()함수 이외에도 readline(), readlines()등의 함수도 자주 사용된다. 몇가지 예제을 통해 이 함수들의 차이점을 이해하고 적절한 사용법을 배워보자.

이를 위해 먼저 다음과 같은 내용을 'test2.txt' 파일을 먼저 만들어보자.

**test2.txt 파일 내용**

```
영남대학교
소프트웨어와인공지능
유형1
유형2
유형3
컴퓨터공학과
```

먼저 이 파일을 read()함수를 통해서 읽어오는 예제와 그 결과다.

In [5]:

```
testFile = open('test2.txt', 'r')
line = testFile.read()
testFile.close()
print(line)
```

```
영남대학교
소프트웨어와인공지능
```

```
유형1
유형2
유형3
컴퓨터공학과
```

위 예제에서 확인 할 수 있듯이 read()함수는 파일 전체 내용 모두를 한번에 읽어와 문자열로 리턴해준다. 그래서 파일의 내용을 한번에 읽어 올 경우 매우 유용하게 사용할 수 있다. 다만, 파일 용량이 매우 큰 경우 한번에 다 읽어오기가 힘든 경우도 있어 이 경우 다른 방법을 찾아봐야한다.

이제 두 번째 함수인 readline()을 한번 살펴 보자.

In [6]:
```
testFile = open('test2.txt', 'r')
line = testFile.readline()
testFile.close()
print(line)
```

```
영남대학교
```

위 결과처럼 readline()은 파일에서 한 줄씩 차례로 읽어온다. 그래서 한번만 호출한 경우 첫 번째 라인만 가져와 출력한 것을 확인할 수 있다. 그렇다면 이 readline()을 사용해 전체 파일의 내용을 다 읽어오는 예제를 살펴보자.

In [7]:
```
testFile = open('test2.txt', 'r')
while True:
    line = testFile.readline()
    if line == '':
        break
    print(line)
testFile.close()
```

```
영남대학교

소프트웨어와인공지능
```

유형1

유형2

유형3

컴퓨터공학과

위 예제의 결과와 같이 readline()함수는 파일의 끝에 도달하면 ""을 리턴한다. 그래서 이 값을 확인해서 무한 루프를 끝내는 방법으로 사용하면 된다. readline()은 각 파일의 한 줄씩을 차례로 읽어오면서 그 줄의 끝에 있는 '₩n'줄 바꿈 문자도 같이 가져오기 때문에 위와 같이 결과를 출력하면 각 행이 한 칸씩 더 띄워진 것을 알 수 있다. print()함수가 자동으로 줄바꿈 문자를 끝에 추가하는데 여기에 파일에서 가져오는 줄바꿈 문자도 있어 두 번 줄바꿈한 결과인 것이다. 만약 이런 줄바꿈이 불편하다면 앞에서 배운 strip()함수를 통해서 간단히 해결할 수 있다. 다음 예제에서 확인해 보자.

In [8]:
```
testFile = open('test2.txt', 'r')
while True:
    line = testFile.readline()
    if line == '':
        break
    print(line.strip())
testFile.close()
```

영남대학교
소프트웨어와인공지능
유형1
유형2
유형3
컴퓨터공학과

마지막으로 알아볼 함수는 readlines()다. readlines()는 파일의 모든 줄을 읽어서 각 줄을 리스트로 만들어 리턴해주는 함수다. 사용법과 결과를 다음 예제에서 살펴보자.

In [9]:
```
testFile = open('test2.txt', 'r')
lines = testFile.readlines()
for line in lines:
    print(line)
testFile.close()
```

영남대학교

소프트웨어와인공지능

유형1

유형2

유형3

컴퓨터공학과

지금까지 우리는 다양한 파이썬의 파일 입출력 방법에 대해서 살펴보았다. 파일 입출력을 마무리하기 전에 마지막으로 with 구문과 함께 open()하는 방법에 대해서 알아보자. 파이썬에서 with open() 구문은 파일을 열고 닫는 작업을 보다 안전하고 간결하게 처리하기 위해 사용된다. 이 구문은 컨텍스트 매니저(context manager)를 통해 파일을 열고, 블록을 벗어날 때 파일을 자동으로 닫아주는 기능을 제공한다. 이는 파일이 적절하게 닫히도록 보장하여 자원 누수를 방지하고, 코드의 가독성을 높이는 데 도움을 준다. 그래서 실제 대부분의 파이썬 코드에서 파일을 다룰 때 이 방법을 사용한다. 우리가 기존의 사용했던 방법과 파일을 open하는 것만 차이가 있기 때문에 쉽게 적용할 수 있다. 간단히 사용 예제를 비교해보자.

**기존 방법**

```
file = open('test.txt', 'r)
```

**새로운 방법**

```
with open('text.txt','r') as file:
```

위와 같이 with를 사용하면 블록이 생기고 그 블록 내에서 파일 입출력을 처리하면 된다. 아래는 마지막 예제를 with를 사용한 버전으로 수정해 본 것이다.

In [10]:
```
with open('test2.txt', 'r') as testFile:
lines = testFile.readlines()
for line in lines:
    print(line)
testFile.close()
```

영남대학교

소프트웨어와인공지능

유형1

유형2

유형3

컴퓨터공학과

이상으로 파이썬에서 파일을 읽고 쓰는 방법에 대한 설명을 마무리하겠다.

## 프로그래밍 실습

### 실습 1

주어진 텍스트 파일에서 내용을 읽고, 각 단어의 빈도를 계산하여 출력하시오.

즉, 파일의 경로를 입력으로 받고 파일의 모든 내용을 한 줄씩 읽어와 각 줄에 있는 단어의 출현 빈도를 계산하여 사전 형태로 저장한다. 최종적으로 모든 줄을 다 읽고 나면 각 단어와 그 빈도를 출력한다.

실습 3의 문제 풀이

(예시코드)

```
def countWordFRQ(file_path):
    word_count = {}

    with open(file_path, 'r') as file:
        for line in file:
            words = line.strip().split()
            for word in words:
                word = word.lower()          # 대소문자 구분 없이 처리
                if word in word_count:
                    word_count[word] += 1
                else:
                    word_count[word] = 1

    for word, count in word_count.items():
        print(f"{word}: {count}")

file_path = 'sample.txt'                     # 예제 파일 경로
count_word_frequency(file_path)
```

## 연습문제

1. 다음 중 파일을 읽기 전용으로 열기 위한 올바른 모드는 무엇인가?

   1) 'w'

   2) 'a'

   3) 'r'

   4) 'x'

2. 파일을 열 때 with open('file.txt', 'w') as file: 구문을 사용하는 주요 이점은 무엇인가?

1) 파일의 내용을 자동으로 백업합니다.

2) 파일의 모든 내용을 자동으로 대문자로 변환합니다.

3) 블록을 벗어날 때 파일이 자동으로 닫힙니다.

4) 파일의 첫 번째 줄만 읽습니다.

3. 다음 코드의 출력은 무엇입니까?

```
with open('example.txt', 'w') as file:
    file.write("Hello, World!")

with open('example.txt', 'r') as file:
    content = file.read()

print(content)
```

1) Hello, World!

2) None

3) File not found

4) Error: File already open

## 프로그래밍 문제

1. 회문검사기를 만들어 보자. 회문이란? 문자열을 뒤집어도 같은 문자열이 되는 것을 말한다. 사용자에게 문자열을 하나 입력 받아 회문인지 아닌지 판단하는 프로그램을 작성하시오.

   예상결과 )

   단어을 입력하세요 : 기러기

   회문입니다.

2. 알파벳 빈도율 구하기

   ○ 소개

   - 사용자로부터 문장을 입력 받고,
   - 입력받은 문장에 포함된 알파벳의 출연 빈도율을 출력하시오.

   ○ 결과

   문장을 입력하세요:Yeungnam University Computer Science

   Y:5.0%

   e:25.0%

   u:10.0%

   n:20.0%

   g:5.0%

   a:5.0%

   m:10.0%

    :15.0%

   U:5.0%

   i:15.0%

v:5.0%

r:10.0%

s:5.0%

t:10.0%

y:5.0%

C:5.0%

o:5.0%

p:5.0%

S:5.0%

c:10.0%

3. 아래와 같이 사용자의 입력을 받아 이름, 성별, 나이, 전화번호를 info.dat파일에 저장하는 프로그램을 만드시오. 기존에 info.dat에 저장된 정보는 유지하고 추가하고, 사용자가 이름을 '종료'로 입력할 때까지 계속 반복해서 입력을 받는다.

예시)

이름 : 홍길동

성별 : 남

나이 : 21

전화번호 : 010-1234-1234

이름 : 박나나

성별 : 여

나이 : 22

전화번호 : 010-2234-2234

이름 : 김수희

성별 : 여

나이 : 23

전화번호 : 010-4321-4324

이름 : 종료

- 3명을 info.dat에 추가했습니다.

* info.dat 파일 내용

```
홍길동,남,21,010-1234-1234
박나나,여,22,010-2234-2234
김수희,여,23,010-4321-4324
```

4. 위 3번 문제에서 생성된 info.dat 파일을 읽어 아래와 같이 검색할 수 있는 프로그램을 만드시오.

   실행 예시)

   검색 항목 선택 : 1.이름 2.전화번호 >> 1

   이름을 입력하세요 >> 박나나

   박나나(22세), 여, 010-2234-2234

   검색 항목 선택 : 1.이름 2.전화번호 >> 1

   이름을 입력하세요 >> 김하늘

   김하늘의 정보는 없습니다.

   검색 항목 선택 : 1.이름 2.전화번호 >> 2

   전화번호를 입력하세요 >> 1234

   홍길동(21세),남, 010-1234-1234

   검색 항목 선택 : 1.이름 2.전화번호 >> 종료

   \- 종료합니다.-

# 6 Chapter 함수

**학습목표**

- 함수의 개념 및 정의, 형태, 작성 방법에 대해 설명할 수 있다.
- 함수 호출의 흐름 및 인수와 매개변수에 대해 설명할 수 있다.
- 함수를 이용한 프로그램 설계를 수행할 수 있다.
- 함수 호출 시 변수 전달 방법에 대해 이해하고 설명할 수 있다.
- 지역변수와 전역변수의 의미 및 사용 범위에 대해 설명할 수 있다.
- 내장함수 및 모듈을 사용할 수 있다.

## 6.1 함수의 개념

프로그래밍 언어에 대한 기본 문법을 숙지한 이후 보다 다양한 기능을 제공하는 프로그램을 구현하게 되면 자연스럽게 프로그램 라인수가 늘어나게 되고 그에 따라 함수 생성에 대한 고려를 하게 된다. 함수란 무엇일까? 함수의 정의란 다음과 같다.

- 특정한 작업을 수행하는 코드의 모음에 이름을 붙인 것 (일정한 작업을 수행하는 코드블럭) 이다[1]. 반복적으로 계속 사용되는 코드들을 함수로 정의하여 사용한다.
- 함수는 작업에 필요한 데이터를 전달받을 수 있으며, 작업이 완료된 후에는 작업의 결과를 호출자에게 반환할 수 있다. 함수 내의 코드들을 실행하려면 함수를 호출(call)해야 하는데, 함수는 호출되기 전까지는 별도의 동작을 하지 않는다.

함수의 필요성은 다음과 같다.

- 프로그래밍을 하다 보면 똑같은 내용을 반복해서 작성하고 있는 것을 발견할 때가 종종 있다. 이렇게 반복되는 부분이 있을 경우 "반복적으로 사용되는 가치

있는 부분"을 하나로 묶어서 만들어두고, 필요할 경우 이를 반복 작성하지 말고 호출해서 활용하기만 하면 프로그래밍이 쉬워질 수 있다[2].

- 함수를 유효 적절히 구성한다면 프로그램 안에서 중복된 코드를 제거할 수 있다.
- 복잡한 프로그래밍 작업을 더 간단한 작업들로 분해 가능하다.
- 한번 만들어지면 다른 프로그램에서도 재사용할 수 있다.
- 가독성이 증대되고 유지 보수도 쉬워진다.

다음은 함수를 사용하지 않은 소스 코드와 함수를 사용한 소스 코드의 예제다. 다음 두 소스 코드의 실행 결과는 동일하다.

<table>
<tr><td>

```
sum = 0
for i in range(1,11):
    sum += i
print("Sum from 1 to 10 : ", sum)

sum = 0
for i in range(20,38):
    sum += i
print("Sum from 20 to 37 : ", sum)

sum = 0
for i in range(50,61):
    sum += i
print("Sum from 50 to 60 : ", sum)
```

</td><td>

```
def sum(i1,i2):
    result = 0
    for i in range(i1,i2+1):
        result += i
    return result

print("Sum from 1 to 10 : ",
sum(1,10))
print("Sum from 20 to 37 : ",
sum(20,37))
print("Sum from 50 to 60 : ",
sum(50,60))
```

</td></tr>
<tr><td>함수를 사용하지 않았을 경우</td><td>함수를 사용한 경우</td></tr>
</table>

## 6.2 함수의 정의

파이썬에서 함수는 def 키워드를 사용하여 정의된다. 다음과 같은 문법을 갖는다. 함수 선언을 위한 전체적인 구조는 다음과 같다. 또한, 매개변수는 구현하는 내용에 따라 있을 수도 있고, 없을 수도 있다.

```
# 함수를 정의하는 키워드는 def이다.
# 매개변수는 외부로부터 작업에 필요한 데이터를 받는다.
# 함수 정의 첫문장 끝에는 콜론(:)을 찍어 함수 정의가 끝나지 않았음을 표시한다.
# 문장1과 문장2 부분을 합쳐서 함수의 몸체라고 이야기한다.

def (함수이름)( 매개변수1, 매개변수 2) :
    문장 1
    문장 2
```

다음 예제는 "친구"라는 입력값을 받아서 출력하는 함수를 정의하고 이를 사용하는 예제이다. 이 함수의 이름(함수 이름)은 say_hello이고 입력으로 하나의 값(name)을 매개변수로 받으며 결과값은 입력값(name)을 포함한 문장을 출력한다.

[1]:
```
def say_hello(name):
    print("안녕,", name);

say_hello("친구")
```

```
안녕, 친구
```

다음은 두 개의 값을 입력으로 받아들여 이를 더한 값을 반환하는 함수를 정의하고 이를 사용하는 예이다. 이 함수는 다음과 같이 풀이된다. 이 함수의 이름(함수 이름)은 sum이고 입력으로 두 개의 값(a, b)을 받으며 결과값은 2개의 입력값(a, b)을 더한 값이다.

```
[2]: def sum(a, b):
       s = a + b
       return s

     total = sum(4, 7)
     print(total)
```
```
11
```

위의 예제들에서 확인할 수 있듯이, 함수는 들어온 입력값을 받아서 정의된 연산을 처리한 이후 결과값을 반환(return)한다. 즉, 입력값 -> 함수 -> 결과값의 순서이다.

## 6.3 함수 호출하기

함수 호출(call)은 함수 안에 있는 코드들을 실행시키는 것을 의미한다. 함수를 정의한 이후, 함수를 호출하여야 해당 함수를 사용할 수 있다. 함수를 호출하면 다음 순서로 함수가 실행된다. 또한 정의된 함수는 여러번 호출이 가능하다.

(1) 괄호 속의 매개변수 데이터가 함수에 전달된다.
(2) 함수 몸체의 파이썬 코드가 위에서 아래로 차례대로 실행된다.
(3) 함수가 끝나면 함수 실행이 종료되고, 함수의 실행 결과가 반환(return)된다.

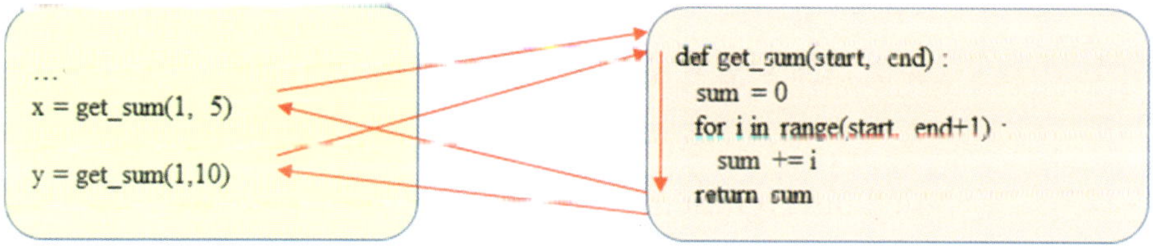


그림 6.1 함수 호출의 흐름

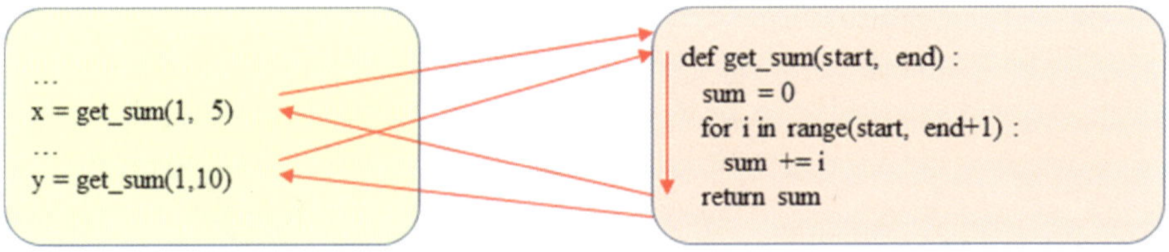


그림 6.2 같은 함수를 여러번 호출할 경우의 흐름

## 6.4 함수의 인수와 매개변수

함수의 인수와 매개변수의 정의는 다음과 같이 표현할 수 있다.

- 인수(argument): 함수를 호출할 때 전달되는 실제 값.
- 매개변수(parameter): 함수에 입력으로 전달된 값(인수)을 받는 변수.

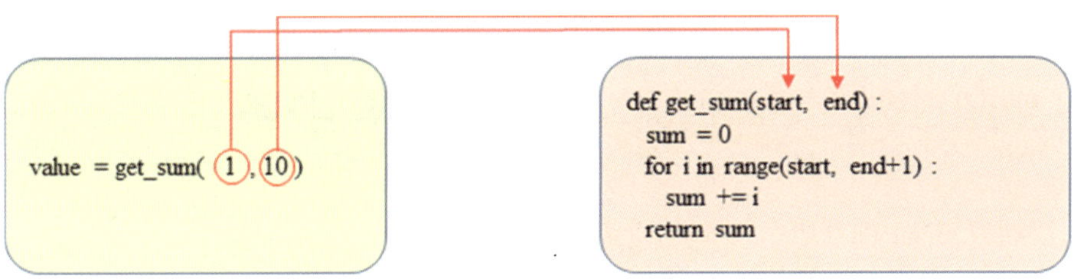


그림 6.3 인수와 매개변수와의 관계

그림 6.3에서 인수는 get_sum(1,10)의 호출에 사용된 1과 10이고, 매개변수는 함수의 입력값으로 전달된 1과 10을 저장하기 위한 start와 end 변수를 의미한다.

함수 인수의 종류는 크게 다음과 같은 형태로 구분한다.

- 디폴트 인수(default argument): 파이썬에서는 함수의 매개변수가 기본값을 가질 수 있다. 다음 예제와 같이 greet()라는 함수의 msg 매개변수가 "반갑습니다."라는 기본값을 가지는 형태이다.

```
[3]: def greet(name, msg="반갑습니다."):
       print("안녕", name + ', ' + msg)

     greet("영희")
```
안녕 영희, 반갑습니다.

- 위치 인수(positional argument): 인수들의 위치 순서대로 값을 전달하는 방식이다. 함수를 구현한다면 일반적으로 사용되는 방법이다. 아래의 예제 코드를 한번 살펴보도록 하자. 함수를 정의하고 입력값으로 받을 매개변수가 4개라고 가정한다. 인수가 1, 2, 3, 4가 있으면 함수의 매개변수에 입력값으로 들어갈 때에는 순서대로 들어간다. 즉, 1은 num1로, 2는 num2로, 3은 num3으로, 4는 num4로 입력된디. 그래서 연산 후 결과는 15가 도출되는 형태이다. 만약에 인수의 순서가 3, 4, 1, 2 라고 하면, 3은 num1로, 4는 num2로, 1은 num3으로, 2는 num4로 들어가고, 함수안에서 연산은 (3+4)+(1*2)가 되어 반환값은 9가 도출된다. 이렇게 위치에 맞게 인수값이 매개변수 값으로 들어가게 된다.

```
[4]: def test_func(num1, num2, num3, num4):
       result= (num1+num2)+(num3*num4)
       return result

     ex=test_func(1,2,3,4)
     print(ex)
```
15

- 키워드 인수(keyword argument): 변수 이름에 매치하여 값을 전달하는 방식이다. 위치 인수의 경우에는 순서가 중요한 형태였다. 그러나, 키워드 인수의 경우에는 인수들의 순서가 중요하지 않다. "매개벼수명=인수"의 방식으로 키워드를 지정해주면 순서에 관계없이 키워드와 매칭되어 값이 할당될 수 있다. 키워드 인수 방식으로 매개변수값을 전달할 경우 다음과 같은 장점이 있다. (1) 키워드 인수는 매개변수 이름에 맞춰서 값을 함수에 전달하기 때문에 위치가

바뀌어도 괜찮고, 잘못된 인수를 함수에 전달하는 실수를 사전에 예방할 수 있다. (2) 키워드를 사용하기 때문에 어떠한 값을 함수의 매개변수로 넘기는지 명확하게 알 수 있어 가독성이 높아진다.

[5]:
```
def test_func_keyword(num1, num2, num3, num4):
  result= (num1+num2)+(num3*num4)
  return result

ex=test_func_keyword(num1=1, num3=3, num4=4, num2=2)
print(ex)
```
```
15
```

위치 인수와 키워드 인수를 함께 사용할 경우에는 어떻게 될까? 위치 인수와 키워드 인수를 함께 사용할 경우에는 다음처럼 위치 인수를 키워드 인수 앞에 사용한다. 만약 위치 인수보다 키워드 인수가 먼저 나오면, 키워드 인수는 인수가 맞는 키워드에 들어가겠지만, 위치 인수는 자신이 매개변수 어디에 들어가야 할지 모르게 된다. 따라서 이 경우에는 "SyntaxError: positional argument follows keyword argument"와 같은 오류가 발생한다.

[6]:
```
def test_func(num1, num2, num3, num4):
  result= (num1+num2)+(num3*num4)
  return result

ex=test_func(1, 2, num4=4,num3=3)
print(ex)
```
```
15
```

[7]:
```
def test_func(num1, num2, num3, num4):
  result= (num1+num2)+(num3*num4)
  return result

ex=test_func(num4=4,num3=3, 1, 2)
print(ex)
```
```
 File "<ipython-input-2-50c3a11a5f8a>", line 5
```

```
ex=test_func(num4=4,num3=3, 1, 2)
                                 ^
SyntaxError: positional argument follows keyword
argument
```

## 6.5 함수의 반환

함수의 반환(return)은 함수 내에서 명령어들을 실행한 결과값을 호출한 곳으로 돌려주는 작업을 의미한다. 아래 그림에서 get_sum() 함수 내부의 문장들을 실행하면 결과값은 sum이라는 변수에 할당된다. 그 이후, 마지막에 return sum 문장이 실행되면 처음 get_sum()함수를 호출한 곳으로 다시 돌아오고 결과값이 이미 지정된 변수(아래 그림에서는 value)에 할당된다.

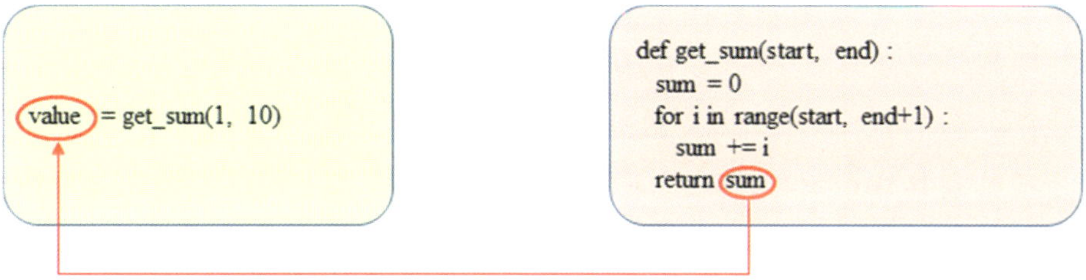


그림 6.4 함수 연산 후 결과값의 반환 흐름

함수의 반환(return) 시 하나의 값 뿐만 아니라 여러개의 값도 한번에 반환 가능함은 알아두자.

[8]:
```
def check():
    return 1, 2, 3

a, b, c = check()
print(a, b, c)
```
```
1 2 3
```

## 6.6 함수를 사용한 프로그램 설계

프로그래밍 문제를 해결할 시, 문제를 한 번에 해결하려고 하지 말고 더 작은 크기의 문제들로 분해 해보자. 문제가 충분히 작아질 때까지 계속해서 분해한 이후, 각각의 문제를 함수로 작성해보자. 작성한 함수들을 조립하면 최종 프로그램이 완성될 수 있다.

프로그램 코드를 작성하다 보면 같은 작업을 여러 곳에서 반복해서 수행하는 일이 많이 발생한다. 이때 함수를 잘 만들어두면 코드의 이곳저곳에서 재사용 가능하여 쉽게 작업이 가능하다. 반복적으로 작성된 코드가 한두 줄이면 모르겠지만, 수십 줄이 넘어가는 코드가 되면 반복되는 코드를 함수화하여 만들어두고 필요한 곳에서 호출해서 사용하면 매우 편리하다. 프로그래밍을 처음 배울 때에는 이 부분에 많은 공감을 하지 못하는데, 아직 프로그래밍의 초기 단계이고 실습이나 예제에서 보는 함수 및 코드의 내용이 매우 간단할 뿐만 아니라 여러번 사용되지 않기 때문이다.

함수를 호출하는 것은 프로그램에서 매우 복잡한 일에 속한다. 컴퓨터공학을 조금 더 깊이 공부하며“컴퓨터구조”나 “운영체제” 수업을 듣는다면 알게 되겠지만, 함수 호출은 결코 만만한 일이 아니다. 사실 함수를 사용하지 않고 프로그램을 짜는 것이 함수를 사용했을 때보다 실행 속도가 빠를 수 있다. 그럼에도 불구하고 함수를 사용한다는 것은 함수가 그만큼 의미 있고 편의성이 있으며 실제 코드의 활용에 있어 중요한 역할을 한다는 뜻이다.

## 6.7 함수 호출 시 변수 전달 방법

프로그래밍 언어에서 일반적으로 사용하는 함수 인자 전달 방식은 “값에 의한 호출” 및 “참조에 의한 호출”의 2가지로 구분된다.

• 값에 의한 호출(Call by value): 값이 지정된 변수를 인자로 넘기는 것이 아니라 변수에 할당된 값만을 복사해서 함수의 인자로 넘기는 방식이다. 값에 의한 호출 방식은 다음과 같은 특징이 있다. 우선 호출한 부분의 변수 값은 변경되지 않는다. 또한, 함수 내에서 해당 인자를 조작하여 변경했다고 해도 원본 인자는 변하지 않는다. 그리고 함수 안의 인수값 변경시 호출된 변수에 영향을 주지 않는다. int, float, str, tuple 등의 불변 객체(immutable object)에 적용된다.

```
[9]: def modify1(s):
        s += "To You"

     msg = "Happy Birthday"
     print("msg=", msg)
     modify1(msg)
     print("msg=", msg)
     msg= Happy Birthday
     msg= Happy Birthday
```

위 예제 소스 코드를 살펴보자. msg라는 변수에 "Happy Birthday"라는 값이 할당된 후 print("msg=", msg) 문장을 통해 출력해보면 결과값으로 msg= Happy Birthday를 확인할 수 있다. 다음 줄에서 modify1(msg)라는 함수를 호출하면 modify1 함수에 msg 인자값이 s라는 매개변수에 전달된다. 그 이후 modify1 함수 내에서 To You라는 문구가 추가되어 s는 Happy Birthday To You로 변경되지만, 함수가 종료되면 변경된 내용이 원본 msg 인자값에 영향을 주지 않는다. 따라서 modify1(msg) 문장 이후에 print("msg=", msg)를 실행하면 처음과 같이 변경되지 않는 Happy Birthday가 그대로 출력된다.

• 참조에 의한 호출 (Call by reference): 함수에서 변경한 내용이 호출한 부분에도 적용되는 형태의 방식이다. 참조에 의한 호출 방식은 다음과 같은 특징이 있다. 함수에 인수를 넘길 때 메모리 주소를 넘겨 함수 내에서 해당 인자를 조작하면

원본 인자의 주소 값으로 타고 들어가 해당 값 자체를 변경시킨다. 함수 안의 인수값 변경 시, 호출된 변수값도 변경된다. list, dict, set 등의 가변 객체(mutable object)에 적용된다. 파이썬은 객체의 주소가 함수로 넘어간다는 뜻으로, 객체 호출(call by object reference) 로 명명되는 방식을 사용하기도 한다.

[10]:
```
def modify2(li):
   li += [100, 200]

list = [1, 2, 3, 4, 5]
print(list)
modify2(list)

print(list)
```
```
[1, 2, 3, 4, 5]
[1, 2, 3, 4, 5, 100, 200]
```

위 예제 소스 코드를 살펴보자. list라는 변수에 [1, 2, 3, 4, 5] 라는 값이 할당된 후 print(list) 문장을 통해 출력해보면 [1, 2, 3, 4, 5]를 확인할 수 있다. 다음 줄에서 modify2(list)라는 함수를 호출하면 modify2 함수에 list 인자값이 li라는 매개변수에 전달된다. 여기서 li는 [1, 2, 3, 4, 5]가 된다. 이후 modify2 함수내에서 li에 [100, 200]을 추가하면 li의 원본값(list) 자체가 [1, 2, 3, 4, 5]에서 [1, 2, 3, 4, 5, 100, 200]로 변경된다. 함수가 종료되면 변경된 내용이 원본 list 인자값 자체를 변경시키기 때문에 modify2(list) 문장 이후 print(list)를 실행하면 변경된 값인 [1, 2, 3, 4, 5, 100, 200]이 출력된다.

## 6.8 변수의 사용 범위 : 지역변수와 전역변수의 이해

프로그래밍 수행 시 전체 코드 내에서 선언된 변수들의 사용 범위를 제어할 필요가 발생한다. 이러한 목적을 달성하기 위해 사용 범위에 따라 변수를 크게 지역변수와 전역변수로 구분하고 있다.

- 지역변수(local variable): 함수 내에서 선언되고 함수 내에서만 사용되는 변수를 의미한다. 지역변수는 다음과 같은 특징을 가진다. 함수가 실행되는 동안에만 존재하며, 함수가 호출되어 실행될 때 만들어지고, 함수의 실행이 끝나면 모두 삭제된다. 그리고 지역변수는 그 변수가 속한 함수의 밖이나 다른 함수에서는 사용할 수 없다. 매개변수도 함수 안에 정의되므로 지역변수이다. 다음 예제 코드에서 변수 s는 sub() 함수 내에서 정의되고 print(s)를 통해 출력되는 지역변수이다.

[11]:
```
def sub():
    s = "바나나가 좋음!"
    print(s)

sub()
```
```
바나나가 좋음!
```

- 전역변수(global variable): 함수 밖에서 선언되고 프로그램 전체에서 사용되는 변수를 의미한다. 전역변수는 다음과 같은 특징을 가진다. 전역변수는 프로그램 어디서든 읽을 수 있다. 그리고, 함수 안에서는 전역변수에 새로운 값을 대입하는 것은 금지하고 있다(global 문을 사용하면 예외적으로 가능하기도 함). 다음 예제 코드에서 변수 s는 sub() 함수 밖에서 정의되었고, sub() 함수 내에서도 사용될 수 있는 전역변수이다.

[12]:
```
def sub():
    print(s)

s = "사과가 좋음!"
sub()
```
```
사과가 좋음!
```

지역변수와 전역변수 사용 범위에 대해 정확히 이해해 보도록 하자. 다음 [13]셀의 예제를 실행해보면 오류가 발생한다. 왜 그럴까? 우리가 관심을 두어야 할 변수는 x와 t이다. 프로그램이 가장 먼저 시작되는 지점은 6행의 x = 10이다. 그리고 7행에서 x는 test(x) 함수로 변수를 넘기게 된다. 그렇다면 함수 안에서 처음 만나는 2행 print(x)의 x는 어떤 변수일까? 이때의 x는 함수 안에서 재정의되지 않았으므로 함수를 호출한 메인 프로그램의 x = 10의 x를 뜻한다. 즉, 프로그램 전체에서 사용할 수 있는 전역 변수다.

함수 안의 t는 test(x) 함수의 x를 t로 치환하여 사용한다. 즉, 함수 안에서는 x를 따로 선언한 적은 없고, t를 선언하여 사용하는 것이다. 그리고 3행의 t = 20에 의해 t에 20이 할당되고, 실제로 4행 print("In Function:", t)문의 결과에 의해 In Function: 20이 화면에 출력되는 것으로 예상할 것이다. 하지만 함수가 종료되고 코드에 9행의 print("InMain:", t)가 실행되면 오류가 출력된다. 왜냐하면 t가 함수 안에서만 사용할 수 있는 지역변수이기 때문이다.

[13]:
```
1 def test(t):
2     print(x)
3     t = 20
4     print("In Function:",t)
5
6 x=10
7 test(x)
8 print("In Main:",x)
9 print("In Main:",t)
```

```
10
In Function: 20
In Main: 10
---------------------------------------------------------
NameError                    Traceback (most recent call last)
<ipython-input-48-553c6919d51d> in <module>
      7 test(x)
      8 print("In Main:",x)
```

```
----> 9 print("In Main:",t)

NameError: name 't' is not defined
```

전역변수와 지역변수의 확실한 이해를 위해 다른 예제를 하나 더 살펴보자. 다음 [14]셀의 예제를 실행할 때 출력되는 결과에 대해 생각해 보자. 예제에서 변수 s는 함수 f() 안에서도 사용되고 밖에서도 사용된다. s의 값은 어떻게 바뀔까? 프로그램이 시작되자마자 s에는'I love you!'라는 값이 할당된다. 하지만 그 후, 함수 안으로 코드의 실행이 옮겨가 다시 s에'I love this course!'값이 저장되고, 그 값이 먼저 출력된다.

그렇다면 함수 밖 변수 s의 값은 변경되었을까? 함수가 종료된 후 7행 print(s)의 실행 결과는 'I love you!'이다. 왜 이런 일이 발생했을까? 함수 안과 밖의 s는 같은 이름을 가졌지만, 사실 다른 메모리 주소를 가진 전혀 다른 변수이기 때문이다. 따라서 함수 안의 s는 해당 함수가 실행되는 동안에만 메모리에 있다가 함수가 종료되는 순간 사라진다. 당연히 함수 밖 s와는 메모리 주소가 달라 서로 영향을 주지 않는다.

[14]:
```
1 def f():
2     s = "I love this course!"
3     print(s)
4
5 s = "I love you!"
6 f()
7 print(s)
```

```
I love this course!
I love you!
```

## 6.9 무명함수

무명함수(lambda function)는 이름은 없고, 함수 몸체만 있는 함수를 의미한다. 무명함수라는 이름 외에도 람다함수, 익명함수라고도 명명된다. 무명함수는 lambda 키워드를 사용하여 생성할 수 있다. 무명함수 선언을 위한 전체적인 구조는 다음과 같다.

```
# 무명함수를 정의하는 키워드는 lambda이다.
# 수식 부분이 일반적인 함수 선언시 함수 몸체 부분을 나타낸다.

lambda 인수1, 인수2 : 수식
```

기존 def 키워드를 통해서 함수를 생성하는 방법과 비교하면 다음과 같다. 무명함수는 결과 부분을 return 키워드 없이 자동으로 반환한다. 또한, 이름이 없기 때문에 정의와 동시에 사용 가능하다.

그림 6.5 일반적인 함수 생성 방식과 무명함수 생성 방식의 비교

무명함수를 사용하는 예는 다음과 같다.

[15]:
```
(lambda x : x+1)(3)
```
```
4
```

[16]:
```
func = lambda x : x + 1
func(5)
```
```
6
```

[17]:
```
sum = lambda x, y: x+y;

print( "정수의 합 : ", sum( 10, 20 ))
print( "정수의 합 : ", sum( 20, 20 ))
```

정수의 합 : 30
정수의 합 : 40

## 6.10 내장함수

파이썬에서는 자주 사용되는 함수를 내장함수(Built-in Functions)라는 이름으로 기본적으로 제공하고 있다[1]. 예를 들어, 절대값을 구하거나 원소의 개수를 세는 것과 같은 함수가 내장함수에 해당한다. 특정 목적의 프로그램을 처음부터 모두 구현할 수도 있지만, 그 전에 먼저 여러분이 만들려는 프로그램이 이미 만들어져 있는지 살펴볼 필요가 있다. 물론 공부를 위해서라면 누군가 만들어 놓은 프로그램을 또 만들어 볼 수도 있지만, 그런 목적이 아니라면 이미 만들어진 것을 다시 만드는 것은 불필요한 행동이 될 수도 있다. 그리고 이미 만들어진 프로그램은 테스트 과정을 많이 거쳤기 때문에 충분히 검증되어 있다는 장점이 있다. 따라서 무엇인가 새로운 프로그램을 만들기 전에는 이미 만들어진 것들, 그중에서도 특히 파이썬 배포본에 함께 들어 있는 파이썬 라이브러리를 살펴보는 것이 매우 중요하다고 할 수 있다.

파이썬에서 제공하는 내장함수의 목록은 다음과 같다.

https://docs.python.org/ko/3/library/functions.html

표 6.1 내장함수 목록

| abs() | delattr() | hash() | memoryview() | set() |
|---|---|---|---|---|
| abs() | dict() | help() | min() | setattr() |
| any() | dir() | hex() | next() | slice() |
| ascii() | divmod() | id() | object() | sorted() |
| bin() | enumerate() | input() | oct() | staticmethod() |
| bool() | eval() | int() | open() | str() |
| breakpoint() | exec() | isinstance() | ord() | sum() |
| bytearray() | filter() | issubclass() | pow() | super() |
| bytes() | float() | iter() | print() | tuple() |

| callable() | format() | len() | property() | type() |
|---|---|---|---|---|
| chr() | frozenset() | list() | range() | vars() |
| classmethod() | getattr() | locals() | repr() | zip() |
| compile() | globals() | map() | reversed() | _import_0 |
| complex() | hasattr() | max() | round() | |

대표적인 내장함수들에 대한 설명 및 예제는 다음과 같다.

• abs(): 어떤 숫자를 입력받았을 때, 그 숫자의 절대값을 돌려주는 함수이다.

```
[18]: abs(-3)
3
[19]: abs(-1.2)
1.2
```

• dir은 객체가 자체적으로 가지고 있는 변수나 함수를 나타낸다(다음은 리스트와 딕셔너리 객체 관련 함수(메서드)를 보여 주는 예제이다).

```
[20]: dir([1, 2, 3])
['__add__',
 '__class__',
 '__contains__',
... ]
[21]: dir({'1':'a'})
['__class__',
 '__contains__',
 '__delattr__',
... ]
```

• eval(): eval(expression)은 실행 가능한 문자열(1+2, 'hi' + 'a' 같은 것)을 입력으로 받아 문자열을 실행한 결과값을 돌려주는 함수이다. 보통 eval은 입력받은

문자열로 파이썬 함수나 클래스를 동적으로 실행하고 싶을 때 사용한다.

```
[22]: eval('1+2')
```
3

```
[23]: eval("'hi' + 'a'")
```
'hia'

• float(): 숫자 또는 문자열로부터 실수를 만들어 반환한다. 인자가 주어지지 않으면, 0.0을 반환한다.

```
[24]: float('1.23')
```
1.23

```
[25]: float('-12345\n')
```
-12345.0

```
[26]: float('1e-003')
```
0.001

```
[27]: float('+1E6')
```
1000000.0

• max(): max(iterable)는 인수로 반복 가능한 자료형인 리스트, 튜플, 문자열을 입력받아 그 최댓값을 돌려주는 함수이다.

```
[28]: max([1, 2, 3])
```
3

```
[29]: max("python")
```
'y'

• sorted(): sorted(iterable) 함수는 입력값을 정렬한 후 그 결과를 리스트로 돌려주는 함수이다.

```
[30]: sorted([3, 1, 2])
```
[1, 2, 3]

[31]:
```
sorted(['a', 'c', 'b'])
```

```
['a', 'b', 'c']
```

[32]:
```
sorted("zero")
```

```
['e', 'o', 'r', 'z']
```

[33]:
```
sorted((3, 2, 1))
```

```
[1, 2, 3]
```

## 6.11 모듈

파이썬에서 모듈(module)이란, 함수나 변수 또는 클래스들을 모아 놓은 파일을 의미한다[3]. 프로그래밍에서 중요한 하나의 원칙은 이전에 개발된 코드를 적극적으로 재활용하자는 것이므로 모듈은 중요한 역할을 한다. 파이썬에서 제공하고 있는 모듈의 예로는 copy 모듈, keyword 모듈, random 모듈, os 모듈, sys 모듈, time 모듈, calendar 모듈 등이 있다.

일반적으로 많이 사용하는 모듈의 예로는 대표적으로 random 모듈이 있다. random 모듈 내에서 자주 활용되는 여러 함수들에 대해 살펴보자.

- random 모듈의 random() 함수는 0 이상 1 미만의 실수 중에서 아무 숫자나 하나를 뽑아서 반환한다.

[34]:
```
import random
random.random()
```

```
0.30407384858948l7
```

- random 모듈의 uniform(a, b) 함수는 괄호 안 두 수인 a와 b 사이의 실수 중에서 난수값을 반환한다(범위: a이상, b이하).

[35]:
```
import random
random.uniform(10, 30)
```
```
21.833239963969245
```

• random 모듈의 randint(a, b) 함수는 괄호 안 두 수인 a와 b 사이의 정수 중에서 난수값을 반환한다 (범위: a이상, b이하).

[36]:
```
import random
random.randint(100, 200)
```
```
109
```

• random 모듈의 randrange(start, stop, step) 함수는 range(start, stop, step) 함수로 만들어지는 정수 중 난수값을 반환한다(범위: a이상, b미만).

[37]:
```
import random
random.randrange(1, 15, 2)
```
```
13
```

• random 모듈의 shuffle() 함수는 함수 이름의 의미 그대로 리스트 자료를 무작위로 섞어주는 함수이다(튜플, range, 문자열 불가능).

[38]:
```
import random
abc = ['a', 'b', 'c', 'd', 'e']
random.shuffle(abc)
abc
```
```
['e', 'd', 'c', 'a', 'b']
```

• random 모듈의 choice() 함수는 매개변수로 시퀀스 타입(문자열, 튜플, 리스트)을 받은 후, 그중에서 무작위로 하나를 선택하여 반환한다.

[39]:
```
import random
abc = ['e', 'd', 'a', 'c', 'b']
random.choice(abc)
```
```
'c'
```

- random 모듈의 sample(seq or set, 뽑을 개수) 함수는 입력으로 받은 시퀀스 타입(문자열, 튜플, 리스트) 또는 세트 타입 데이터에서 정한 개수만큼 무작위로 뽑아 반환한다.

[40]:
```
import random
data = [1, 2, 3, 4, 'apple', 'banna']
random.sample(data, 3)
```
```
[1, 'apple', 2]
```

## 프로그래밍 실습

### 실습 1

사칙연산 수행가능한 전자계산기를 만들어보자. 우선 두 수를 입력받아 사칙 연산을 수행하는 4개의 함수(add(), sub(), mul(), div())를 작성한다. 그리고 이들 함수를 이용하여 10+20*30이라는 수식을 계산하여 보자 (단, 함수를 호출할 때 키워드 인수를 사용하여 호출해보자).

### 실습 1의 문제 풀이

a, b 값을 입력받아 add(), sub(), mul(), div() 함수를 구현한다. 이후 문제의 수식인 10+20*30을 계산하기 위해 mul()을 이용해 20과 30을 먼저 곱하여 결과를 도출하고, 그 결과값에 add()를 이용하여 10을 더해주는 방식으로 구현한다.

```
def add(a, b):
   return a + b
def sub(a, b):
   return a - b
def mul(a, b):
   return a * b
def div(a, b):
   return a / b

r1 = mul(a=20, b=30)
r2 = add(a=10, b=r1)
print(r2)
```

### 실습 2

random 모듈을 사용하여 동전 던지기 게임을 구현해보고자 한다. 먼저 사용자에게 동전던지기를 수행할 것인지를 질문하고 yes를 입력하면 동전을 던져 동전의 앞면(head)과 뒷면(tail) 중 어떠한 결과가 도출되었는지 출력해준다. no를 입력하면 게임이 종료된다. 본 프로그램의 수행 결과는 다음과 같다.

```
동전 던지기를 계속하시겠습니까?( yes, no) yes
head
동전 던지기를 계속하시겠습니까?( yes, no) yes
head
동전 던지기를 계속하시겠습니까?( yes, no) yes
tail
동전 던지기를 계속하시겠습니까?( yes, no) yes
tail
동전 던지기를 계속하시겠습니까?( yes, no) yes
head
동전 던지기를 계속하시겠습니까?( yes, no) no
```

### 실습 2의 문제 풀이

사용자로부터 no를 입력받기 전까지 계속 무한 반복해야 하므로 while구문을 사용했을시 while(True)형태로 구현한다. 이후 yes를 입력받으면 random.choice()를 활용하여 결과를 도출하고, no를 입력받으면 break를 통해 프로그램을 종료한다.

```
import random
myList = [ "head", "tail" ]

while (True):
   response = input("동전 던지기를 계속하시겠습니까?( yes, no) ");
   if response == "yes":
```

```
    coin = random.choice(myList)
    print (coin)
  else :
    break
```

## 연습문제

1. 다음 프로그램의 실행 결과를 선택하시오.

```
def get_sum(start, end) :
   sum=0
   for i in range(start, end+1) :
        sum += i
   return sum

value = get_sum(1, 10)
print(value)
```

① 35　　② 40　　③ 45　　④ 50　　⑤ 55

2. 다음 코드에서 오류가 발생하는 이유를 설명해보시오.

```
[1]: hello()
     def hello():
         print("Hi")
```

```
NameError                 Traceback (most recent call last)
<ipython-input-21-cee80d3cd9fb> in <module>
----> 1 hello()
      2 def hello():
      3     print("Hi")

NameError: name 'hello' is not defined
```

3. 다음 프로그램의 실행 결과를 선택하시오.

```
def message1():
   print("A")

def message2():
   print("B")
   message1()

message2()
```

① A<br>A　　② A<br>B　　③ B<br>A　　④ AB　　⑤ BA

4. 다음 프로그램의 실행 결과를 선택하시오.

```
def my_print (a, b) :
   print("왼쪽:", a)
   print("오른쪽:", b)

my_print(b=100, a=200)
```

① 왼쪽: 100<br>오른쪽: 100　　② 왼쪽: 100<br>오른쪽: 200　　③ 왼쪽: 200<br>오른쪽: 200

④ 왼쪽: 200<br>오른쪽: 100　　⑤ 왼쪽: 100<br>오른쪽: 300

5. 다음 프로그램에서 호출되는 함수의 이름을 모두 나열한 것을 고르시오.

```
import math

print('수를 입력해 주세요')
number = int(input())

result = round(math.sqrt(number * math.pi))
print('계산 결과:', result)
```

① print(), input(), int()

② print(), input(), int(), round()

③ print(), input(), int(), round(), math.sqrt()

④ print(), round()

⑤ print(), int(), round()

6. 다음 프로그램의 실행 결과값을 정확히 나열한 것을 고르시오.

```
def total(a, b=5, c=10):
   print(a + b + c)

total(1)
total(1, 2)
total(1, 2, 3)
```

① 16, 16, 16　　② 16, 13, 6　　③ 16, 16, 6

④ 16, 13, 16　　⑤ 16, 13, 21

7. 재귀함수(recursive function)는 함수가 자기 자신을 다시 호출하는 함수를 의미한다. 다음 코드에서 factorial()함수는 n을 입력 매개변수로 받은 후 n ==1 이 아닐때까지 입력된 n과, n에서 1을 뺀 값을 입력값으로 하여 자신의 함수인 factorial()을 다시 호출하는 재귀함수이다. 다음 프로그램의 실행 결과값을 선택하시오.

```
def factorial(n):
   if n == 1:
      return 1
   lse:
      return n * factorial(n-1)

print(factorial(4))
```

① 1　　② 2　　③ 6　　④ 24　　⑤ 120

## 프로그래밍 문제

1. “Hello function” 문자열을 화면에 출력하는 print_func() 함수를 작성하고, 이 함수를 10번 호출하는 프로그램을 작성하시오.

2. 다음처럼 하나의 문자열을 입력받아 문자열 끝에 “:D” 스마일 문자열을 이어 붙여 출력하는 print_with_smile 함수를 작성하시오.

```
[1]: print_with_smile("안녕하세요")
안녕하세요:D
```

3. 다음처럼 두 개의 숫자를 입력받아 합, 차, 곱, 나눗셈을 출력하는 print_arithmetic_operations 함수를 작성하시오.

```
[2]: print_arithmetic_operation(6, 8)
6 + 8 = 14
6 - 8 = -2
6 * 8 = 48
6 / 8 = 0.75
```

4. 다음처럼 세 개의 숫자를 입력받아 가장 큰수를 출력하는 print max 함수를 정의하시오. 단 if 문을 사용해서 수를 비교하라.

```
[3]: print_max(16, 23, 79)
79
```

5. 다음처럼 하나의 리스트를 입력받아 짝수만 화면에 출력하는 print_even 함수를 정의하시오.

```
[4]: print_even ([31, 23, 12, 10, 13, 110, 15])
12
10
110
```

6. 다음처럼 하나의 딕셔너리를 입력받아 딕셔너리의 key 값을 화면에 출력하는 print_keys 함수를 정의하시오.

```
[5]: print_keys ({"이름":"김영남", "나이":20, "성별":0})
이름
나이
성별
```

7. 정렬된 숫자를 포함하고 있는 리스트 k에서 특정 숫자를 찾는 Check_for_existance()함수를 정의하고, 이 함수를 이용해 임의의 숫자의 포함 여부를 출력하는 프로그램을 작성하시오.

```
[6]: k = [2, 4, 6, 8, 10]
     print(k)
     Check_for_existence(k, 5)
     Check_for_existence(k, 10)
[2, 4, 6, 8, 10]
5 => False
10 => True
```

8. 숫자에 대해 제곱을 구하는 square()함수를 정의히고, 이 함수를 이용해 다음 과 같이 숫자를 콤마(,)로 구분해 입력하면 정의한 함수를 이용해 제곱 값을 출력하는 프로그램을 작성하시오.

[7]:
```
k = input()
#,단위로 분류해서 리스트 만들기
k = k.split(',')
#리스트를 순회하며 제곱함수 호출
for i in k:
  square(i)
```

```
3,4,5
square(3) => 9
square(4) => 16
square(5) => 25
```

9. 인자로 전달된 숫자를 이용해 카운트다운하는 함수 countdown()을 정의하고, 이 함수를 이용하여 countdown(0), countdown(10)을 순서대로 실행하시오. 단, 0보다 작거나 같은 인자가 전달되었을 경우 "카운트다운을 하려면 0보다 큰 입력이 필요합니다."를 출력하시오.

[8]:
```
countdown(0)
countdown(10)
```

```
카운트다운을 하려면 0보다 큰 입력이 필요합니다.
10
9
8
7
6
5
4
3
2
1
```

## 참고 문헌

1. 박영권, 파이썬 프로그래밍, 시대인, 2024.
2. 우재남, 난생처음 파이썬 프로그래밍, 한빛아카데미, 2024.
3. https://wikidocs.net/29

# 7 Chapter 클래스와 객체

**학습목표**

- 객체 지향 언어 개념을 이해한다.
- 클래스와 객체에 대해서 학습한다.
- 상속, 캡슐화, 다형성에 대해서 이해한다.
- 접근 제어와 오버라이딩에 대해서 학습한다.

- 매직 메소드를 이해하고 활용할 수 있다.

## 7.1 객체 지향 프로그래밍

객체 지향 프로그래밍(Object Oriented Programming: OOP)은 소프트웨어 설계 방법 중 하나로, 프로그램을 여러 개의 객체로 구성하고 객체들 간의 상호작용을 이용해 개발하는 방식이다. 여기서 객체는 데이터와 그 데이터를 처리하는 코드를 함께 묶은 것을 의미한다. 객체 지향 프로그래밍의 핵심 개념 중 하나는 '클래스'와 '객체'이다.

클래스는 객체를 생성하기 위한 설계도나 청사진이라고 생각하면 된다. 클래스는 객체가 가져야 할 속성(데이터)과 행위(메소드)를 정의한다. 예를 들어, '자동차'라는 클래스를 생각해보자. 자동차 클래스는 일반적으로 다음과 같은 속성과 메소드를 가질 수 있다:

속성(필드): 색상, 모델, 제조사, 속도, 시동상태, 기름량 등
메소드(함수): 가속하기, 감속하기, 시동걸기, 시동끄기, 기름 채우기 등

위의 예제와 같이 속성은 클래스에서 정의된 데이터나 상태를 저장하는 변수이다. 속성은 객체가 가지는 고유한 특성을 나타내며, 객체가 만들어 질 때 초기화된다.

초기화 방법은 생성자 파트에서 자세히 소개하겠다. 이런 속성은 클래스 내에서 선언되며, 객체마다 다른 값을가진다. 즉, 같은 클래스에서 만들어진 객체이더라도 객체의 속성은 객체마다 독립적으로 값을 가지게 된다.

메소드는 클래스 내에 정의된 함수로, 객체의 동작이나 행동을 정의한다. 메소드는 주로 객체의 속성을 변경하거나 객체가 특정 작업을 수행하도록 한다.

객체는 클래스를 기반으로 만들어진 실체이다. 즉, 클래스가 설계도라면, 객체는 그 설계도를 바탕으로 만들어진 실제 물건이라고 할 수 있다. 예를 들어, '파란색 소나타'라는 특정한 자동차는 '자동차' 클래스의 객체가 될 수 있다.

각 객체는 클래스에서 정의한 속성과 메소드를 가지며, 앞서 설명한 것과 같이 서로 다른 데이터를 가질 수 있다. 예를 들어, 두 대의 자동차 객체가 있을 때, 하나는 빨간색이고 다른 하나는 파란색일 수 있다. 이처럼 객체는 동일한 클래스에서 만들어졌지만, 각기 다른 상태를 가질 수 있다. 또한 인스턴스는 특정 클래스의 객체를 의미한다. 즉, 객체는 클래스의 인스턴스이다. 인스턴스라는 용어는 객체가 어느 클래스에 속하는지를 강조할 때 주로 사용된다. 그래서 객체가 가지고 있는 속성이나 메소드들을 인스턴스 속성 또는 인스턴스 메소드라고 부르기도 한다.

## 7.2 클래스 둘러보기

이번에는 파이썬에서 클래스를 만들어 보자. 아래 예제 코드를 바탕으로 실습해 보자.

In [1]:
```
class Car:
def __init__(self, color):
    self.color = color  # 색상 속성
    self.speed = 0      # 초기 속도는 0
```

```
def speedUp(self, inc):
    self.speed += inc
    print(f"{inc}km/h 가속, 속도는 {self.speed}km/h")

def speedDown(self, dec):
    self.speed -= dec
    if self.speed < 0:
        self.speed = 0
    print(f"{dec}km/h 감속, 속도는 {self.speed}km/h")
```

파이썬에서 클래스는 아래와 같은 문법으로 시작한다.

**class 클래스 이름:**

**클래스 몸체**

...

...

즉, 위의 예제에서는 Car라는 클래스를 선언하고 여러 개의 메소드들로 구성된 클래스 바디를 보여준다.

_init_ 메소드는 보통 생성자라고 불리는 특별한 메소드이다. 생성자는 객체를 생성할 때 자동으로 호출되어 객체의 초기값을 설정하는 용도로 주로 사용된다. 파이썬의 모든 메소드의 첫 번째 매개변수는 항상 self를 받아야 한다. self는 생성된 객체 자신을 참조한다.

self를 사용해 객체의 속성을 정의한다. 위의 예제에서는 self.color, self.speed 두 개의 속성을 선언하고 각각 초기값을 매개변수로 받은 color와 0으로 설정하고 있다.

speedUp과 speedDown은 객체의 속성을 변경하는 메소드로, 객체의 self.speed 속성에 매개변수로 받은 inc와 dec 만큼 더하고 뺀 후 현재 속도를 출력한다.

지금부터는 위의 클래스를 활용해 객체를 생성하고 직접 객체를 사용해 보자.

In [2]:
```
myCar1 = Car("파란색")
myCar2 = Car("빨간색")
```

이번엔 이렇게 만들어진 객체들을 사용해 보자. 객체의 사용은 객체의 속성을 접근하거나 메소드를 호출해서 할 수 있다.

In [3]:
```
myCar1.speedUp(30)
```
```
30km/h 가속, 속도는 30km/h
```

In [4]:
```
print(myCar1.color)
```
```
파란색
```

In [5]:
```
myCar1.color = '초록색'
print(myCar1.color)
```
```
초록색
```

## 7.3 클래스 변수, 클래스 메소드 및 정적 메소드

위의 간단한 예제를 통해 클래스를 만들어 속성과 메소드를 정의하고 클래스로부터 객체를 생성하고 사용하는 방법을 다루었다. 그런데 만약 _init_에서 self를 사용해 속성을 위한 변수를 정의하지 않고 클래스에 직접 정의한 경우는 어떻게 되는지 살펴보자. 이런 방법은 자바나 C++에서 실제 클래스를 정의할 때 사용하는 방법과 동일해서 파이썬에서 클래스를 생성할때도 동일하게 적용하려는 개발자들이 주로 실수하는 부분이다.

In [6]:
```
class Car:
    count=0
```

```
    def __init__(self, color):
        self.color = color  #색상 속성
        self.speed = 0      #초기 속도는 0

myCar1 = Car("파란색")
myCar2 = Car("빨간색")
```

In [7]:
```
Car.count = 10
```

In [8]:
```
print(myCar1.count)
print(myCar2.count)
```

```
10
10
```

위 예제에서는 count라는 변수를 Car 클래스에 직접 정의하고 사용했다. 이런 변수를 클래스 변수 또는 클래스 속성이라고 부른다. 이런 클래스 변수들은 그 클래스에서 만들어진 모든 객체에서 공유한다. 그래서 위와 같이 myCar1.count와 myCar2.count가 같은 값을 가진 것을 볼 수 있다. 이와 같이 클래스 변수는 모든 객체가 공유하기 때문에, 클래스 변수의 값을 변경하면 모든 인스턴스에 영향을 미친다는 점을 유의해야 한다. 이는 인스턴스마다 다른 값을 가져야 할 속성에는 적합하지 않다.

위 예제에서는 count라는 변수를 Car 클래스에 직접 정의하고 사용했다. 이런 변수를 클래스 변수 또는 클래스 속성이라고 부른다. 이런 클래스 변수들은 그 클래스에서 만들어진 모든 객체에서 공유한다. 그래서 위와 같이 myCar1.count와 myCar2.count가 같은 값을 가진 것을 볼 수 있다. 이와 같이 클래스 변수는 모든 객체가 공유하기 때문에, 클래스 변수의 값을 변경하면 모든 인스턴스에 영향을 미친다는 점을 유의해야 한다. 이는 인스턴스마다 다른 값을 가져야 할 속성에는 적합하지 않다.이번에는 클래스 메소드에 대해서 알아보자. 클래스 메소드는 클래스 자체를 대상으로 작업을 수행하는 메소드이다. 클래스의 상태를 변경하거나 클래스 수준에서의 작업을 수행할 때 유용하다.  @classmethod 데코레이터를 사용하여 정의하며,

첫 번째 매개변수로 클래스 자체를 나타내는 cls를 받는다. 인스턴스 메소드가 self를 받는 것과 차이가 있다. 클래스 변수에 접근하거나 수정해야 하는 작업이나 클래스 자체의 상태를 변경할 필요가 있는 작업을 수행할 때 주로 사용된다. 클래스 이름을 통해 호출하며, 클래스 변수 및 다른 클래스 메소드에 접근할 수 있다.

In [9]:
```
class Car:
    count=0
    def __init__(self, color):
        self.color = color          # 색상 속성
        self.speed = 0              # 초기 속도는 0
    @classmethod
    def countUp(cls, count):
        cls.count += count
        print(f'count : {cls.count}')

myCar1 = Car("파란색")
myCar2 = Car("빨간색")
```

In [10]:
```
myCar1.countUp(10)
```
```
count : 10
```

In [11]:
```
myCar2.countUp(10)
```
```
count : 10
```

정적 메소드는 클래스와 객체의 상태에 의존하지 않는 메소드로, 일반적인 함수처럼 동작한다. 정적 메소드는 @staticmethod 데코레이터를 사용하여 정의되며, self나 cls를 받지 않는다. 클래스와 관련된 유틸리티 기능을 제공할 때 유용하다. 보통 아래 예제와 같이 서로 영향을 주지는 않지만 관련된 함수들을 묶어서 클래스를 만들 때 사용한다.

In [12]:
```
class MyMath:
    @staticmethod
    def add(a, b):
```

```
        return a + b

    @staticmethod
    def sub(a, b):
        return a - b
```

이런 정적메소드의 사용법은 아래 예제와 같이 객체를 만들지 않고 클래스 이름을 기반으로 호출하는 것이다.

In [13]:
```
print(MyMath.add(10,20))
```

30

## 7.4 멤버의 접근 제어

파이썬에서는 인스턴스 멤버(속성과 메소드)에 대한 접근 제어가 네이밍 규칙을 통해 이루어진다. 자바나 다른 언어처럼 엄격한 접근 제어자(private, protected, public 등)는 없지만, 파이썬은 관례를 통해 접근 수준을 나타낸다. 이러한 규칙은 코드의 가독성과 유지보수성을 높이는 데 도움을 준다. 그러면 간단하게 파이썬에서의 접근 제어에 대해서 알아보자.

접근제어는 다른 언어와 유사하게 공개(public) 멤버, 비공개(private) 멤버, 보호(protected) 멤버로 지정할 수 있다. 차례로 자세히 살펴보자.

기본적으로 보는 인스턴스 멤버는 공개되어 있다. 공개 멤버는 클래스 외부에서도 자유롭게 접근할 수 있다. 지금까지 우리가 만든 모든 멤버는 공개 멤버에 해당한다. 그래서 클래스 외부에서 속성값도 수정하고 메소드도 호출 할 수 있었다. 이런 공개 멤버는 이름이 밑줄(_) 없이 정의된다.

비공개 멤버는 클래스 내부에서만 접근할 수 있도록 의도된 멤버이다. 멤버 이름 앞에 두 개의 밑줄(__)을 붙여 정의한다. 파이썬은 이름 맹글링(name mangling)을 통해 클래스 외부에서 직접 접근하는 것을 방지한다. 이렇게 비공개로 선언된 멤버들은 클래스 내부에서만 접근이 가능하고 외부에서는 접근할 수 없다. 만약에 이런 멤버들을 외부에서 접근하려면 별도의 공개 메소드를 만들어서 접근하면 된다. 보통 이런 비공개 멤버를 접근하기 위한 메소드들을 세터/게터(setter/getter) 메소드라고 한다.

In [14]:
```
class Car:
    def __init__(self, color):
        self.__color = color  # 색상 속성

    def getColor(self):
        return self.__color

myCar1 = Car("파란색")
```

In [15]:
```
print(myCar1.__color)
```

```
---------------------------------------------------------
AttributeError                    Traceback (most recent call
last)
<ipython-input-43-44704ad046ad> in <module>
----> 1 print(myCar1.__color)

AttributeError: 'Car' object has no attribute '__color'
```

위 예제에서는 비공개 멤버로 정의된 _color 변수를 클래스 외부에서 접근을 시도한 경우를 보여주고 있다. 결과는 AttributeError로 _color라는 속성이 없다는 메시지를 볼 수 있다. 즉, 외부에서는 비공개 멤버가 보이지 않는다는 뜻이다. 앞서 설명할 것처럼 이런 경우 아래 예제와 같이 별도의 게터함수를 만들어서 접근을 해야 한다.

In [16]:
```
print(myCar1.getColor())
```

```
파란색
```

마지막으로 보호 멤버는 클래스 내부와 자식 클래스에서 접근할 수 있도록 의도된 멤버이다. 멤버 이름 앞에 하나의 밑줄(_)을 붙여 정의한다. 이는 강제적인 접근 제어는 아니며, 개발자 간의 약속에 의해 보호된다. 보호 멤버는 다음 절에서 자세히 살펴본다.

이렇게 객체의 데이터를 외부로부터 보호하고, 객체의 내부 구현 세부사항을 숨기는 메커니즘을 캡슐화라고 하고 객체 지향 프로그래밍 언어의 중요한 개념중에 하나이다.

## 7.5 상속

상속(Inheritance)은 객체 지향 프로그래밍의 핵심 개념 중 하나로, 기본 클래스(부모 클래스 또는 슈퍼 클래스)의 속성과 메소드를 새로운 클래스(자식 클래스 또는 서브 클래스)에서 재사용할 수 있도록 한다. 상속을 통해 코드의 재사용성을 높이고, 클래스 간의 계층 구조를 정의할 수 있다.

보통 부모 클래스는 다른 클래스에게 속성과 메소드를 물려주는 클래스이다. 슈퍼 클래스(Super class) 또는 기본 클래스(Base class) 라고도 불린다. 자식 클래스는 부모 클래스의 멤버들을 상속받아 새롭게 정의된 클래스이다. 서브 클래스(Sub class) 또는 파생 클래스(Derived class)라고도 불린다.

파이썬에서 클래스의 상속을 구현하기 위한 문법은 다음과 같다.

```
class 부모 클래스:
        클래스 봄제
        ...

class 자식 클래스(부모 클래스):
        클래스 몸체
        ...
```

위와 같은 상속 받은 자식 클래스의 경우 아무런 멤버를 선언하지 않다고 부모 클래스의 모든 것을 다 물려받게 된다. 다만, __로 시작하는 비공개 멤버는 제외된다. 만약 자식 클래스에서 접근할 필요가 있는 경우, 하나의 밑줄(_)로 시작하는 보호 멤버를 사용하는 것이 좋다. 이는 강제적인 제한은 아니지만, 개발자 간의 암묵적인 약속을 통해 보호된다.

상속의 장점은 부모 클래스에 정의된 코드를 자식 클래스에서 다시 작성하지 않고 재사용할 수 있다는 것이 첫 번째이고, 공통 기능을 부모 클래스에 정의함으로써 코드의 일관성을 유지하고, 변경 사항을 쉽게 적용할 수 있다는 것이다. 또한 클래스 간의 관계를 명확히 하여 프로그램의 구조를 이해하기 쉽게 만들어준다.

그러면 지금부터 예제를 통해서 파이썬에서의 상속을 자세하게 살펴보자.

In [17]:
```
class Car:
    def __init__(self, color):
        self.color = color  #색상 속성
        self.speed = 0      #초기 속도는 0

    def speedUp(self, inc):
        self.speed += inc
        print(f"{inc}km/h 가속, 속도는 {self.speed}km/h")

    def speedDown(self, dec):
        self.speed -= dec
        if self.speed < 0:
            self.speed = 0
        print(f"{dec}km/h 감속, 속도는 {self.speed}km/h")

class ConvertibleCar(Car):
    def __init__(self):
        self.roof = "close"
    def roofOpen(self):
        self.roof = "open"
    def roofClose(self):
```

```
            self.roof = "close"
```

In [18]:
```
myCar3 = ConvertibleCar()
myCar3.speedUp(10)
```

```
---------------------------------------------------------------------------
AttributeError                            Traceback (most recent call last)
<ipython-input-48-d8771fa05176> in <module>
----> 1 myCar3.speedUp(10)

<ipython-input-46-f0ace8cd7398> in speedUp(self, inc)
      5
      6     def speedUp(self, inc):
----> 7         self.speed += inc
      8         print(f"{inc}km/h 가속, 속도는 {self.speed}km/h")
      9

AttributeError: 'ConvertibleCar' object has no attribute 'speed'
```

앞서 설명에서는 상속을 받을 경우 부모 클래스가 가진 모든 멤버들을 자식이 상속 받는 다고 했다. 하지만 위의 예제와 같이 상속 받은 자식 클래스의 객체인 myCar3에 speedUp() 메소드를 호출하면 speedUp 메소드는 상속 받아져서 호출되지만 speed 속성이 없다는 에러메세지를 볼 수 있다.

이런 현상은 파이썬의 인스턴스 변수는 생성자에서 만들어주기 때문에 생기는 것으로 다시 말해 부모 클래스인 Car의 __init__()메소드가 호출되지 않았기 때문에 생기는 문제이다. 즉, 자식 클래스인 ConvertibleCar의 객체인 myCar3을 생성할 때 ConvertibleCar의 생성자는 자동으로 호출되지만, 부모 클래스인 Car의 생성자는 호출되지 않는 것이다.

파이썬에서는 상속 관계에서 자식 클래스의 생성자에서는 명시적으로 부모 클래스의 생성자를 호출해야만 한다. 수정된 코드를 함께 살펴보자.

In [19]:

```
class Car:
    def __init__(self, color):
        self.color = color  # 색상 속성
        self.speed = 0      # 초기 속도는 0

    def speedUp(self, inc):
        self.speed += inc
        print(f"{inc}km/h 가속, 속도는 {self.speed}km/h")

    def speedDown(self, dec):
        self.speed -= dec
        if self.speed < 0:
            self.speed = 0
        print(f"{dec}km/h 감속, 속도는 {self.speed}km/h")

class ConvertibleCar(Car):
    def __init__(self):
        Car.__init__(self, "흰색")
        self.roof = "close"
    def roofOpen(self):
        self.roof = "open"
    def roofClose(self):
        self.roof = "close"
```

위의 수정된 코드에서는 ConvertibleCar의 생성자에서 Car._init_(self, "흰색")의 형태로 부모 클래스의 생성자를 명시적으로 호출하고 있다. 이 명령을 통해서 부모의 생성자가 실행되고 그로인해 부모의 속성들도 만들어지게 된다.

또한 부모 클래스의 생성자를 호출할 때 super()를 활용해 다음과 같이 호출하는 것도 가능하며 실제로는 이 방법을 더 많이 사용한다.

```
super().__init__(self, "흰색")
```

super()는 파이썬에서 부모 클래스의 메소드를 호출할 때 사용되는 내장 함수이다. 객체 지향 프로그래밍에서 상속을 활용할 때, 자식 클래스에서 부모 클래스의 메소드를 호출하거나 오버라이딩된 메소드를 실행할 때 유용하다. 메소드 오바라이딩은 다음 절에서 자세히 소개한다.

In [20]:
```
myCar3 = ConvertibleCar()
myCar3.speedUp(10)
```
```
10km/h 가속, 속도는 10km/h
```

In [21]:
```
print( f'{myCar3.color} , {myCar3.speed}, {myCar3.roof}')
```
```
흰색 , 10, close
```

생성자 문제를 해결하면 위와 같이 자식 클래스의 객체에서도 부모 클래스의 메소드를 호출할 수도 있고 또한 인스턴스 변수들도 직접 접근할 수 있음을 알 수 있다.

## 7.6 메소드 오버라이딩(Overriding)

메소드 오버라이딩(Method Overriding)은 객체 지향 프로그래밍에서 자식 클래스가 부모 클래스의 메소드를 재정의하여 자신만의 동작을 구현하는 기법이다. 즉, 부모 클래스로부터 물려받은 메소드를 사용하지 않고 같은 이름의 메소드를 새롭게 자식 클래스에서 정의하는 것을 말한다. 당연히 오버라이딩은 기본적으로 상속을 통해서 이루어진다.

오버라이딩을 하려면 자식 클래스에서 부모 클래스의 메소드와 동일한 이름과 매개변수를 사용해야 한다.

In [22]:
```
class Car:
    def sound(self):
        print("소리 없음")
```

```
class ConvertibleCar(Car):
    def sound(self):
        print("슈우웅~~~")

class Truck(Car):
    def sound(self):
        print("부릉~부릉~")
```

In [23]:

```
cars = [Car(), ConvertibleCar(), Truck(), ConvertibleCar(),
Truck()]
for car in cars:
    car.sound()
```

```
소리 없음
슈우웅~~~
부릉~부릉~
슈우웅~~~
부릉~부릉~
```

위 예제에서는 Car 클래스를 상속 받는 ConvertibleCar와 Truck 클래스에서 sound()메소드를 오버라이딩하고 있다. 실행 결과에서 볼 수 있듯이 부모 클래스인 Car의 sound()와는 다르게 자식 클래스는 각각 자기가 원하는 동작을 수행하도록 sound()메소드를 새롭게 작성하였다. 실행 결과에서 볼 수 있듯이 각 객체들은 오버라이딩된 sound()메소드의 결과를 출력하고 있다.

또한 다형성(Polymorphism)은 동일한 인터페이스를 통해 서로 다른 데이터 타입의 객체를 처리할 수 있도록 하는 기능을 말하는데 파이썬에서는 다형성을 주로 메소드 오버라이딩을 통해 구현한다.

## 7.7 매직 메소드

파이썬에서 매직 메소드(또는 특수 메소드)는 특정한 문법적 기능을 지원하기 위해 파이썬이 내부적으로 미리 정의된 이름을 가진 메소드들이다. 이 메소드들은 주로 두 개의 밑줄(__)로 시작하고 끝난다. 대표적으로 앞에서 배운 __init__ 이 매직 매소드이다. 이러한 매직 메소드는 클래스의 인스턴스가 내장된 동작을 지원하도록 하며, 사용자 정의 객체를 보다 파이썬 내장 객체처럼 동작하게 만든다. 다음은 클래스와 관련된 몇 가지 주요 특수 메소드들이다.

__init__(self, ...)

- 객체가 생성될 때 초기화를 수행하는 생성자 메소드이다. 객체의 초기 상태를 설정하는 데 사용된다.

__del__(self)

- 객체가 소멸될 때 호출되는 소멸자 메소드이다. 일반적으로 객체가 사용하는 리소스를 해제하는 데 사용된다.

__str__(self)

- print() 함수나 str() 함수가 호출될 때 객체의 문자열 표현을 반환한다. 사용자에게 친숙한 형식의 문자열을 제공하는 것이 일반적이다.

__repr__(self)

- 객체의 공식적인 문자열 표현을 반환하며, 주로 디버깅을 위해 사용된다. repr() 함수나 대화형 인터프리터에서 객체를 출력할 때 사용된다.

__eq__(self, other)

- 두 객체의 동등성(==)을 비교하는 데 사용된다.

__ne__(self, other)

- 두 객체의 비동등성(!=)을 비교하는 데 사용된다.

_lt_(self, other)

• 두 객체 간의 ‘작다(<)’ 관계를 비교하는 데 사용된다.

_le_(self, other)

• 두 객체 간의 ‘작거나 같다(<=)’ 관계를 비교하는 데 사용된다.

_gt_(self, other)

• 두 객체 간의 ‘크다(>)’ 관계를 비교하는 데 사용된다.

_ge_(self, other)

• 두 객체 간의 ‘크거나 같다(>=)’ 관계를 비교하는 데 사용된다.

_add_(self, other)

• 객체 간의 덧셈 연산을 정의한다. + 연산자를 사용할 때 호출된다.

_sub_(self, other)

• 객체 간의 뺄셈 연산을 정의한다. - 연산자를 사용할 때 호출된다.

_mul_(self, other)

• 객체 간의 곱셈 연산을 정의한다. * 연산자를 사용할 때 호출된다.

_truediv_(self, other)

• 객체 간의 나눗셈 연산을 정의한다. / 연산자를 사용할 때 호출된다.

_floordiv_(self, other)

• 객체 간의 정수 나눗셈 연산을 정의한다. // 연산자를 사용할 때 호출된다.

_mod_(self, other)

- 객체 간의 나머지 연산을 정의한다. % 연산자를 사용할 때 호출된다.

_pow_(self, other)

- 객체 간의 거듭제곱 연산을 정의한다. ** 연산자를 사용할 때 호출된다.

_getitem_(self, key)

- 객체의 요소에 접근할 때 호출된다. 인덱싱([])에 사용된다.

_setitem_(self, key, value)

- 객체의 요소를 설정할 때 호출된다. 인덱싱([])을 통해 값을 설정할 때 사용된다.

_delitem_(self, key)

- 객체의 요소를 삭제할 때 호출된다. 인덱싱([])을 통해 요소를 삭제할 때 사용된다.

_len_(self)

- 객체의 길이를 반환한다. len() 함수가 호출될 때 사용된다.

_contains_(self, item)

- 객체에 특정 항목이 포함되어 있는지를 확인한다. in 연산자를 사용할 때 호출된다.

이외에도 여러 매직 메소드들이 존재하며, 이들은 사용자 정의 객체가 파이썬의 내장 기능과 연산자를 자연스럽게 사용할 수 있도록 도와준다. 이를 통해 객체 지향 프로그래밍을 보다 유연하게 구현할 수 있다. 보통 새롭게 정의한 클래스에서 필요한 기본 기능이 있을 경우 해당 매직 메소드를 오버라이딩해서 직접 필요한 동작을 구현한다.

아래 예제코드로 몇 가지 매직 메소드의 동작을 살펴보자.

In [24]:

```
class Car:
    def __init__(self, color):
        self.color = color  #색상 속성
        self.speed = 0      #초기 속도는 0

    def speedUp(self, inc):
        self.speed += inc
        print(f"{inc}km/h 가속, 속도는 {self.speed}km/h")

    def speedDown(self, dec):
        self.speed -= dec
        if self.speed < 0:
            self.speed = 0
        print(f"{dec}km/h 감속, 속도는 {self.speed}km/h")

    def __str__(self):
        return f'색깔 : {self.color}, 속도 : {self.speed}'

    def __eq__(self, other):
         if self.color == other.color and self.speed ==
other.speed:
            return True
        else:
            return False
```

In [25]:

```
myCar1 = Car("파란색")
myCar2 = Car("빨간색")
myCar1.speedUp(10)
myCar2.speedUp(20)
print(myCar1)
print(myCar2)
if myCar1 == myCar2:
```

```
    print('같다')
else:
    print('다르다')
```

```
10km/h 가속, 속도는 10km/h
20km/h 가속, 속도는 20km/h
색깔 : 파란색, 속도 : 10
색깔 : 빨간색, 속도 : 20
다르다
```

Car 클래스에 _str_ 메소드를 오버라이딩해서 객체를 문자열로 출력할 수 있도록 했다. 오버라이딩하지 않았을 경우 기본 동작은 클래스 이름과 id 값을 출력하는 것이지만, 위의 예제에서는 색깔과 속도를 출력하도록 하였다. 또한 _eq_ 메소드를 오버라이딩해서 두 개의 Car 객체가 같은지 비교할 수 있도록했고 그 방법은 color와 speed가 일치하면 같다고 판단한다.

## 프로그래밍 실습

### 실습 1

Person 클래스를 정의하시오. 이 클래스는 이름과 나이를 속성으로 가진다. 또한 사람의 정보를 출력하는 displayInfo라는 메소드를 포함한다.

상세 요구사항:

Person 클래스는 name과 age라는 두 개의 속성을 가짐.

displayInfo 메소드는 "이름: 홍길동, Age: 18" 형식으로 정보를 출력.

Person 클래스를 사용하여 두 명의 사람 객체를 생성하고, 각각의 정보를 출력하시오.

### 실습 1의 문제 풀이

예시 코드)

```
class Person:
    def __init__(self, name, age):
        self.name = name
        self.age = age

    def displayInfo(self):
        print(f"이름: {self.name}, 나이: {self.age}")

person1 = Person("홍길동", 18)
person2 = Person("임꺽정", 19)

person1.displayInfo()
person2.displayInfo()
```

실행결과)

이름: 홍길동, 나이: 18

이름: 임꺽정, 나이: 19

**실습 2**

동물(Animal) 클래스를 정의하고, 이를 상속하는 개(Dog)와 고양이(Cat) 클래스를 만드시오. 각 클래스는 소리를 출력하는 make_sound 메소드를 가진다.

상세 요구사항:

Animal 클래스의 make_sound는 "소리 없음"을 출력.

Dog 클래스는 Animal 클래스를 상속받고, make_sound 메소드를 오버라이딩하여 "멍멍!"을 출력.

Cat 클래스는 Animal 클래스를 상속받고, make_sound 메소드를 오버라이딩하여 "야~옹~"을 출력.

animals라는 리스트를 만들고 각 클래스의 인스턴스를 생성하고 for문을 활용해 make_sound를 호출하시오.

**실습 2의 문제 풀이**

예시 코드)

```
class Animal:
    def make_sound(self):
        print("소리없음")

class Dog(Animal):
    def make_sound(self):
        print("멍멍!")

class Cat(Animal):
```

```
    def make_sound(self):
        print("야~옹")

animals = [Animal(), Dog(), Cat()]
for animal in animals:
    animal.make_sound()
```

실행결과)

소리없음

멍멍!

야~옹

**실습 3**

온라인 쇼핑 시스템을 위한 클래스를 구현하시오. 이 시스템은 상품(Product), 장바구니(Cart), 주문(Order)의 세 가지 주요 클래스로 구성된다. 각 클래스는 다음과 같은 기능을 포함해야 한다.

Product 클래스:

속성:

  name: 상품의 이름

  price: 상품의 가격

메소드:

  __str__: 상품의 이름과 가격을 문자열로 반환

Cart 클래스:

속성:

  items: 장바구니에 담긴 상품 목록(리스트)

메소드:

add_product(product): 장바구니에 상품을 추가

remove_product(product_name): 장바구니에서 상품을 제거

total_price(): 장바구니에 담긴 모든 상품의 총 가격을 반환

__str__: 장바구니의 모든 상품 리스트와 총 가격을 문자열로 반환

Order 클래스:

속성:

cart: 주문에 사용된 장바구니 객체

order_id: 주문 ID (자동 증가)

클래스 변수:

order_count: 생성된 주문 수를 추적하는 클래스 변수

메소드:

confirm_order(): 주문을 확인하고, 주문 ID와 총 가격을 출력

클래스 메소드:

get_order_count(): 생성된 총 주문 수를 반환

아래와 같은 코드를 실행 시켰을 때 실행결과와 같이 나오도록 클래스를 구현하시오.

실행코드)

```
product1 = Product("LG 그램", 1500000)
product2 = Product("아이폰 16", 1250000)

cart = Cart()
cart.add_product(product1)
cart.add_product(product2)
print(cart)

cart.remove_product("LG 그램")
```

```
print(cart)

order = Order(cart)
order.confirm_order()
print(f"전체 주문 상품수: {Order.get_order_count()} 개")

order = Order(cart)
order.confirm_order()
print(f"전체 주문: {Order.get_order_count()}")
```

실행결과)

장바구니 상품들:

LG 그램: 1500000원

아이폰 16: 1250000원

합계 금액: 2750000원

장바구니 상품들:

아이폰 16: 1250000원

합계 금액: 1250000원

주문 ID: 1

전체 금액: 1250000원

전체 주문 상품수: 1

### 실습 3의 문제 풀이

예시코드)

```
class Product:
    def __init__(self, name, price):
        self.name = name
        self.price = price
```

```
    def __str__(self):
        return f"{self.name}: {self.price}원"

class Cart:
    def __init__(self):
        self.items = []

    def add_product(self, product):
        self.items.append(product)

    def remove_product(self, product_name):
        self.items = [item for item in self.items if item.name !=
product_name]

    def total_price(self):
        return sum(item.price for item in self.items)

    def __str__(self):
        item_list = "\n".join(str(item) for item in self.items)
        return f"장바구니 상품들:\n{item_list}\n합계 금액: {self.
total_price()}원"

class Order:
    order_count = 0

    def __init__(self, cart):
        self.cart = cart
        Order.order_count += 1
        self.order_id = Order.order_count

    def confirm_order(self):
        print(f"주문 ID: {self.order_id}")
        print(f"결제 금액: {self.cart.total_price()}원")

    @classmethod
```

```
    def get_order_count(cls):
        return cls.order_count

product1 = Product("LG 그램", 1500000)
product2 = Product("아이폰 16", 1250000)

cart = Cart()
cart.add_product(product1)
cart.add_product(product2)
print(cart)

cart.remove_product("LG 그램")
print(cart)

order = Order(cart)
order.confirm_order()
print(f"전체 주문 상품수: {Order.get_order_count()} 개")

order = Order(cart)
order.confirm_order()
print(f"전체 주문: {Order.get_order_count()}")
```

## 연습문제

1. 클래스, 객체, 인스턴스를 비교 설명하시오.

2. self에 대해서 설명하시오.

3. 생성자에 대해서 설명하시오.

4. 메소드 오버라이딩이란 무엇인가?

5. 다음 중 파이썬에서 클래스를 정의하는 올바른 방법은 무엇인가?

   1) def MyClass:

   2) class MyClass():

   3) create MyClass:

   4) new class MyClass():

6. 클래스 내에서 객체의 초기 상태를 설정하는 메소드는 무엇인가?

1) __start__

2) __construct__

3) __init__

4) __setup__

7. 다음 중 메소드 오버라이딩과 관련된 것은 무엇인가?

1) 동일한 클래스 내에서 동일한 이름의 메소드가 여러 개 존재

2) 부모 클래스의 메소드를 자식 클래스에서 재정의

3) 여러 클래스에 걸쳐 동일한 메소드 이름 사용

4) 클래스 내에서 사용 가능한 메소드의 수 제한

8. 다음 중 객체 지향 프로그래밍의 주요 특징이 아닌 것은 무엇인가?

1) 캡슐화

2) 상속

3) 다형성

4) 직렬화

## 프로그래밍 문제

1. 도서(Book) 클래스 만들기

   도서관 시스템에서 사용할 수 있는 Book 클래스를 만들어봅시다.

   Book 클래스는 다음과 같은 속성을 가집니다:

   - 제목 (title)
   - 저자 (author)
   - 대출 여부 (is_borrowed, 초기값은 False)

   다음과 같은 메서드를 만드세요:

   borrow(): 책을 대출하고 is_borrowed를 True로 바꿉니다. 이미 대출된 책이라면 "이미 대출된 책입니다." 출력.

   return_book(): 책을 반납하고 is_borrowed를 False로 바꿉니다.

   여러 개의 Book 인스턴스를 생성하고 대출 및 반납을 테스트하는 코드를 추가해서 동작을 확인하시오.

2. 은행 계좌(Account) 클래스 만들기

   간단한 은행 계좌 시스템을 만들어봅시다.

   Account 클래스는 다음과 같은 속성을 가집니다:

   - 계좌주 이름 (owner)
   - 잔액 (balance, 초기값은 0)

다음과 같은 메서드를 만드세요:
- deposit(amount): amount만큼 입금
- withdraw(amount): amount만큼 출금 (단, 잔액보다 큰 금액은 출금 불가)
- display_balance(): 현재 잔액 출력

계좌를 여러 개 만들어서 입금/출금 테스트하는 코드를 추가해서 동작을 확인하시오.

3. 학생(Student) 클래스와 학급 관리

여러 명의 학생 정보를 관리할 수 있는 프로그램을 만들어봅시다.
Student 클래스는 다음과 같은 속성을 가집니다:
- 이름 (name)
- 학번 (student_id)
- 점수 (score)

다음과 같은 메서드를 만드세요:
-display_info(): 이름, 학번, 점수를 출력

학생 여러 명을 리스트로 저장하고, 전체 학생의 평균 점수를 출력하는 함수를 작성하세요.

# 8 Chapter 실습 프로젝트

**학습목표**

- 지금까지 학습한 내용을 바탕으로 실습 프로젝트를 수행해보고 해결방법을 스스로 생각해낼 수 있다.
- 문제 해결을 위해 필요한 세부 알고리즘에 대해 구상하고 이해하여 설명할 수 있다.

## 8.1 Up & Down 게임

프로그램 실행시 매번 랜덤하게 선정되는 1이상 100이하의 숫자를 맞추고자 한다. 플레이어는 랜덤 숫자를 맞출 때까지 특정 숫자를 반복 입력 가능하고, 맞추었을 시 몇 회 만에 맞추었는지 출력한다. 플레이어가 특정 숫자 입력시 랜덤 숫자를 좀더 빨리 맞출수 있도록 도움을 주기 위하여 랜덤 숫자가 입력 숫자보다 작을 경우 Down!으로 출력해주고, 랜덤 숫자가 입력 숫자보다 클 경우 Up!으로 출력해준다.

실행 예제는 다음과 같다.

```
숫자를 입력 : 50
Down!
숫자를 입력 : 40
Down!
숫자를 입력 : 30
Up!
숫자를 입력 : 35
Down!
숫자를 입력 : 33
5회 만에 맞추었습니다
```

## 8.2 Google 번역기

각 나라의 문자를 입력하여 특정국가(한국, 일본, 중국, 미국, 프랑스)의 언어로 번역하는 프로그램을 만들어보자. 번역을 위해서는 Google에서 제공하는 google_translator()라는 API를 사용해 보도록 하자. google_translator()의 예제는 다음과 같다.

```
# 예제
# 아나콘다 프롬프트에서 pip install google_trans_new 를 이용해 패키지를 설치합니다.
from google_trans_new import google_translator
translator = google_translator()
#translate 함수를 이용해 번역을 수행합니다. lang_tgt에는 번역될 언어코드를 입력합니다.
translate_text = translator.translate('안녕하세요, 반갑습니다.',lang_tgt='en', pronounce = True)
print(translate_text)

# 함수 : translate(text, lang_src = 'auto', lang_tgt = 'en', pronounce = False)
# text : 번역이 필요한 원본 텍스트입니다
# lang_src : 원본 텍스트의 언어코드입니다. 입력하지 않으면 자동으로 인식합니다.
# lang_tgt : 번역 텍스트의 언어코드입니다. 입력하지 않으면 영어('en')가 입력됩니다.
# pronounce : 원본 텍스트와 번역 텍스트의 발음을 표기합니다. 영어는 None으로 표기됩니다.

# 반환값 [번역텍스트, 원본발음, 번역발음]
# 아래는 5가지 국가의 언어코드입니다.
# 'zh-cn': 'chinese (simplified)',
# 'en': 'english',
# 'fr': 'french',
```

```
# 'ja': 'japanese',
# 'ko': 'korean'

# 더많은 언어코드를 보고싶으면 아래 코드를 실행해보세요.
# from googletrans import LANGUAGES # pip install googletrans
# LANGUAGES
```

```
['Hello, Nice to meet you. ', 'annyeonghaseyo, bangabseubnida.', None]
```

위 예제를 활용하여 다음과 같이 실행되는 Google 번역기 프로그램을 만들어보자.

```
어떤 나라언어로 번역할까요?
1.한국어, 2.일본어 3.중국어 4.영어 5.프랑스어 0.종료 : 1
번역하고 싶은 문장을 입력해 주세요 : Hi
번역 : 안녕
발음 : annyeong
어떤 나라언어로 번역할까요?
1.한국어 2.일본어 3.중국어 4.영어 5.프랑스어 0.종료 : 3
번역하고 싶은 문장을 입력해 주세요 : 영남대학교에 오신 것을 환영합니다.
번역 : 欢迎来到岭南大学。
발음 : Huānyíng lái dào lǐngnán dàxué.
어떤 나라언어로 번역할까요?
1.한국어 2.일본어 3.중국어 4.영어 5.프랑스어 0.종료 : 0
종료합니다.
```

## 8.3 분수 계산기

사용자로부터 두 개의 분수를 입력받아 사칙연산이 가능한 분수 계산기를 만들어 보자. 사칙연산으로는 +, -, *, %를 사용한다(사용자가 분수를 입력할 시 분수 표현을 위해 / 기호가 사용되기 때문에 나누기 연산자는 임의로 /대신 %로 사용하도록 한다).

분수의 표현을 검증하기 위해 사용자로부터 입력받은 분수식의 사칙연산 기호가 잘못되어 있지 않은지, 사용자로부터 두 개의 분수를 입력받은 것인지, 입력받은 분수의 형태가 잘못되어 있지는 않은지(예를 들어, 1/3/2), 분수가 숫자의 형태로 구성되어 있는지 확인해 보아야 한다.

분수의 계산결과는 항상 기약분수 형태로 출력한다(기약분수란 분모와 분자 사이의 공약수가 1뿐이어서 더 이상 약분되지 않는 분수를 의미한다). 수식이 잘못 입력되었을 경우 오류메시지를 출력하고, 'bye'를 입력하면 프로그램이 종료된다.

실행 예제는 다음과 같다.

```
계산식 입력(ex: '1/3+1/2', 'bye'는 종료) : 1/3+1/2
계산결과 : 5/6
계산식 입력(ex: '1/3+1/2', 'bye'는 종료) : 1/3-1/2
계산결과 : -1/6
계산식 입력(ex: '1/3+1/2', 'bye'는 종료) : 1/3*1/2
계산결과 : 1/6
계산식 입력(ex: '1/3+1/2', 'bye'는 종료) : 1/3%1/2
계산결과 : 2/3
계산식 입력(ex: '1/3+1/2', 'bye'는 종료) : 1/3/1/2
잘못된 수식입니다
계산식 입력(ex: '1/3+1/2', 'bye'는 종료) : 1/31/2
잘못된 수식입니다
계산식 입력(ex: '1/3+1/2', 'bye'는 종료) : bye
```

## 8.4 Word count

영어 문장을 입력받아 등장하는 단어의 수를 세어서 각 단어별로 몇 번씩 등장하였는지 출력하는 프로그램을 작성해보자. 단어는 대소문자를 구분하지 않는다. 단어의 수를 세기 위해 띄어쓰기 뿐만 아니라 ()[]{},.?;!@#$%^&/~?‘’“” 등의 특수 기호 역시 단어 구분자로 사용하도록 한다.

실행 예제는 다음과 같다.

실행 예제 1)

```
영어문장 : C++ C C,C++,c++[c++](java){Java}
c++ : 4
c : 2
java : 2
```

실행 예제 2)

```
영어문장 : The weather is good today
the : 1
weather : 1
is : 1
good : 1
today : 1
```

실행 예제 3)

```
영어문장 : I've got a lot of homework tonight
i : 1
ve : 1
got : 1
a : 1
lot : 1
of : 1
homework : 1
tonight : 1
```

## 8.5 Dictionary를 이용한 재고관리 프로그램

Dictionary를 이용한 재고관리 프로그램을 작성해보자. 본 프로그램은 1.입고, 2.출고, 3.현황, 4.종료의 기능을 가지고 있고, 프로그램 실행 시 선택할 수 있도록 메뉴로 제공한다. 하나의 기능을 처리한 이후 다시 메뉴 입력 화면으로 복귀한다. 입고 기능 수행시 제품명과 수량을 입력받아서 재고에 추가하고, 출고 기능 수행 시 제품의 존재여부와 수량이 충분한지 확인하여 출고를 처리한다. 입력이 적절하지 않을 경우 그에 맞는 오류 메시지를 출력한다.

실행 예제는 다음과 같다.

```
1.입고  2.출고  3.현황  4.종료 : 1
제품명 : 사이다
수량 : 100
입고 되었습니다
1.입고  2.출고  3.현황  4.종료 : 2
제품명 : 사이다
수량 : 50
출고 되었습니다
1.입고  2.출고  3.현황  4.종료 : 3
사이다 : 50
1.입고  2.출고  3.현황  4.종료 : 1
제품명 : 사이다
수량 : 30
입고 되었습니다
1.입고  2.출고  3.현황  4.종료 : 3
사이다 : 80
1.입고  2.출고  3.현황  4.종료 : 2
제품명 : 사이다
수량 : 100
수량이 부족합니다
```

```
1.입고 2.출고 3.현황 4.종료 : 2
제품명 : 콜라
수량 : 100
존재하지 않는 제품입니다
1.입고 2.출고 3.현황 4.종료 : 10
잘못된 입력입니다
1.입고 2.출고 3.현황 4.종료 : 4
프로그램을 종료합니다
```

## 8.6 학생 성적 관리 프로그램

학번(4자리), 이름, 국어점수, 영어점수, 수학점수를 입력받아 학생 성적 정보를 관리해주는 프로그램을 작성해보자. 프로그램 시작 시 메뉴는 "1.입력 2.요약보기 3.학번검색 4.종료"로 구성한다. 중복된 학번은 없는 것으로 가정한다. "1.입력"기능에서는 학생의 학번, 이름, 국어점수, 영어점수, 수학점수를 입력할 수 있다. "2.요약보기"기능에서는 학번, 세과목 점수 평균, 등급을 보여준다. 등급의 경우 90점 이상 A, 80점 이상 B, 70점 이상 C, 60점 이상 D, 그 외의 경우 F로 표현한다. "3.학번검색" 기능에서는 "1.입력"을 통해 입력한 학생 정보 중 학번을 입력하면 그 학번에 해당하는 학생의 세부 정보(학번, 이름, 국어, 영어, 수학, 평균, 등급)이 나타난다. "4.종료" 기능을 선택하면 프로그램을 정상종료한다. 1, 2, 3, 4 외에 다른 번호가 입력되면 "잘못된 입력입니다"라는 오류메시지를 출력한다.

실행 예제는 다음과 같다.

```
1.입력 2.요약보기 3.학번검색 4.종료 : 1
학번 : 1001
이름 : 김영남
국어점수 : 100
영어점수 : 95
```

```
수학점수 : 97
성적이 입력되었습니다.
1.입력  2.요약보기  3.학번검색  4.종료 : 1
학번 : 1002
이름 : 이영희
국어점수 : 97
영어점수 : 100
수학점수 : 93
성적이 입력되었습니다.
1.입력  2.요약보기  3.학번검색  4.종료 : 1
학번 : 1003
이름 : 홍길동
국어점수 : 80
영어점수 : 70
수학점수 : 90
성적이 입력되었습니다.
1.입력  2.요약보기  3.학번검색  4.종료 : 2
학번      평균등급
==============================
1001      97.33A
1002      96.67A
1003      80.0B
1.입력  2.요약보기  3.학번검색  4.종료 : 3
학번 : 1001
학번  이름     국어  영어  수학  평균   등급
=================================
1001  김영남   100   95   97    97.33  A
1.입력  2.요약보기  3.학번검색  4.종료 : 0
잘못된 입력입니다.
1.입력  2.요약보기  3.학번검색  4.종료 : 4
종료합니다.
```

## 8.7 은행 계좌 관리 프로그램

일반계좌와 마이너스계좌로 운영되는 은행 프로그램을 만들어보자(마이너스계좌란, 잔액이 없어도 현금을 인출할수 있는 계좌를 의미한다). 프로그램 시작시 메뉴는 "1.일반계좌생성 2.마이너스계좌생성 3.계좌확인 4.입금 5.송금 6.종료"로 구성한다. "1.일반계좌생성"기능에서는 계좌주의 이름, 초기 금액을 입력할 수 있다. 입력이 완료되면 계좌 번호를 보여준다."2.마이너스계좌생성"기능에서도 계좌주의 이름, 초기 금액을 입력할 수 있다. 입력이 완료되면 계좌 번호를 보여준다. "3.계좌확인" 기능에서는 계좌번호를 입력하면 계좌주와 잔고를 보여준다. "4.입금"기능에서는 계좌 번호와 금액을 입력하면 입력한 계좌번호의 잔고가 금액만큼 올라간다. "5.송금"기능에서는 송금 계좌번호와 입금 계좌번호, 금액을 입력하면 송금 계좌에서 입금 계좌로 금액만큼 송금된다. 단, 송금 계좌가 일반계좌라면 잔고보다 큰 금액을 송금하려 할 때 "잔액이 부족합니다."오류메시지를 출력한다."6.종료" 기능을 선택하면 프로그램을 정상종료한다. 1-6 이외에 다른 번호가 입력되면 "잘못된 입력입니다"라는 오류메시지를 출력한다.

실행 예제는 다음과 같다.

```
1.일반계좌생성 2.마이너스계좌생성 3.계좌확인 4.입금 5.송금 6.종료 : 1
이름 입력 : 김동우
초기 금액 입력 : 10000
일반계좌가 생성되었습니다.
계좌 번호 : 0001
1.일반계좌생성 2.마이너스계좌생성 3.계좌확인 4.입금 5.송금 6.종료 : 2
이름 입력 : 박지은
초기 금액 입력 : 5000
마이너스계좌가 생성되었습니다.
```

```
계좌 번호 : 0002
1.일반계좌생성  2.마이너스계좌생성  3.계좌확인  4.입금  5.송금  6.종료 : 3
계좌 번호 입력 : 0002
계좌주 : 박지은
잔고 : 5000
1.일반계좌생성  2.마이너스계좌생성  3.계좌확인  4.입금  5.송금  6.종료 : 4
계좌 번호 입력 : 0001
금액 입력 : 10000
입금되었습니다.
1.일반계좌생성  2.마이너스계좌생성  3.계좌확인  4.입금  5.송금  6.종료 : 5
송금 계좌 번호 입력 : 0001
입금 계좌 번호 입력 : 0002
금액 입력 : 50000
잔액이 부족합니다.
1.일반계좌생성  2.마이너스계좌생성  3.계좌확인  4.입금  5.송금  6.종료 : 5
송금 계좌 번호 입력 : 0002
입금 계좌 번호 입력 : 0001
금액 입력 : 10000
송금되었습니다.
1.일반계좌생성  2.마이너스계좌생성  3.계좌확인  4.입금  5.송금  6.종료 : 3
계좌 번호 입력 : 0002
계좌주 : 박지은
잔고 : -5000
1.일반계좌생성  2.마이너스계좌생성  3.계좌확인  4.입금  5.송금  6.종료 : 3
계좌 번호 입력 : 0001
계좌주 : 김동우
잔고 : 30000
1.일반계좌생성  2.마이너스계좌생성  3.계좌확인  4.입금  5.송금  6.종료 : 0
잘못된 입력입니다.
1.일반계좌생성  2.마이너스계좌생성  3.계좌확인  4.입금  5.송금  6.종료 : 6
종료합니다.
```

# 9 Chapter 데이터분석

**학습목표**

- Pandas를 사용할 수 있다.
- 객체 생성 (Series, DataFrame)을 할 수 있다.
- 데이터 확인 및 데이터 선택 방법을 이해한다.
- 데이터 병합, 그룹화, 변형, 시계열 데이터 처리를 활용할 수 있다.
- 범주화 및 다양한 포맷으로 데이터를 입출력할 수 있다.

## 9.1 Pandas란?

Pandas는 파이썬에서 데이터 분석 및 조작을 쉽게 할 수 있게 도와주는 소프트웨어 라이브러리이다. Pandas는 수치형 테이블과 시계열 데이터를 조작하고 운영하기 위한 다양한 기능들을 제공한다. Pandas의 이름은 계량경제학의 'PANel DAta'의 앞 글자를 따서 지어졌다. 당연히 실제 동물인 판다와는 아무런 관련이 없지만, 이름이 이름이니만큼 각종 개발 관련 사이트에서 판다 이미지를 활용하여 Pandas를 소개하곤 한다.

최근 다양한 분야에서 정형데이터 분석에 사용되고 있고, 기계학습 분야에서도 데이터 전처리 및 기초 통계 분석 용도로 활용되고 있다. Numpy를 기반으로 개발되어 고속으로 데이터 분석이 가능하다.

Pandas 공식 사이트에서 개시되어 있는 “10 minutes to pandas”튜토리얼에 간략하게 주요 사용법들이 정리되어 있어 쉽게 배워 활용할 수 있다. 본 교재 역시 “10 miniutes to pandas"에 소개된 내용들도 많이 포함하고 있다.

만약 Pandas 모듈이 설치되어 있지 않으면 아래의 명령을 사용해 설치하면 된다.

```
conda install pandas
```

또는

```
pip install pandas
```

## 9.2 Pandas 기본 자료구조

Pandas의 기본 자료구조에는 1차원 배열 형태의 Series와 2차원 배열 형태의 DataFrame이 있다. 아래 그림과 같이 DataFrame은 여러 개의 Series들로 구성되어 있다. 다음에서 각각 자세히 알아보자.

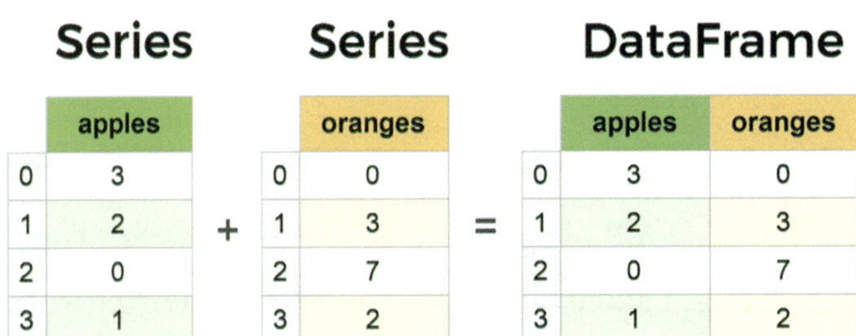


- Series
- NumPy의 1차원 배열과 매우 유사한 형태이다.
- 보통 파이썬의 list나 NumPy의 array로부터 생성한다.
- 특징으로는 값과 함께 개발자가 원하는 인덱스 값을 입력할 수 있다.
- 테이블에서 각 열의 데이터를 나타낸다.

- DataFrame
- 2차원 배열 형태의 테이블이다. 우리에게 익숙한 엑셀과 같은 스프레드시트 프로그램에서 하나의 sheet에 해당한다고 볼 수 있다.
- NumPy 배열이나 파이썬의 사전형을 사용해 주로 생성한다.

• 앞서 언급한 것과 같이 Series의 모음으로 각 열이 만들어진 테이블이다.

## 9.3 Series와 DataFrame 객체 생성

먼저 Pandas를 사용하기 위해 패키지를 import 한다. Numpy와 함께 사용하는 경우가 대부분이기 때문에 아래와 같이 둘 다 함께 import하는 것이 일반적이다.

In [1]:
```
import pandas as pd
import numpy as np
```

먼저 Series 객체를 만드는 방법을 학습해보자. 간단히 다양한 데이터를 가진 튜플을 하나 만들고 이 튜플로부터 Series 객체를 생성하는 예제이다.

In [2]:
```
h = ( 'AA', '2021-07-13', 1234, 3.14159)
s = pd.Series(h)
s
```

```
0            AA
1    2021-07-13
2          1234
3       3.14159
dtype: object
```

아래와 같이 type() 함수를 사용해 위에서 만든 s의 자료형을 확인해 보면 Pandas의 Series 형이라 것을 알 수 있다.

In [3]:
```
type(s)
```

```
pandas.core.series.Series
```

Series형에 포함된 각각의 아이템들은 튜플이나 리스트에서와 같이 인덱스를 사용해서 접근할 수 있다.

In [4]:
```
s[0]
```
```
'AA'
```

In [5]:
```
s[1]
```
```
'2021-07-13'
```

이번에는 리스트 형태의 값들로 Series를 생성하는 예제를 살펴보자. 사실 튜플로 생성하는 것과 동일하다. 각 아이템에 대해서 리스트와 동일하게 정수값 형태의 기본 index 를 생성한다.

In [6]:
```
s = pd.Series([1,2,6,7,np.nan,9,10,11])
s
```
```
0     1.0
1     2.0
2     6.0
3     7.0
4     NaN
5     9.0
6     10.0
7     11.0
dtype: float64
```

하지만, Series의 경우 리스트와는 다르게 인덱스 값을 개발자가 원하는 인덱스값으로 설정할 있다. 아래 예제는 인덱스를 a,b,c,d 라는 문자로 설정하는 것이다.

In [7]:
```
s = pd.Series([1,2,6,7], index = ['a','b','c','d')
s
```

```
a     1.0
b     2.0
c     6.0
d     7.0
dtype: float64
```

사전형을 사용해서 개발자가 원하는 인덱스를 데이터와 함께 만들어 주는 것도 가능하다.

In [8]:
```
d = { 'name' : '정수현', 'id': 202100101, 'grade': 4.3}
ds = pd.Series(d)
ds
```

```
name           정수현
id         202100101
grade            4.3
dtype: object
```

그리고 아래 예제와 같이 이렇게 만든 인덱스를 사용해 각 아이템을 사용할 수 있다.

In [9]:
```
ds['name']
```

```
'정수현'
```

In [10]:
```
ds['grade']
```

```
4.3
```

물론 이 경우에도 정수 인덱스를 사용할 수 있다.

In [9]:
```
ds[0]
```

```
'정수현'
```

In [10]:
```
ds[2]
```

```
4.3
```

그리고 슬라이싱도 Series에서 사용할 수 있다.

In [11]:
```
ds[:2]
```

```
name          정수현
id       202100101
dtype: object
```

이번에는 DataFrame 객체를 만들어 보자. 보통은 NumPy 배열 또는 파이썬의 사전 타입을 사용해 주로 생성한다. Numpy와는 다르게 서로 다른 자료형의 아이템을 포함할 수 있지만, 같은 크기의 리스트를 가진 딕셔러리로부터 생성하는 경우가 많다. 아래 예제를 통해 살펴보자.

In [12]:
```
data = {
    'name' : ['정수현', '홍길동', '임꺽정'],
    'birth' : ['2020-01-02', '1880-07-21', '1910-11-02'],
    'point' : [100,90,60],
    'rate' : [1.2, 0.8, 0.6]
}
df = pd.DataFrame(data)
type(df)
```

```
pandas.core.frame.DataFrame
```

In [13]:
```
df
```

| | name | birth | point | rate |
|---|---|---|---|---|
| 0 | 정수현 | 2020-01-02 | 100 | 1.2 |
| 1 | 홍길동 | 1880-07-21 | 90 | 0.8 |
| 2 | 임꺽정 | 1910-11-02 | 60 | 0.6 |

dtypes 속성을 사용해 각 열의 데이터 타입을 확인할 수 있다. 아래 예제에서 df의 각 열은 다른 타입의 데이터를 가지고 있는 것을 알 수 있다.

```
In [14]: df.dtypes
```

```
name      object
birth     object
point     int64
rate      float64
dtype: object
```

info() 함수를 사용해 DataFrame에 저장된 데이터의 자세한 정보를 확인할 수 있다. 실제 프로그래밍을 할 경우에도 자주 사용하는 함수이다.

```
In [15]: df.info()
```

```
<class 'pandas.core.frame.DataFrame'>
RangeIndex: 3 entries, 0 to 2
Data columns (total 4 columns):
 #   Column  Non-Null Count  Dtype
---  ------  --------------  -----
 0   name    3 non-null      object
 1   birth   3 non-null      object
 2   point   3 non-null      int64
 3   rate    3 non-null      float64
dtypes: float64(1), int64(1), object(2)
memory usage: 224.0+ bytes
```

shape를 통해 DataFrame에 저장된 데이터의 형태(행과 열의 수)를 확인할 수 있다. 저장된 데이터의 형태를 확인하기 위해서 자주 사용되니 기억해 두면 유용하다.

```
In [16]: df.shape
```

```
(3, 4)
```

## 9.4 데이터 보기(확인)

저장된 데이터의 양이 많을 경우 데이터의 일부분만 확인해야 할 경우도 자주 있다. 이를 위해 데이터의 앞에 일부분이나 끝 쪽 일부분 만을 확인할 수 있는 기능이 있다. head() 함수는 괄호안의 숫자만큼의 데이터를 처음부터 보여준다. 별도의 값을 전달하지 않으면 기본값은 5이다. 즉 처음 5개 행을 보여준다. tail() 함수는 head()와 반대로 괄호안의 숫자만큼의 마지막 행을 보여준다. 역시나 기본값은 5이다. 아래 예제는 앞쪽 2행과 뒤쪽 2행을 확인하는 것을 보여준다.

```
In [17]: df.head(2)
```

|  | name | birth | point | rate |
|---|---|---|---|---|
| 0 | 정수현 | 2020-01-02 | 100 | 1.2 |
| 1 | 홍길동 | 1880-07-21 | 90 | 0.8 |

```
In [18]: df.tail(2)
```

|  | name | birth | point | rate |
|---|---|---|---|---|
| 1 | 홍길동 | 1880-07-21 | 90 | 0.8 |
| 2 | 임꺽정 | 1910-11-02 | 60 | 0.6 |

index 속성을 사용하면 아래와 같이 행의 인덱스 값을 확인할 수 있다. 지금 우리가 테스트 중인 df에는 특별한 행 인덱스값을 설정하지 않았기 때문에 0부터 3까지 값을 가진다. 그리고 columns 속성으로 열 인덱스 값을 확인 할 수 있다.

```
In [19]: df.index

RangeIndex(start=0, stop=3, step=1)

In [20]: df.columns

Index(['name', 'birth', 'point', 'rate'], dtype='object')
```

데이터들의 다양한 통계 정보도 describe() 함수를 사용하면 쉽게 구할 수 있다. 아래와 같은 통계값들을 한 번에 보여준다. 물론 수치형 데이터들에 대해서만 통계값을 계산하며 현재 예제에서는 point와 rate 열이 여기에 해당한다.

- count : 개수
- mean : 평균
- std : 표준편차
- min : 최소값
- 25% : 25% 값
- 50% : 50% 값
- 75% : 75% 값
- max : 최대값

In [21]:
```
df.describe()
```

| | point | rate |
|---|---|---|
| count | 3.000000 | 3.000000 |
| mean | 83.333333 | 0.866667 |
| std | 20.816660 | 0.305505 |
| min | 60.000000 | 0.600000 |
| 25% | 75.000000 | 0.700000 |
| 50% | 90.000000 | 0.800000 |
| 75% | 95.000000 | 1.000000 |
| max | 100.000000 | 1.200000 |

상황에 따라서 행과 열을 서로 바꿔야 하는 경우도 자주 있다. 이는 전치행렬로 쉽게 만들수 있다.

In [22]:
```
df.T
```

| 0 | 1 | 2 |
|---|---|---|

```
name     정수현  홍길동  임꺽정
birth    2020-01-02   1880-07-21   1910-11-02
point    100    90     60
rate     1.2    0.8    0.6
```

이번에는 데이터 정렬에 대해 알아보자. 많은 경우 데이터를 내가 원하는 순서로 정렬해 원하는 정보를 얻는다. 먼저 index를 정렬하는 예제를 살펴보자. 축(axis)에 따라 즉, 행 index와 열 index에 따라 정렬할 수 있고 오름차순, 내림차순을 선택해서 정렬 할 수도 있다. 각 설정은 아래와 같다.

- axis = 0 (index를 정렬, 기본값)
- axis = 1 (열을 정렬)
- ascending = True (오름차순, 기본값)
- ascending = False (내림차순)

현재 우리 예제에서는 행이 오름차순으로 인덱스 값이 설정되어 있는데, 내림차순으로 정렬해보자.

In [23]:
```
df.sort_index(ascending=False)
```

```
  name   birth        point  rate
2 임꺽정  1910-11-02   60     0.6
1 홍길동  1880-07-21   90     0.8
0 정수현  2020-01-02   100    1.2
```

이번에는 열의 인덱스를 내림차순으로 정렬한 결과를 아래 예제로 확인해보자.

In [24]:
```
df.sort_index(axis=1, ascending=False)
```

```
  rate  point  name   birth
0 1.2   100    정수현  2020-01-02
```

```
10.8    90    홍길동  1880-07-21
20.6    60    임꺽정  1910-11-02
```

지금까지는 행과 열의 인덱스 값을 기준으로 정렬하는 방법을 살펴봤다. 이번에는 각 아이템의 값을 기준으로 정렬하는 방법을 알아보자. axis, ascending 등의 속성은 sort_index와 동일하다. by를 사용해 정렬 기준이 될 열이나 행의 index(axis의 값에 따라 달라짐)를 지정한다. 아래 예제는 point열 값을 기준으로 오름차순 정렬한 것이다.

In [25]:
```
df.sort_values(by='point')
```

```
  name   birth        point  rate
2 임꺽정  1910-11-02   60     0.6
1 홍길동  1880-07-21   90     0.8
0 정수현  2020-01-02   100    1.2
```

## 9.5 데이터 선택과 추가

먼저 한 개의 열을 선택하는 방법을 살펴보자. 열 인덱스를 사용해 아래와 같이 원하는 열을 선택할 수 있다. 선택된 열은 Series 형태이고, DataFrame이 가지고 있던 행 인덱스를 그대로 가지고 있다. 여기서 주의할 점은 DataFrame에서 첫 번째 인덱스로 접근하는 값은 열의 데이터이다. 리스트나 Numpy에서는 행의 데이터를 의미했었다. 차이가 있음을 잘 기억해야겠다.

In [26]:
```
df['name']
```

```
0    정수현
1    홍길동
2    임꺽정
```

```
Name: name, dtype: object
```

In [27]:
```
type( df[ 'name' ])
```

```
pandas.core.series.Series
```

파이썬의 리스트 slicing과 유사하게 행을 분할해서 선택하는 것도 가능하다. 위의 예제에서는 열의 인덱스를 사용해 하나의 열을 선택할 수 있었다. 하지만 슬라이싱 형태로 인덱싱하면 해당 행을 선택할 수 있다. 혼돈하지 않도록 조심해야 한다. 기본 정수값 인덱스를 사용해서 부분 선택할 수 있다. 정수 값이 아닌 인덱스를 사용해서 슬라이싱하는 것도 가능하다. 다만 이 경우에는 마지막 인덱스까지 포함한다는 것이 차이점이다.

In [28]:
```
df[1:2]
```

| | name | birth | point | rate |
|---|---|---|---|---|
| 1 | 홍길동 | 1880-07-21 | 90 | 0.8 |

In [29]:
```
df[0:2]
```

| | name | birth | point | rate |
|---|---|---|---|---|
| 0 | 정수현 | 2020-01-02 | 100 | 1.2 |
| 1 | 홍길동 | 1880-07-21 | 90 | 0.8 |

이번에는 새로운 열을 하나 추가해 보자. 아래 예제처럼 아주 간단히 새로운 열의 인덱스를 하나 설정하고, 값을 주면 쉽게 새로운 행을 추가할 수 있다.

In [30]:
```
df[ 'addr' ] = '몰라'
```

In [31]:
```
df
```

| | name | birth | point | rate | addr |
|---|---|---|---|---|---|
| 0 | 정수현 | 2020-01-02 | 100 | 1.2 | 몰라 |
| 1 | 홍길동 | 1880-07-21 | 90 | 0.8 | 몰라 |
| 2 | 임꺽정 | 1910-11-02 | 60 | 0.6 | 몰라 |

위의 예제처럼 하나의 값만 주면 모든 행이 다 같은 값으로 설정된다. 아래 예제에서 행의 개수에 맞춰서 값을 주면 각 행에 순서에 맞춰 주어진 값들이 저장되는 것을 알 수 있다.

In [32]:
```
df[ 'id' ] = [20200101, 19900203, 20010506]
```

In [33]:
```
df
```

|  | name | birth | point | rate | addr | id |
|---|---|---|---|---|---|---|
| 0 | 정수현 | 2020-01-02 | 100 | 1.2 | 몰라 | 20200101 |
| 1 | 홍길동 | 1880-07-21 | 90 | 0.8 | 몰라 | 19900203 |
| 2 | 임꺽정 | 1910-11-02 | 60 | 0.6 | 몰라 | 20010506 |

이번에는 행의 인덱스를 변경해 보자. 현재는 정수값 0, 1, 2를 인덱스로 가지고 있는데 이것을 one, two, three로 설정해 보자.

In [34]:
```
df.index = ['one', 'two', 'three']
```

In [35]:
```
df
```

|  | name | birth | point | rate | addr | id |
|---|---|---|---|---|---|---|
| one | 정수현 | 2020-01-02 | 100 | 1.2 | 몰라 | 20200101 |
| two | 홍길동 | 1880-07-21 | 90 | 0.8 | 몰라 | 19900203 |
| three | 임꺽정 | 1910-11-02 | 60 | 0.6 | 몰라 | 20010506 |

이번에는 특정 열을 인덱스로 지정하는 방법을 살펴보자. 이것도 자주 사용되는 방법이니 잘 기억하기를 바란다. 이번 예제에서는 id 열이 값은 행이 인덱스로 설정해 보겠다.

In [36]:
```
df2 = df.set_index( ['id'] )
df2
```

|  | name | birth | point | rate | addr |
|---|---|---|---|---|---|
| id |  |  |  |  |  |

```
20200101 정수현 2020-01-02    100     1.2     몰라
19900203 홍길동 1880-07-21    90      0.8     몰라
20010506 임꺽정 1910-11-02    60      0.6     몰라
```

특정 행과 열에 있는 값을 선택하는 방법은 2차원 배열에서 사용한 방법과 동일하다. 아래 예제를 통해서 여러방법들을 살펴보자. 먼저 birth열의 two행의 스칼라값을 선택해보자.

```
In [37]: df['birth']['two']
```

```
'1880-07-21'
```

앞에서 설명한 것과 같이 커스텀 인덱스가 있더라도 정수 인덱스를 사용할 수 있다. 그래서 아래 예제처럼 사용하는 것도 가능하다.

```
In [38]: df['birth'][0]
```

```
'2020-01-02'
```

이번에는 DataFrame의 행을 선택하는 방법을 살펴보자. 지금까지 우리가 만든 df는 아래와 같이 데이터를 포함하고 있다.

```
In [39]: df
```

|  | name | birth | point | rate | addr | id |
|---|---|---|---|---|---|---|
| one | 정수현 | 2020-01-02 | 100 | 1.2 | 몰라 | 20200101 |
| two | 홍길동 | 1880-07-21 | 90 | 0.8 | 몰라 | 19900203 |
| three | 임꺽정 | 1910-11-02 | 60 | 0.6 | 몰라 | 20010506 |

이 중에서 three 행을 선택해보자. 행을 선택하기 위해서 loc 속성을 사용한다.

In [40]:
```
df.loc['three']
```

```
name              임꺽정
birth         1910-11-02
point                 60
rate                 0.6
addr                  몰라
id              20010506
Name: three, dtype: object
```

이렇게 선택된 행은 Series 타입인 것을 알 수 있다.

In [41]:
```
type( df.loc['three'])
```

```
pandas.core.series.Series
```

물론 앞에서 설명한 것과 같이 슬라이싱을 사용해서 한번에 여러 행을 선택하는 것도 가능하다. 이번에는 인덱스를 가지고 선택하는 예제를 보겠다. 주의할 점은 이 경우에는 마지막 인덱스도 포함한다는 점이다. 정수 인덱스를 사용할 때와 가장 큰 차이점이다.

In [42]:
```
df['two':'three']
```

| | name | birth | point | rate | addr | id |
|---|---|---|---|---|---|---|
| two | 홍길동 | 1880-07-21 | 90 | 0.8 | 몰라 | 19900203 |
| three | 임꺽정 | 1910-11-02 | 60 | 0.6 | 몰라 | 20010506 |

특정 행과 열을 지정해 스칼라 값을 얻을 수 있다. 아래와 같이 두가지 방법을 사용할 수 있다. 즉, 하나의 [] 사이에 콤마를 사용해 행과 열의 인덱스를 편리하게 지정할 수 있다. 실제로 이 방법을 더 많이 사용한다.

In [43]:
```
df.loc[ 'two' ]['birth']
```

```
'1880-07-21'
```

```
In [44]: df.loc[ 'two', 'birth']
```

```
'1880-07-21'
```

이번에는 loc 속성을 사용해 특정 행들을 선택하는 방법을 알아보자. 아래 예제에서는 먼저 :를 사용해 전체 행을 선택하고, ['birth','rate'] 리스트를 사용해 두 열을 선택하는 방법을 보여준다.

```
In [45]: df.loc[:, ['birth', 'rate']]
```

```
        birth         rate
one     2020-01-02    1.2
two     1880-07-21    0.8
three   1910-11-02    0.6
```

위의 예제와 유사하지만 전체 행이 아닌 특정 행만을 슬라이싱을 통해 선택할 수도 있다.

```
In [46]: df.loc['one':'two', ['birth', 'rate']]
```

```
        birth         rate
one     2020-01-02    1.2
two     1880-07-21    0.8
```

대량의 데이터를 가진 DataFrame에서는 at을 사용해 더 빠르게 스칼라 값을 얻을 수 있다. 물론 at은 이렇게 단일 스칼라 값을 확인할 때만 사용할 수 있다. loc는 앞서 살펴본 다양한 예제와 같이 여러 개의 데이터를 확인할 때도 사용할 수 있다.

```
In [47]: df.at[ 'two', 'birth']
```

```
'1880-07-21'
```

이번에는 정수 인덱스를 사용해 행을 선택하는 방법을 알아보자. 이때는 iloc 속성을 사용해야 한다. 아래 예제에서는 3번째 행 (인덱스 2)을 선택하는 예제를 보여주고 있다.

```
In [48]: df.iloc[2]
```

```
name              임꺽정
birth         1910-11-02
point                 60
rate                 0.6
addr                  몰라
id              20010506
Name: three, dtype: object
```

물론 iloc를 사용해서 슬라이싱이나 열을 선택하는 것도 가능하다.

```
In [49]: df.iloc[1:2, 0:2]
```

| | name | birth |
|---|---|---|
| two | 홍길동 | 1880-07-21 |

또한 특정 행, 특정 열만을 아래와 같이 선택하는 것도 가능하다. 원하는 행과 열을 리스트 형태로 지정해주면 된다.

```
In [50]: df.iloc[[0,1], [1,3,4]]
```

| | birth | rate | addr |
|---|---|---|---|
| one | 2020-01-02 | 1.2 | 몰라 |
| two | 1880-07-21 | 0.8 | 몰라 |

특정 행과 열의 스칼라 값을 가져오는 방법은 이전 방법과 동일하며, 스칼라 값을 빨리 가져올 때는 iat을 사용하면 된다.

```
In [51]: df.iloc[1,1]
```

'1880-07-21'

```
In [52]: df.iat[1,1]
```

'1880-07-21'

이번에는 데이터를 삭제하는 방법을 알아보자. 먼저 특정 열을 삭제할 때는 del 명령어를 사용하면 쉽게 삭제할 수 있다. 이 명령어는 DataFrame에서 해당 열을 바로 삭제한다.

```
In [53]: del df['id']
         df
```

| | name | birth | point | rate | addr |
|---|---|---|---|---|---|
| one | 정수현 | 2020-01-02 | 100 | 1.2 | 몰라 |
| two | 홍길동 | 1880-07-21 | 90 | 0.8 | 몰라 |
| three | 임꺽정 | 1910-11-02 | 60 | 0.6 | 몰라 |

그리고 또 다른 방법은 drop() 메소드를 사용하는 것이다. 이 drop()메소드는 사실 행과 열을 모두 삭제할 수 있다. 열을 삭제하기 위해서는 axis=1 로 지정해주면 된다.

```
In [54]: df.drop( 'addr' , axis=1)
```

| | name | birth | point | rate |
|---|---|---|---|---|
| one | 정수현 | 2020-01-02 | 100 | 1.2 |
| two | 홍길동 | 1880-07-21 | 90 | 0.8 |
| three | 임꺽정 | 1910-11-02 | 60 | 0.6 |

다만, drop() 함수를 사용해 삭제할 경우 해당 DataFrame에는 영향을 주지 않는다. 아래 예제를 보면 위 예제에서 drop()으로 addr 열을 삭제했지만 df에는 반영되지 않은 것을 알 수 있다.

```
In [55]: df
```

| | name | birth | point | rate | addr |
|---|---|---|---|---|---|
| one | 정수현 | 2020-01-02 | 100 | 1.2 | 몰라 |
| two | 홍길동 | 1880-07-21 | 90 | 0.8 | 몰라 |
| three | 임꺽정 | 1910-11-02 | 60 | 0.6 | 몰라 |

만약 df에 바로 적용하려면 inplace=True라고 지정해주면 된다. 아래 예제에서 살펴보자. 이 파라미터는 다른 함수에서도 자주 사용된다.

```
In [56]: df.drop( 'addr' , axis=1, inplace=True)
In [57]: df
```

| | name | birth | point | rate |
|---|---|---|---|---|
| one | 정수현 | 2020-01-02 | 100 | 1.2 |
| two | 홍길동 | 1880-07-21 | 90 | 0.8 |
| three | 임꺽정 | 1910-11-02 | 60 | 0.6 |

그러면 이번에는 행을 삭제해보자. 행을 삭제할 때는 앞서 사용한 drop() 함수를 사용한다. 단, axis=0으로 축만 다르게 지정해주면 된다.

```
In [58]: df.drop( 'two' , axis = 0 )
```

| | name | birth | point | rate |
|---|---|---|---|---|
| one | 정수현 | 2020-01-02 | 100 | 1.2 |
| three | 임꺽정 | 1910-11-02 | 60 | 0.6 |

물론 이 경우도 inplace=True를 지정해줘야 df에서 완전히 삭제된다.

```
In [59]: df.drop( 'two' , axis=0, inplace=True)
In [60]: df
```

| | name | birth | point | rate |
|---|---|---|---|---|

```
one      정수현  2020-01-02   100    1.2
three    임꺽정  1910-11-02   60     0.6
```

그리고 drop() 함수에서 axis=0은 기본값으로 지정되어 있기 때문에 행을 삭제할 때 이것을 생략해도 아무 문제 없이 동일하게 동작한다.

이번에는 새로운 행을 추가하는 방법을 알아보자. 아래 예제와 같이 append()함수를 사용해 새로운 행을 추가할 수 있다.

In [61]:
```
newLine = [
        {'name':'박지원','birth':'2021-01-08',
'point':95,'rate': 0.8},
        {'name':'장영실','birth':'2012-11-23',
'point':78,'rate': 0.3}
  ]
  df.append(newLine, ignore_index=True)
```

| | name | birth | point | rate |
|---|---|---|---|---|
| 0 | 정수현 | 2020-01-02 | 100 | 1.2 |
| 1 | 임꺽정 | 1910-11-02 | 60 | 0.6 |
| 2 | 박지원 | 2021-01-08 | 95 | 0.8 |
| 3 | 장영실 | 2012-11-23 | 78 | 0.3 |

위의 예제에서는 사전형 데이터를 사용해서 새로운 행 두 개를 만들고 이를 리스트 형태로 append() 함수에 전달했다. ignore_index=True는 새로운 행을 추가할 때 기존의 행 인덱스를 무시하겠다는 의미이고 꼭 필요한 옵션이다. 그리고 아래와 같이 그 결과를 다시 df에 저장해야지 새로운 행이 추가된 DataFrame이 df에 저장된다.

In [62]:
```
df = df.append(newLine, ignore_index=True)
```

최근 버전의 pandas에서는 append() 함수가 제외되었다. 대신 다음 절에 나올 concat()함수를 사용해서 동일한 작업을 수행할수 있다.

이번에는 Boolean Indexing에 대해서 알아보도록 하겠다. 이 기능은 매우 유용하며 많은 데이터를 가진 DataFrame에서 원하는 조건에 맞는 데이터들만 선택할 때 자주 사용된다. 즉, 조건식을 사용해 특정 조건을 만족하는 열이나 행만 선택할 수 있다. 아래 예제는 rate가 0.7보다 큰 경우만 선택하는 방법이다.

In [63]:
```
df[ df.rate > 0.7]
```

```
  name   birth        point  rate
0 정수현  2020-01-02   100    1.2
2 박지원  2021-01-08   95     0.8
```

사실 DataFrame은 아래 예제처럼 각 행을 Boolean 값을 사용해 선택할 수 있다.

In [64]:
```
df[ [True, False, True, False]]
```

```
   name   birth        point  rate
0  정수현  2020-01-02   100    1.2
2  박지원  2021-01-08   95     0.8
```

이런 Boolean값들은 DataFrame이나 Series에 비교 연산을 수행해 얻을 수 있다. 아래 예제처럼 연산하면 결과가 Boolean값이 나온다. 그리고 이 결과 값은 Series 타입이다.

In [65]:
```
df.rate > 0.7
```

```
0     True
1    False
2     True
3    False
Name: rate, dtype: bool
```

이번에는 새로운 열을 추가해 데이터를 좀 더 다양하게 만들어보자. 앞에서 배운 것처럼 아래와 같이 성별을 추가했다.

In [66]:
```
df['sex'] = ['female', 'male', 'male', 'female']
df
```

| | name | birth | point | rate | sex |
|---|---|---|---|---|---|
| 0 | 정수현 | 2020-01-02 | 100 | 1.2 | female |
| 1 | 임꺽정 | 1910-11-02 | 60 | 0.6 | male |
| 2 | 박지원 | 2021-01-08 | 95 | 0.8 | male |
| 3 | 장영실 | 2012-11-23 | 78 | 0.3 | female |

isin()을 사용해 특정한 값을 가진 행만 필터링할 수 있다. 즉, 성별이 남자인 경우만 선택할 수도 있다. 아래 예제를 통해 살펴보자. 단, 특정한 값을 여러 개 지정할수도 있기 때문에 항상 리스트형태를 사용한다.

In [67]:
```
df[ df['sex'].isin( [ 'male' ] )]
```

| | name | birth | point | rate | sex |
|---|---|---|---|---|---|
| 1 | 임꺽정 | 1910-11-02 | 60 | 0.6 | male |
| 2 | 박지원 | 2021-01-08 | 95 | 0.8 | male |

새로운 열을 추가하는 방법을 아래와 같이 Series형을 사용해 추가할 수 있다.

In [68]:
```
newSeries = pd.Series(['대구','경산','서울','대전'])
df['born'] = newSeries
df
```

| | name | birth | point | rate | sex | born |
|---|---|---|---|---|---|---|
| 0 | 정수현 | 2020-01-02 | 100 | 1.2 | female | 대구 |
| 1 | 임꺽정 | 1910-11-02 | 60 | 0.6 | male | 경산 |
| 2 | 박지원 | 2021-01-08 | 95 | 0.8 | male | 서울 |
| 3 | 장영실 | 2012-11-23 | 78 | 0.3 | female | 대전 |

## 9.6 데이터 연산

Pandas에서 기본으로 제공하는 다양한 연산 방법에 대해서 살펴보자.

먼저 평균을 구하는 방법부터 살펴보겠다. 각 열의 평균은 아래와 같이 mean() 함수를 사용해 구할 수 있다. 기본적인 동작은 각 열의 평균을 구한다.

In [69]:
```
df.mean()
```

```
point     83.250
rate       0.725
dtype: float64
```

좀 더 복잡합 예제를 위해서 다음과 같이 새로운 DataFrame을 하나 만들어보자.

In [70]:
```
df2 = pd.DataFrame( np.arange(20).reshape(4,5))
df2.columns = ['one', 'two', 'three', 'four', 'five']
df2.index = ['first', 'second', 'third','forth']
df2
```

| | one | two | three | four | five |
|---|---|---|---|---|---|
| first | 0 | 1 | 2 | 3 | 4 |
| second | 5 | 6 | 7 | 8 | 9 |
| third | 10 | 11 | 12 | 13 | 14 |
| forth | 15 | 16 | 17 | 18 | 19 |

새롭게 만든 df2에 평균을 구해보면 아래와 같다.

In [71]:
```
df2.mean()
```

```
one       7.5
two       8.5
three     9.5
```

```
four      10.5
five      11.5
dtype: float64
```

그리고 이번에는 각 열의 평균이 아닌 각 행의 평균을 구해보자. 이 경우에는 mean()함수의 파라미터 값을 1로 설정하면 된다. 이 값은 axis 값을 변경한다. 즉, df.mean(1)은 df.mean(axis=1)과 같다.

```
In [72]: df2.mean(1)
```

```
first      2.0
second     7.0
third     12.0
forth     17.0
dtype: float64
```

다른 차원의 데이터 객체를 연산하고 정렬이 필요한 경우의 예를 보자. 특히 Pandas에서는 지정된 차원에 따라 자동으로 데이터를 확장하는 broadcast 기능이 동작한다.

먼저 스칼라 값인 10을 df2에다 더해보자. + 연산자를 사용하거나 add() 함수를 통해서 이 연산을 수행할 수 있다. 2차원 데이터인 df2와 스칼라 값인 10을 현재 상태로는 사실 더할 수가 없다. 다만, Pandas에서는 이럴 경우 자동으로 스칼라 값 10을 df2와 같은 크기의 2차원 데이터로 변경해서 더한다. 이 과정을 broadcast라고 부른다. 그 결과 아래 예제처럼 모든 아이템 값에 10이 더해진 것을 볼 수 있다.

```
In [73]: df2.add(10)
```

| | one | two | three | four | five |
|---|---|---|---|---|---|
| first | 10 | 11 | 12 | 13 | 14 |
| second | 15 | 16 | 17 | 18 | 19 |
| third | 20 | 21 | 22 | 23 | 24 |

```
forth    25    26    27    28    29
```

이번에는 10, 20, 30, 40 값을 가진 Series를 더해보자. 이때도 broadcasting이 일어나는 것을 알 수 있다. 즉, Series인 s가 브로드캐스팅을 통해 각 열의 개수만큼 확장된다.

In [74]:
```
s = pd.Series( [10,20,30,40], index=['first', 'second', 'third', 'forth'])
s
```

```
first     10
second    20
third     30
forth     40
dtype: int64
```

In [75]:
```
df2.add(s ,axis='index')
```

|  | one | two | three | four | five |
|---|---|---|---|---|---|
| first | 10 | 11 | 12 | 13 | 14 |
| second | 25 | 26 | 27 | 28 | 29 |
| third | 40 | 41 | 42 | 43 | 44 |
| forth | 55 | 56 | 57 | 58 | 59 |

특정 데이터에 함수를 적용하는 것도 가능하다. apply()로 데이터에 다양한 함수를 적용한다. 각 열의 누적 합을 계산하는 NumPy의 cumsum 함수 적용하는 예제는 아래와 같다 각 열의 값이 누적해서 더해진 것을 알 수 있다(즉, 행 방향으로 값이 누적된다). 기본 축 방향이 axis=0으로 설정되어 있기 때문이다.

In [76]:
```
df2.apply( np.cumsum )
```

|  | one | two | three | four | five |
|---|---|---|---|---|---|
| first | 0 | 1 | 2 | 3 | 4 |
| second | 5 | 7 | 9 | 11 | 13 |

```
third   15     18     21     24     27
forth   30     34     38     42     46
```

축의 방향을 axis=1로 변경하면 열 방향의 누적합을 구할 수도 있다.

```
In [77]: df2.apply( np.cumsum, axis=1)
```

|  | one | two | three | four | five |
|---|---|---|---|---|---|
| first | 0 | 1 | 3 | 6 | 10 |
| second | 5 | 11 | 18 | 26 | 35 |
| third | 10 | 21 | 33 | 46 | 60 |
| forth | 15 | 31 | 48 | 66 | 85 |

조금 더 복잡한 연산을 해보자. 파이썬의 람다함수를 적용해 각 열의 최대값과 최소값의 차를 계산해 보자.

```
In [78]: df2.apply( lambda x: x.max() - x.min())
```

```
one      15
two      15
three    15
four     15
five     15
dtype: int64
```

```
In [79]: df2.apply( lambda x: x.max() - x.min() , axis=1)
```

```
first     4
second    4
third     4
forth     4
dtype: int64
```

이상에서 살펴 본것과 같이 다양한 함수들을 적용해 주어진 데이터에서 원하는 값을 찾거나 연산해서 결과를 얻을 수 있는 기능들을 손쉽게 구현할 수 있다.

## 9.7 데이터 병합, 그룹화, 변형

데이터를 다루다 보면 여러 데이터를 병합하거나 변형해야 하는 경우가 종종 있다. 먼저, 가장 간단한 데이터 연결(concatenate)에 대해서 알아보자. 데이터를 3개 부분으로 나눈 다음 다시 합치는 아래 예제를 통해 데이터를 병합하는 방법을 살펴보자.

In [80]:
```
ps = [df2[:2], df2[2:3], df2[3:]]
ps
```

```
[        one  two  three  four  five
 first     0    1      2     3     4
 second    5    6      7     8     9,
         one  two  three  four  five
 third    10   11     12    13    14,
         one  two  three  four  five
 forth    15   16     17    18    19]
```

위의 결과와 같이 기존의 df2를 3개의 DataFrame으로 나누고 ps 리스트에 저장했다. ps 리스트 각 아이템들을 살펴보면 아래와 같이 각각 DataFrame형태를 가진 것을 알 수 있다.

In [81]:
```
ps[0]
```

```
        one    two    three  four   five
```

```
        first   0     1     2      3     4
        second  5     6     7      8     9
```

In [82]:
```
ps[1]
```

|  | one | two | three | four | five |
|---|---|---|---|---|---|
| third | 10 | 11 | 12 | 13 | 14 |

In [83]:
```
ps[2]
```

|  | one | two | three | four | five |
|---|---|---|---|---|---|
| forth | 15 | 16 | 17 | 18 | 19 |

그러면 이렇게 분리된 DataFrame들을 Pandas에서 제공하는 concat()함수로 다양하게 합쳐보자.

먼저 ps[0]과 ps[1]을 합치는 예제이다. 이 예제에서는 슬라이싱을 사용했다.

In [84]:
```
pd.concat( ps[:2])
```

|  | one | two | three | four | five |
|---|---|---|---|---|---|
| first | 0 | 1 | 2 | 3 | 4 |
| second | 5 | 6 | 7 | 8 | 9 |
| third | 10 | 11 | 12 | 13 | 14 |

두 번째는 ps[2]와 ps[0]을 합치는 예제이고 리스트로 만들어서 합친다.

In [85]:
```
pd.concat([ps[2],ps[0]])
```

|  | one | two | three | four | five |
|---|---|---|---|---|---|
| forth | 15 | 16 | 17 | 18 | 19 |
| first | 0 | 1 | 2 | 3 | 4 |
| second | 5 | 6 | 7 | 8 | 9 |

마지막으로 전체 ps를 다 합칠 경우는 아래와 같이 리스트를 그대로 넘겨주면 된다.

In [86]:
```
pd.concat(ps)
```

| | one | two | three | four | five |
|---|---|---|---|---|---|
| first | 0 | 1 | 2 | 3 | 4 |
| second | 5 | 6 | 7 | 8 | 9 |
| third | 10 | 11 | 12 | 13 | 14 |
| forth | 15 | 16 | 17 | 18 | 19 |

이번에는 데이터를 병합(merge)하는 방법을 알아보자. SQL의 join과 같은 방식으로 데이터를 merge()로 결합한다. 테스트를 위해서 아래와 같이 DataFrame df3, df4를 만들어서 사용하겠다.

In [87]:
```
df3 = pd.DataFrame( {'key' : ['b', 'b', 'a', 'c', 'a',
'a', 'b'],
                    'data1' : range(7)
                   })
df3
```

| | key | data1 |
|---|---|---|
| 0 | b | 0 |
| 1 | b | 1 |
| 2 | a | 2 |
| 3 | c | 3 |
| 4 | a | 4 |
| 5 | a | 5 |
| 6 | b | 6 |

In [88]:
```
df4 = pd.DataFrame( {'key' : ['a','b','d', 'b'],
                    'data2' : range(4)})
df4
```

| | key | data2 |
|---|---|---|
| 0 | a | 0 |
| 1 | b | 1 |
| 2 | d | 2 |
| 3 | b | 3 |

merge() 함수를 사용해 이 두 DataFrame을 병합해보자. 아래 예제와 같이 concat()을 사용한 경우와 다르게 단순히 두 개의 DataFrame을 연결해 주는 것이 아니라 df3와 df4에 공통으로 존재하는 key열의 값을 기준으로 가능한 모든 조합을 만들 것을 알 수 있다.

```
In [89]: pd.merge(df3, df4)
```

| | key | data1 | data2 |
|---|---|---|---|
| 0 | b | 0 | 1 |
| 1 | b | 0 | 3 |
| 2 | b | 1 | 1 |
| 3 | b | 1 | 3 |
| 4 | b | 6 | 1 |
| 5 | b | 6 | 3 |
| 6 | a | 2 | 0 |
| 7 | a | 4 | 0 |
| 8 | a | 5 | 0 |

물론 아래와 같이 on을 사용해서 특정 열을 지정해서 병합하는 것도 가능하다. 현재 예제에서는 위의 예제와 동일한 결과가 나올 것이다.

```
In [90]: pd.merge(df3, df4, on='key')
```

| | key | data1 | data2 |
|---|---|---|---|
| 0 | b | 0 | 1 |
| 1 | b | 0 | 3 |
| 2 | b | 1 | 1 |
| 3 | b | 1 | 3 |
| 4 | b | 6 | 1 |
| 5 | b | 6 | 3 |
| 6 | a | 2 | 0 |
| 7 | a | 4 | 0 |
| 8 | a | 5 | 0 |

만약에 공통된 열이 없을 경우는 어떻게 되는지 알아보고 이 경우 해결하는 방법도 배워보자. 먼저 테스트를 위해 df3과 df4를 아래와 같이 생성한다.

In [91]:
```
df3= pd.DataFrame( {'key1' :
['b','b','a','c','a','a','b'],
                          'data1' : range(7)
                         })
df3
```

| | key1 | data1 |
|---|---|---|
| 0 | b | 0 |
| 1 | b | 1 |
| 2 | a | 2 |
| 3 | c | 3 |
| 4 | a | 4 |
| 5 | a | 5 |
| 6 | b | 6 |

In [92]:
```
df4= pd.DataFrame( {'key2' : ['a','b','d', 'b'],
                         'data2' : range(4)})
df4
```

| | key2 | data2 |
|---|---|---|
| 0 | a | 0 |
| 1 | b | 1 |
| 2 | d | 2 |
| 3 | b | 3 |

위 예제에서 볼 수 있듯이 df3와 df4에는 공통된 열이 없다. 이 경우 아래와 같이 merge를 시도하면 에러가 발생한다.

In [93]:
```
pd.merge(df3, df4)
```

```
----------------------------------------------------------------------
----------
MergeError                                          Traceback (most
```

```
recent call last)
   ...
   ...
   MergeError: No common columns to perform merge on. Merge
options: left_on=None, right_on=None, left_index=False,
right_index=False
```

이 경우에는 각각의 DataFrame에서 기준으로 사용할 열을 left_on, right_on을 사용해서 지정해주면 병합이 가능하다.

```
In [94]: pd.merge(df3, df4, left_on = 'key1', right_on='key2')
```

| | key1 | data1 | key2 | data2 |
|---|---|---|---|---|
| 0 | b | 0 | b | 1 |
| 1 | b | 0 | b | 3 |
| 2 | b | 1 | b | 1 |
| 3 | b | 1 | b | 3 |
| 4 | b | 6 | b | 1 |
| 5 | b | 6 | b | 3 |
| 6 | a | 2 | a | 0 |
| 7 | a | 4 | a | 0 |
| 8 | a | 5 | a | 0 |

마지막으로 병합하는 방법을 how를 사용해 지정해보자. 지금까지는 특별히 how를 지정하지 않아 기본값은 inner가 설정되어 양쪽에 모두 기준값이 존재하는 경우에만 병합을 시도했다. 하지만 다음 예와 같이 left, right, outer등을 사용해서 다양하게 병합할 수 있다. 이 경우 해당하는 값이 없을 수도 있는데 그 값은 NaN으로 처리된다. df4에는 c가 없어 위의 예제에서는 병합에서 제외되었지만, 아래 예제에서는 left를 기준으로 해서 포함된 것을 알 수 있다.

```
In [95]: pd.merge(df3, df4, left_on = 'key1', right_on='key2',
         how='left')
```

|  | key1 | data1 | key2 | data2 |
|---|---|---|---|---|
| 0 | b | 0 | b | 1.0 |
| 1 | b | 0 | b | 3.0 |
| 2 | b | 1 | b | 1.0 |
| 3 | b | 1 | b | 3.0 |
| 4 | a | 2 | a | 0.0 |
| 5 | c | 3 | NaN | NaN |
| 6 | a | 4 | a | 0.0 |
| 7 | a | 5 | a | 0.0 |
| 8 | b | 6 | b | 1.0 |
| 9 | b | 6 | b | 3.0 |

right로 how를 지정할 경우에도 df3에 없는 d 값이 df4에는 있기 때문에 NaN값으로 병합되는 것을 알 수 있다.

```
In [96]: pd.merge(df3, df4, left_on = 'key1', right_on='key2',
         how='right')
```

|  | key1 | data1 | key2 | data2 |
|---|---|---|---|---|
| 0 | a | 2.0 | a | 0 |
| 1 | a | 4.0 | a | 0 |
| 2 | a | 5.0 | a | 0 |
| 3 | b | 0.0 | b | 1 |
| 4 | b | 1.0 | b | 1 |
| 5 | b | 6.0 | b | 1 |
| 6 | NaN | NaN | d | 2 |
| 7 | b | 0.0 | b | 3 |
| 8 | b | 1.0 | b | 3 |
| 9 | b | 6.0 | b | 3 |

다음은 how='outer'로 설정한 결과이다.

In [97]:
```
pd.merge(df3, df4, left_on = 'key1', right_on='key2',
how='outer')
```

|  | key1 | data1 | key2 | data2 |
|---|---|---|---|---|
| 0 | b | 0.0 | b | 1.0 |
| 1 | b | 0.0 | b | 3.0 |
| 2 | b | 1.0 | b | 1.0 |
| 3 | b | 1.0 | b | 3.0 |
| 4 | b | 6.0 | b | 1.0 |
| 5 | b | 6.0 | b | 3.0 |
| 6 | a | 2.0 | a | 0.0 |
| 7 | a | 4.0 | a | 0.0 |
| 8 | a | 5.0 | a | 0.0 |
| 9 | c | 3.0 | NaN | NaN |
| 10 | NaN | NaN | d | 2.0 |

이번에는 DataFrame안에 중복된 데이터를 삭제하는 방법을 살펴보겠다. 테스트를 위해 아래와 같은 DataFrame을 하나 먼저 만든다.

In [98]:
```
df5 = pd.DataFrame( {'k1': ['one']*3 + ['two']*4,
                     'k2' : [1,1,2,3,3,4,4]
})
df5
```

|  | k1 | k2 |
|---|---|---|
| 0 | one | 1 |
| 1 | one | 1 |
| 2 | one | 2 |
| 3 | two | 3 |
| 4 | two | 3 |
| 5 | two | 4 |
| 6 | two | 4 |

duplicated() 함수를 사용하면 DataFrame의 각 행이 중복되었는지 아닌지를

Boolean값으로 알려준다. 아래 예제를 통해 확인해보자. 여기서 True는 중복되었음을 의미하고 False는 중복되지 않았다는 것을 의미한다.

In [99]:
```
df5.duplicated()
```

```
0    False
1     True
2    False
3    False
4     True
5    False
6     True
dtype: bool
```

이 결과값을 앞서 배운 Boolean indexing에 적용하면 중복되지 않은 값들만 선택이 가능하다. 이를 위해서 먼저 중복되지 않은 것이 True가 되도록 해야한다. ~ 연산자를 사용하면 가능하다.

In [100]:
```
~df5.duplicated()
```

```
0     True
1    False
2     True
3     True
4    False
5     True
6    False
dtype: bool
```

그러면 이번에는 중복되지 않는 행들만 선택하는 예제를 살펴보자. Boolean indexing으로 간단하게 해결할 수 있다.

In [101]:
```
df5[ ~df5.duplicated() ]
```

|   | k1 | k2 |
|---|---|---|
| 0 | one | 1 |
| 2 | one | 2 |
| 3 | two | 3 |
| 5 | two | 4 |

또, 중복된 행들을 삭제하는 함수인 drop_duplicates()도 사용 가능하다.

In [102]:
```
df5.drop_duplicates()
```

|   | k1 | k2 |
|---|---|---|
| 0 | one | 1 |
| 2 | one | 2 |
| 3 | two | 3 |
| 5 | two | 4 |

## 9.8 시계열(Time Series) 데이터

우리가 다루는 데이터중에 많은 것은 시계열 데이터에 속한다. 시계열 데이터란 시간의 흐름에 따라 모인 데이터를 의미한다.

간단한 예제를 통해 Pandas에서 시계열 데이트를 다루는 방법을 살펴보자.

아래는 2021년 7월 14일 0시부터 1초 단위로 20개의 날짜 형태의 인덱스를 생성하는 예제이다.

In [103]:
```
rng = pd.date_range('2021-07-14 16:30', periods=20,
freq='S')
```

```
DatetimeIndex(['2021-07-14 16:30:00', '2021-07-14
16:30:01',
```

```
 '2021-07-14 16:30:02', '2021-07-14 16:30:03',
 '2021-07-14 16:30:04', '2021-07-14 16:30:05',
 '2021-07-14 16:30:06', '2021-07-14 16:30:07'
 '2021-07-14 16:30:08', '2021-07-14 16:30:09',
 '2021-07-14 16:30:10', '2021-07-14 16:30:11',
 '2021-07-14 16:30:12', '2021-07-14 16:30:13',
 '2021-07-14 16:30:14', '2021-07-14 16:30:15',
 '2021-07-14 16:30:16', '2021-07-14 16:30:17',
 '2021-07-14 16:30:18', '2021-07-14 16:30:19'],
dtype='datetime64[ns]', freq='S')
```

이렇게 생성된 rng를 인덱스로 하고 0부터 50까지의 난수를 값으로 하는 Series를 하나 생성하자.

In [104]:
```
ts = pd.Series(np.random.randint(0, 50, len(rng)),
index=rng)
ts
```

```
2021-07-14 16:30:00    25
2021-07-14 16:30:01    19
2021-07-14 16:30:02    46
2021-07-14 16:30:03    40
2021-07-14 16:30:04    37
2021-07-14 16:30:05    11
2021-07-14 16:30:06    31
2021-07-14 16:30:07    49
2021-07-14 16:30:08     1
2021-07-14 16:30:09    18
2021-07-14 16:30:10    37
2021-07-14 16:30:11    41
2021-07-14 16:30:12    15
2021-07-14 16:30:13    30
2021-07-14 16:30:14     2
2021-07-14 16:30:15    17
2021-07-14 16:30:16    21
```

```
2021-07-14 16:30:17    28
2021-07-14 16:30:18     8
2021-07-14 16:30:19    45
Freq: S, dtype: int64
```

아래는 이 ts를 5초간의 데이터의 합으로 재샘플링(resampling)하는 예제이다. 결과에서 볼 수 있듯이 시계열형태로 인덱스를 만들 때 손쉽게 원하는 시간 간격으로 데이터를 재샘플링할 수 있어 편리하다.

In [105]:
```
ts.resample('5S').sum()
```

```
2021-07-14 16:30:00    167
2021-07-14 16:30:05    110
2021-07-14 16:30:10    125
2021-07-14 16:30:15    119
Freq: 5S, dtype: int64
```

이번에는 10초간 데이터들의 평균값으로 다시 샘플링하는 예제도 살펴보자.

In [106]:
```
ts.resample('10S').mean()
```

```
2021-07-14 16:30:00    27.7
2021-07-14 16:30:10    24.4
Freq: 10S, dtype: float64
```

시계열 데이터에서 많이 사용하는 Freq 값들(Time Series Frequencies)을 표 9.1에 정리했다.

표 9.1 대표적인 시계열 Freq 값

| Alias | Description | Alias | Description |
|---|---|---|---|
| B | business day frequency | QS | quarter start frequency |
| C | custom business day frequency | BQS | business quarter start frequency |

| D | calendar day frequency | A, Y | year end frequency |
|---|---|---|---|
| W | weekly frequency | BA, BY | business year end frequency |
| M | month end frequency | AS, YS | year start frequency |
| SM | semi-month end frequency (15th and end of month) | BAS, BYS | business year start frequency |
| BM | business month end frequency | BH | business hour frequency |
| CBM | custom business month end frequency | H | hourly frequency |
| MS | month start frequency | T, min | minutely frequency |
| SMS | semi-month start frequency (1st and 15th) | S | secondly frequency |
| BMS | business month start frequency | L, ms | milliseconds |
| CBMS | custom business month start frequency | U, us | microseconds |
| Q | quarter end frequency | N | nanoseconds |
| BQ | business quarter end frequency | | |

시계열 타입을 사용할 경우 세계 시간대 변경(Time Zone)도 가능한데, tz_localize() 를 사용해 세계 시간으로 변경을 손쉽게 할 수 있다.

먼저 우리가 만든 ts에 timezone을 한국시간대(Asia/Seoul)로 설정해 보자. 시간대에 +09:00 이라는 값이 붙어있는 것을 알 수 있다. 이 값은 기준 시간대보다 9시간 빠르다는 것을 의미한다.

In [107]:
```
ts_Seoul = ts.tz_localize('Asia/Seoul')
ts_Seoul
```

```
2021-07-14 16:30:00+09:00    25
2021-07-14 16:30:01+09:00    19
2021-07-14 16:30:02+09:00    46
2021-07-14 16:30:03+09:00    40
2021-07-14 16:30:04+09:00    37
2021-07-14 16:30:05+09:00    11
2021-07-14 16:30:06+09:00    31
2021-07-14 16:30:07+09:00    49
2021-07-14 16:30:08+09:00     1
2021-07-14 16:30:09+09:00    18
```

```
2021-07-14 16:30:10+09:00    37
2021-07-14 16:30:11+09:00    41
2021-07-14 16:30:12+09:00    15
2021-07-14 16:30:13+09:00    30
2021-07-14 16:30:14+09:00     2
2021-07-14 16:30:15+09:00    17
2021-07-14 16:30:16+09:00    21
2021-07-14 16:30:17+09:00    28
2021-07-14 16:30:18+09:00     8
2021-07-14 16:30:19+09:00    45
dtype: int64
```

이렇게 시간대를 설정하면 원하는 시간대로 변경하는 것도 가능하다. 호주시간대로 변경해보자. 호주는 우리보다 1시간 더 빠르기 때문에 +10:00으로 변경된 것을 알 수 있다.

```
In [108]: ts_Seoul.tz_convert('Australia/Sydney')
```

```
2021-07-14 17:30:00+10:00    25
2021-07-14 17:30:01+10:00    19
2021-07-14 17:30:02+10:00    46
2021-07-14 17:30:03+10:00    40
2021-07-14 17:30:04+10:00    37
2021-07-14 17:30:05+10:00    11
2021-07-14 17:30:06+10:00    31
2021-07-14 17:30:07+10:00    49
2021-07-14 17:30:08+10:00     1
2021-07-14 17:30:09+10:00    18
2021-07-14 17:30:10+10:00    37
2021-07-14 17:30:11+10:00    41
2021-07-14 17:30:12+10:00    15
2021-07-14 17:30:13+10:00    30
2021-07-14 17:30:14+10:00     2
2021-07-14 17:30:15+10:00    17
```

```
2021-07-14 17:30:16+10:00    21
2021-07-14 17:30:17+10:00    28
2021-07-14 17:30:18+10:00     8
2021-07-14 17:30:19+10:00    45
dtype: int64
```

이번에는 문자열을 날짜형태로 변경하는 방법에 대해서 알아보겠다. 아래와 같이 문자열로 날짜를 만들어 리스트로 저장하자.

In [109]:
```
dd = ['07/07/2015', '08/12/2019', '12/04/2021']
dd
```

```
['07/07/2015', '08/12/2019', '12/04/2021']
```

이렇게 문자열 타입으로 저장된 것을 날짜 타입으로 변경할 수 있는데 여기서 주의할 점이 있다. 미국과 유럽의 날짜표기법이 다르다는 것이다. 미국은 월/일/년 순서이고, 유럽은 일/월/년 순이다. to_datetime() 함수를 사용해 문자열을 날짜로 변경해보자.

In [110]:
```
pd.to_datetime(dd)
```

```
DatetimeIndex(['2015-07-07', '2019-08-12', '2021-12-
04'], dtype='datetime64[ns]', freq=None)
```

기본적으로 to_datetime()함수는 문자열을 미국식 순서로 인식해서 날짜타입로 변경한다는 것을 알 수 있다.

만약에 유럽식으로 인식하고자 한다면 dayfirst=True라고 지정해주면 된다. 아래 예제로 결과를 살펴보자. 위의 예제와 결과가 다른 것을 알 수 있다.

In [111]:
```
pd.to_datetime(dd, dayfirst=True)
```

```
DatetimeIndex(['2015-07-07', '2019-12-08', '2021-04-
12'], dtype='datetime64[ns]', freq=None)
```

## 9.9 파일 입출력

이번에는 DataFrame을 파일에서 읽어와서 만드는 방법과 파일로 저장하는 방법을 알아보자. 빅데이터 분석이나 기계학습 등에서 자주 활용되는 방법이기 때문에 기억해두면 편리하다.

먼저 아래와 같은 텍스트 파일을 하나 만들고 ex1.csv라는 파일로 저장하자.

```
a,b,c,d,message
1,2,3,4,hello
5,6,7,8,world
9,10,11,12,foo
```

이렇게 만들어진 ex1.csv파일을 읽어 DataFrame을 만들어보자. read_csv()함수를 사용해서 읽어올 수 있고, csv 형식이외에도 다양한 타입을 Pandas에서는 지원하고 있다. 본 교재에서는 csv파일을 위주로 다룬다.

In [112]:
```
df = pd.read_csv('ex1.csv')
df
```

| | a | b | c | d | message |
|---|---|---|---|---|---|
| 0 | 1 | 2 | 3 | 4 | hello |
| 1 | 5 | 6 | 7 | 8 | world |
| 2 | 9 | 10 | 11 | 12 | foo |

이미 만들어져있는 DataFrame을 파일로 저장할 때는 to_csv() 함수를 사용하면

된다.

아래 예제에서는 위에서 만든 df를 new_ex1.csv로 저장하는 것을 보여주고 있다.

```
In [113]:  pd.to_csv('new_ex1.csv', df)
```

## 9.10 데이터 시각화

데이터 분석을 위해서는 각종 수치형 데이터를 그래프로 시각화해 정보를 요약하고 그 데이터들이 갖는 의미를 찾는 경우가 많다. 그래서 이번에는 데이터를 시각화하는 다양한 방법들을 살펴보자.

파이썬에서 시각화를 위해 사용되는 대표적인 라이브러리는 matplotlib이다. 이 라이브러리는 아래와 같은 특징을 가지고 있다.

- 다양한 그래프(막대 그래프, 꺾은 선 그래프 등)를 그릴 수 있게 지원한다.
- 시각화를 위해서 가장 많이 사용되는 라이브러리이다.
- 상용 소프트웨어인 MATLAB의 시각화 기능처럼 동작하도록 설계되어 기존 MATLAB을 사용한 경험이 있는 개발자들이 쉽게 이용할 수 있다.

본 교재는 matplotlib.org 사이트의 pyplot tutorial에 소개된 예제들을 기반으로 작성되었다.

만약 matplotlib이 설치되어 있지않다면, 아래와 같이 설치할 수 있다.

```
conda install matplotlib
```

pyplot을 사용하기 위해서는 아래 예제와 같이 matplotlib.pyplot을 import해야 한다. 보통 plt로 줄여서 사용하는 것이 일반적이다. 간단한 예제를 통해서 직선 그래프를 그려보자. 아래 예제에서는 [1, 2, 3, 4] 값을 그래프로 그려준다.

In [1]:
```
import matplotlib.pyplot as plt
plt.plot([1, 2, 3, 4])
plt.ylabel('some numbers')
plt.show()
```

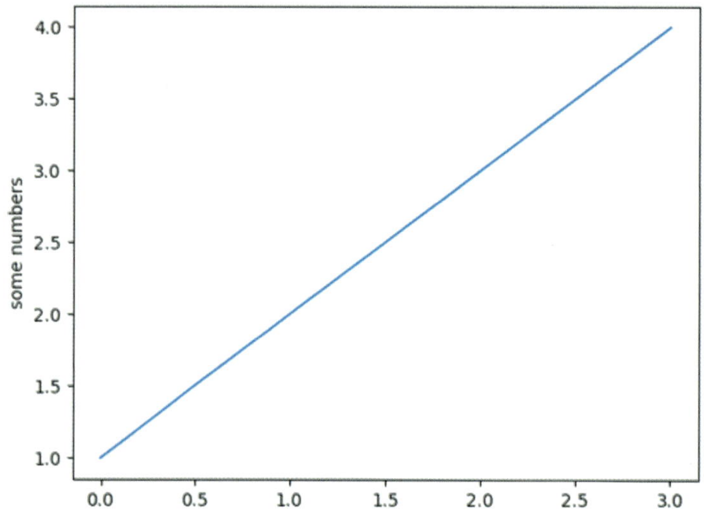


그래프를 그릴 때 가장 많이 사용하는 것이 plot() 함수이다. plot() 함수는 주어진 데이터로 실제 그래프를 그리는 함수이고, 특별한 설정이 없다면 꺾은 선 그래프를 그린다. 또한, 위의 예제처럼 하나의 리스트로 그래프의 데이터값을 줄 때는 y축 값으로 간주하고, 이때 x 값은 자동으로 0부터 생성된다. 즉, (0,1), (1,2), (2,3), (3,4) 이렇게 4개의 x,y쌍에 대한 그래프를 그리게 된다.

ylabel()함수는 y 축의 label을 설정하고, show() 함수는 그래프를 화면에 출력하라는 명령이다.

이번에는 x, y 축 값을 모두 가지는 그래프를 그려보자. 아래는 x, y축 값을 가진 그래프 예제이다. plot()에 두 개의 리스트를 사용해서 데이터를 전달했다. 첫 번째 리스트가 x축의 값, 두 번째 리스트가 y축의 값이 된다.

In [2]:
```
plt.plot([1, 3, 6, 8], [5, 1, 12, 18])
plt.ylabel('Count')
plt.xlabel('Time')
plt.title('Graph 1')
plt.show()
```

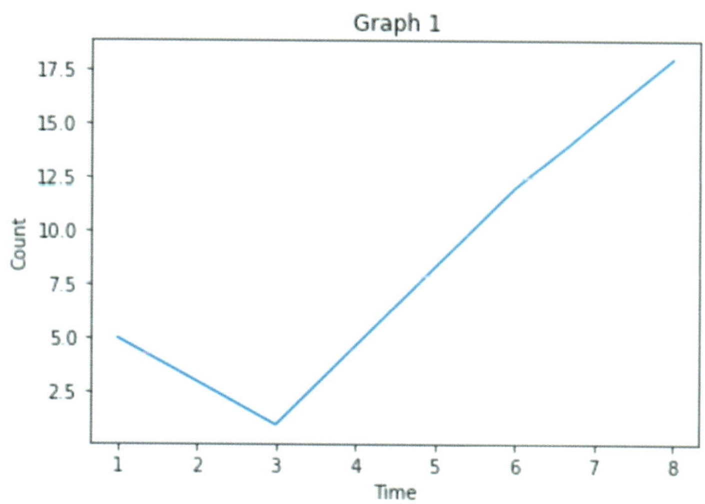


ylabel()함수와 유사하게 xlabel()함수는 x축의 label을 설정한다. 위의 예제에서는 아래 그래프처럼 x축의 label은 'Time'으로 y축의 label은 'Count'로 설정했다. 그리고 title() 함수를 사용해 그래프의 이름을 지정할 수 있는데 아래 예제에서는 'Graph 1'으로 설정했다.

그런데 아래 예제와 같이 한글로 title이나 축의 label을 지정하면 경고 메시지와 함께 그래프에는 작은 사각형으로 글자가 표시되는 것을 알 수 있다. 이 문제는 한글 폰트가 지정되지 않아서 발생하는 문제이다.

In [3]:
```
plt.plot([1,2,3,4], [10,40,18,60])
```

```
plt.ylabel('성적')
plt.xlabel('공부시간')
plt.show()
```

```
C:\Users\IT\Anaconda3\lib\site-packages\matplotlib\
backends\backend_agg.py:211: RuntimeWarning: Glyph 44277
missing from current font.
  font.set_text(s, 0.0, flags=flags)
C:\Users\IT\Anaconda3\lib\site-packages\matplotlib\
backends\backend_agg.py:211: RuntimeWarning: Glyph 48512
missing from current font.
  font.set_text(s, 0.0, flags=flags)
....
```

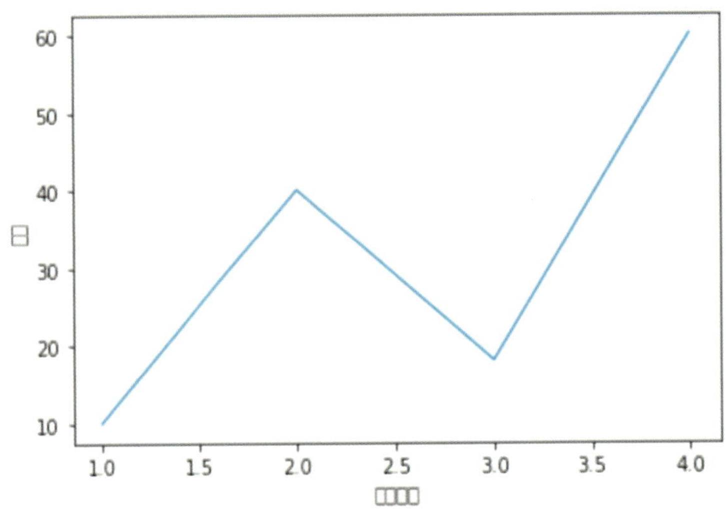


한글 폰트를 설정하는 방법은 다양하지만 우리는 아래와 같이 설정해보자. rcParams['font.family']에는 폰트이름을 지정해주고, rcParams['font.size']에는 폰트 크기를 지정할 수 있다. 아래 예제에서는 New Gulim 폰트를 사용하고 사이즈는 14로 설정했다.

In [4]:
```
plt.rcParams['font.family'] = 'New Gulim'
plt.rcParams['font.size'] = 14
```

다시 한번 아래 예제를 테스트해보자. 이번에는 한글이 정상적으로 잘 나오는 것을 볼 수 있다. 그리고 참고로 이렇게 한글 폰트를 설정한 경우 - 부호가 제대로 나오지 않는 경우가 있다. 이 경우에는 rcParams['axes.unicode_minus'] = False라고 설정해주면 해결할 수 있다.

In [5]:
```
plt.plot([1,2,3,4], [10,40,18,60])
plt.ylabel('성적')
plt.xlabel('공부시간')
plt.show()
```

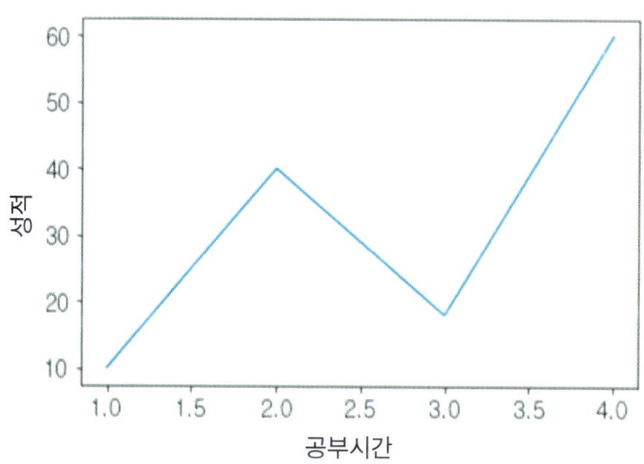


## 9.11 스타일 정하기

그래프의 점과 선의 모양이나 색깔 등과 같은 스타일을 원하는 형태로 변경할 수 있다. 그래프를 그릴 때 x축 값과 y축 값을 인자로 전달하는데 세 번째 인자로 포맷 스트링(format string)을 줄 수 있다. 포맷 스트링은 선의 색깔, 선 종류, 마크 색깔등을 설정할 수 있고, 이 설정 값은 MATLAB의 포맷 스트링과 동일하게 적용된다. 구조는 색깔을 나타내는 문자와 선 종류를 나타내는 문자가 붙여진 형태이다. 기본 포맷 스트링은 'b-' 으로 b는'파랑색', -는'실선'을 의미한다. 아래 예제는 포맷 스트링을 'ro'로 설정한 예제이다. ('빨간색', '둥근점')

In [6]:
```
plt.plot([1, 3, 6, 8], [5, 1, 12, 18], 'ro')
plt.axis([0,10, 0, 20])
plt.show()
```

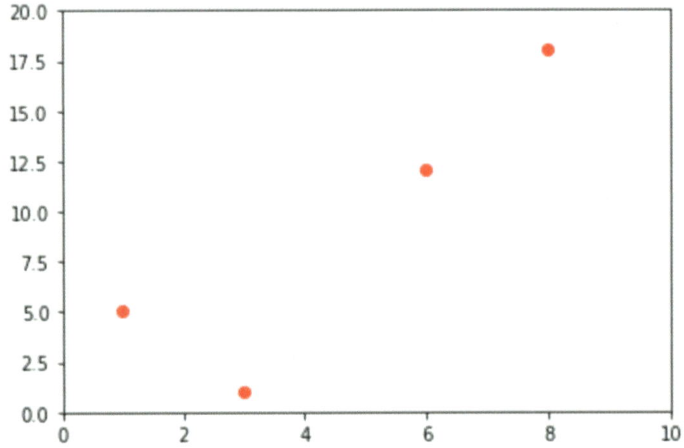


위의 예제에서 axis()함수는 [xmin, xmax, ymin, ymax] 형태로 x축과 y축의 범위의 최솟값과 최댓값을 설정한다. 지정하지 않은 경우는 자동으로 x축과 y축의 범위가 지정되는데 사용자가 원할 경우 이 함수를 사용해 각 축의 범위를 지정할 수 있다.

이번에는 스타일에 사용되는 문자들을 살펴보자. 색상과 관련된 문자들은 표 9.2과 같다.

표 9.2 색상을 나타내는 문자

| character | color |
|---|---|
| 'b' | blue |
| 'g' | green |
| 'r' | red |
| 'c' | cyan |
| 'm' | magenta |
| 'y' | yellow |
| 'k' | black |
| 'w' | white |

그리고 마커(점) 스타일과 관련된 문자는 표9.3와 같다.

표 9.3 마커 스타일과 관련된 문자

| character | Marker Style | character | Marker Style |
|---|---|---|---|
| '.' | point marker | 's' | square marker |
| ',' | pixel marker | 'p' | pentagon marker |
| 'o' | circle marker | '*' | star marker |
| 'v' | triangle_downmarker | 'h' | hexagon1 marker |
| '^' | triangle_upmarker | 'H' | hexagon2 marker |
| '<' | triangle_leftmarker | '+' | plus marker |
| '>' | triangle_rightmarker | 'x' | x marker |
| '1' | tri_downmarker | 'D' | diamond marker |
| '2' | tri_upmarker | 'd' | thin_diamondmarker |
| '3' | tri_leftmarker | '\|' | vlinemarker |
| '4' | tri_rightmarker | '_' | hlinemarker |

그리고 선의 종류는 표 9.4의 문자들로 설정할 수 있다.

표 9.4 선의 종류를 나타내는 문자

| character | Line Style |
|---|---|
| '-' | solid line style |
| '--' | dashed line style |
| '-.' | dash-dot line style |
| ':' | dotted line style |

위에서 소개한 문자들의 조합으로 다양한 스타일의 그래프를 그리는 것이 가능하다.

## 9.12 다양한 그래프 그리기

본격적으로 그래프 그리는 예제를 살펴보자. 많은 경우 그래프를 그릴 데이터는 NumPy 배열로 주어진다. 단순한 리스트 형뿐만 아니라 NumPy 배열에서도 바로 그래프를 그릴 수 있다. 아래 예제를 통해 살펴보자.

In [7]:
```
import numpy as np
x = np.arange(0,10)
y = np.arange(0,100,10)
plt.plot(x, y)
plt.title('두번째 예제 그래프')
plt.xticks( np.arange(0,10,0.5) )
plt.grid()
plt.show()
```

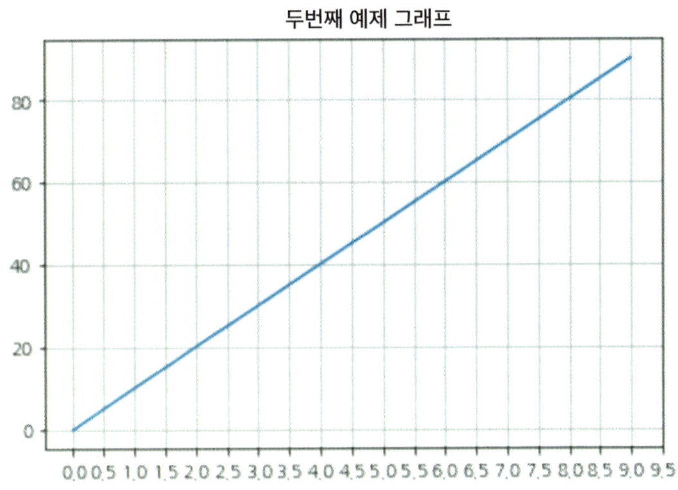

xticks()함수는 x축 틱을 설정할 수 있다. 위의 예제에서는 0부터 10까지 0.5 간격으로 표시하도록 하였다. 물론 yticks() 함수를 사용하면 y축 틱값도 설정이 가능하고, grid() 함수를 사용하면 격자 모양을 그래프에 표시해준다.

이 그래프에 스타일을 적용해서 그려보자. 선의 종류는 대쉬(--)로 하고 색깔은 빨간색, 두께는 3으로 지정하고, 마커의 모양은 삼각형, 크기는 10, 색깔은 녹색, 테두리 색깔은 파란색으로 설정하는 예제이다.

In [8]:
```
plt.plot(x, y, color='red', linestyle='--', linewidth=3,
marker='^', markersize=10, markeredgecolor='blue',
mfc='green')
plt.title('두번째 예제 그래프')
plt.xticks( np.arange(0,10,1) )
plt.yticks( [0, 10, 20, 30, 40,70, 90] )
plt.grid()
plt.show()
```

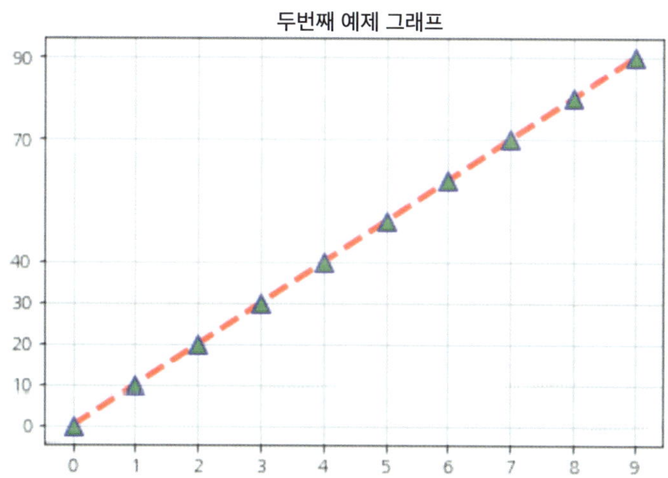


그리고 아래 예제처럼 한번에 여러 그래프를 그리는 것도 가능하다. 특별하게 스타일을 정해주지 않으면 자동으로 색깔이 구별되어 그래프가 그려지는 것을 알 수 있다.

```
In [9]:  plt.plot(x,y)
         plt.plot(x, x**3)
         plt.plot(x, y**(1.2))
         plt.show()
```

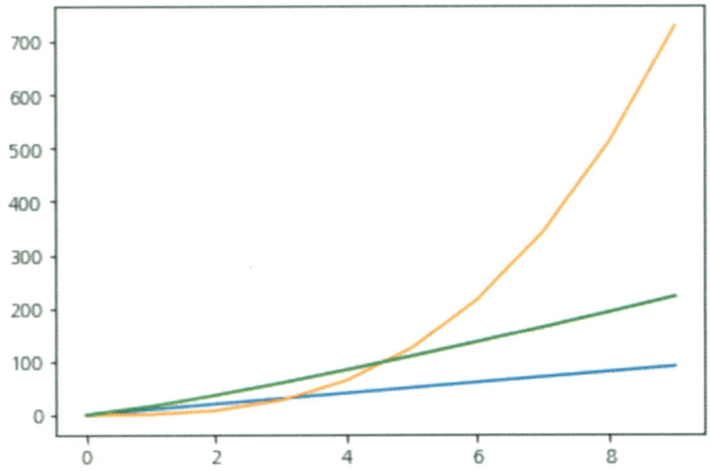


이번에는 각 그래프에 설명(legend)를 추가하는 예제를 살펴보자. 각 그래프를 그릴 때 label 값을 설정해주고, legend() 함수를 사용하면 된다.

```
In [10]:  plt.plot(x,y, 'g-.h', label='바람')
          plt.plot(x, x**3, 'k:D', label='기온')
          plt.plot(x, y**(1.2), 'r--<', label='강수량')
          plt.legend()
          plt.show()
```

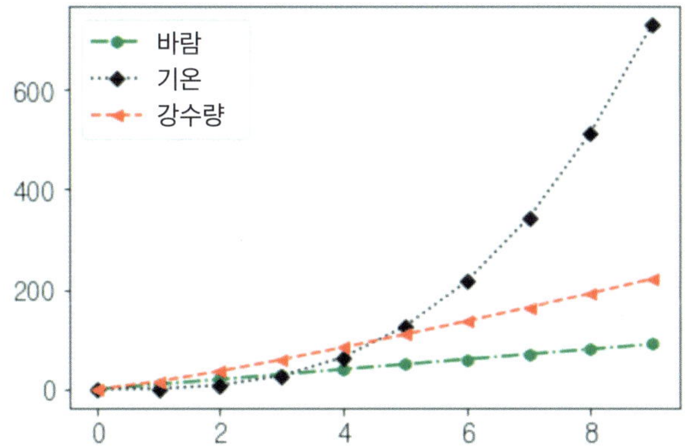


이번에는 위의 그래프에서 하나의 그래프를 2가지 형태로 그려보자. 아래 예제에서는 바람에 해당하는 그래프를 x축 4를 기준으로 녹색과 파란색으로 그려보자. 마커도 다르게 설정하고 선의 종류로 다르게 한 예제이다.

In [11]:
```
plt.plot(x[:5],y[:5], 'g-.h', label='바람')
plt.plot(x[4:],y[4:], 'b-D')
plt.plot(x, x**3, 'k:D', label='기온')
plt.plot(x, y**(1.2), 'r--<', label='강수량')
plt.legend()
plt.show()
```

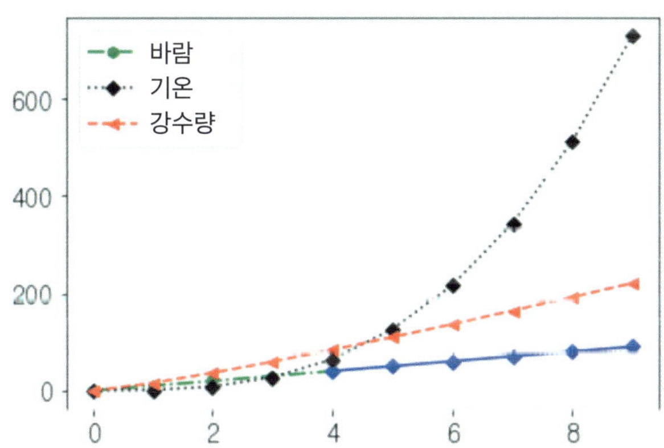

그리고 이렇게 그린 그래프를 파일로 저장하는 것도 가능하다. 아래 예제는 figure() 함수의 figsize를 사용해 그래프의 크기를 inch단위로 지정하고, dpi (dot per inch)를 사용해 해상도를 조절하는 것도 함께 보여준다. 파일로 저장하는 것은 savefig() 함수를 이용한다.

In [12]:
```
plt.figure( figsize = (10, 6), dpi = 150)

plt.plot(x[:5],y[:5], 'g-.h', label='바람')
plt.plot(x[4:],y[4:], 'b-D')

plt.plot(x, x**3, 'k:D', label='기온')
plt.plot(x, y**(1.2), 'r--<', label='강수량')
plt.legend()

plt.savefig('testGraph.png', dpi=300)
plt.show()
```

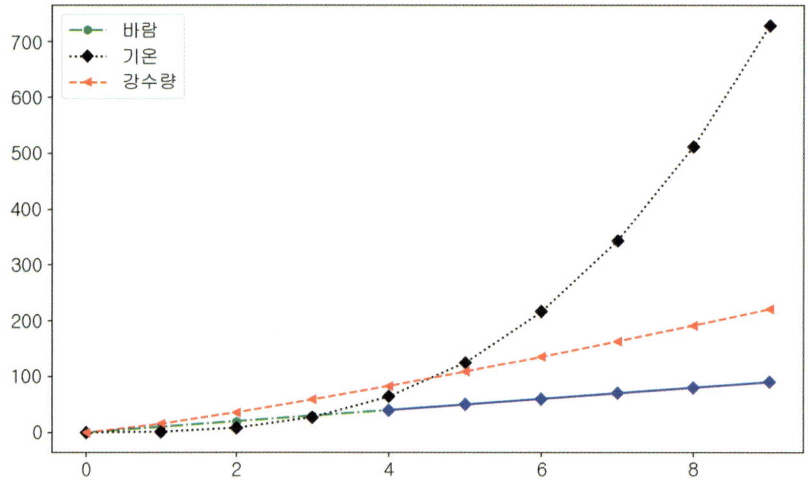


이번에는 키워드 문자열로 그래프 그리기를 알아보자. 사전형이나 numpy의 ndarray 또는 pandas의 DataFrame에서 문자열 키값을 사용하는 경우, data 인자로 이런 데이터 변수를 지정해주고 키 문자열로 그래프 그리기가 가능하다. 글로만 이해

하기는 쉽지 않을 수 있지만, 아래 예제를 살펴보면 어떤 기능인지 바로 알 수 있다. 이 예제를 그냥 실행하면 - 부호가 제대로 나오지 않는데 앞에서 설명한 것과 같이 plt.rcParams[ 'axes.unicode_minus'] = False를 설정해 주면 해결이 된다.

In [13]:
```
plt.rcParams[ 'axes.unicode_minus'] = False
values = {'x': np.arange(100),
      'color': np.random.randint(0, 200, 100),
      'dim': np.random.randint(10,300, 100)}
values['y'] = values['x'] + 30 * np.random.randn(100)

plt.scatter('x', 'y', c='color', s='dim', data=values)
plt.xlabel('X')
plt.ylabel('Y')
plt.show()
```

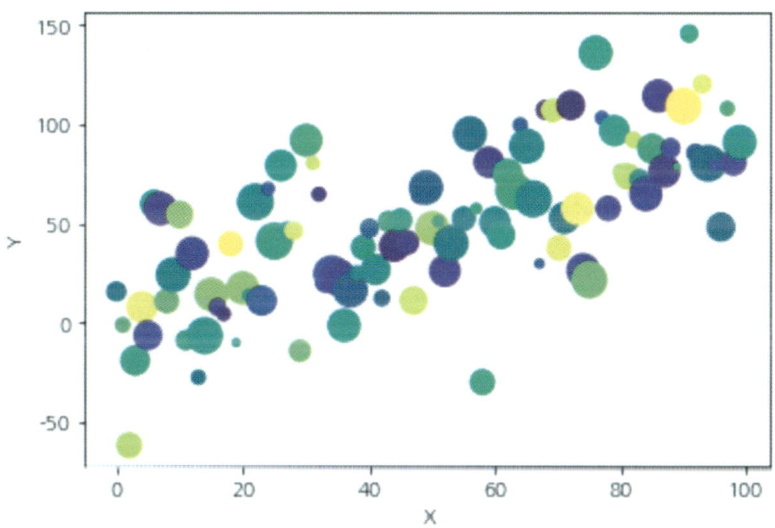


scatter(x,y,s=None,c=None) 함수는 산포도 그래프를 그린다. 여기서 s는 마커의 크기이고 c는 마커의 색상을 결정한다. data=values를 통해 데이터의 키를 사용할 수 있게 했다. 위의 예제에서는 x 좌표는 values의 'x', y 좌표는 'y', 마커 색상 c는 'color', 마커 크기 s는 'dim'값을 사용하도록 했다.

x축 값을 숫자 값이 아닌 특정 문자열 값으로 주고 그래프를 그릴 수 있다. 그리고 이번에는 한 번에 여러 개의 그래프를 각각 그려보는 것도 살펴보자. subplot()함수를 이용해 현재 그림에 보조 그래프를 그린다.

In [14]:
```
groups = ['그룹1', '그룹2', '그룹3', '그룹4']
values = [25, 12, 93,71]
```

그리고 앞에서 잠시 설명한 figure()로 그래프 속성을 설정한다. figsize는 그래프 크기로 아래 예제에서는 가로 12인치, 세로 4인지로 크기를 설정한다. 앞의 많은 예제에서 이 figure()을 사용하지 않았는데 실제로 pyplot에서 그래프가 그려지는 순서는 figure가 먼저 만들어지고 그 위에 plot()등의 함수를 통해서 그래프를 그린다. 만약 figure()를 생략하면 내부적으로 자동 호출된다.

In [15]:
```
plt.figure(figsize=(12, 4))
```

subplot()은 보조 그래프의 위치를 설정한다. 인자는 3개의 숫자로 구성되고, 첫 번째 수는 행의 개수를, 두 번째 수는 열의 개수를, 세 번째 수는 보조 그래프의 인덱스를 나타낸다. 인덱스는 1부터 시작한다. 예를 들어 131 은 1행 3열의 그래프중 1번 위치의 보조 그래프이다. 132는 1행 3열의 그래프중 2번 위치의 보조 그래프이다. subplot()으로 보조 그래프의 인덱스를 선택한 후 plot()등의 함수로 그래프를 그리면 선택된 보조 그래프 위치에 그래프가 그려진다. bar()함수는 막대 그래프를 그린다.

In [16]:
```
plt.subplot(131)
plt.title('부그래프 1')
plt.plot(groups, values)
plt.subplot(132)
plt.title('부그래프 2')
plt.scatter(groups, values)
plt.subplot(133)
```

```
plt.title('부그래프 3')
plt.bar(groups, values)
plt.suptitle('그래프 예제')
plt.show()
```

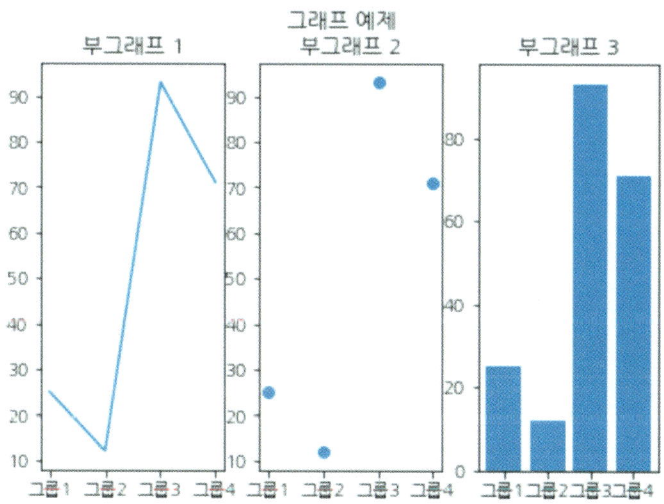


위 예제에서와 같이 subplot()을 사용해서 부 그래프를 그리게 되면 title()은 각 부 그래프의 제목을 지정하는 데 사용된다. 그리고 전체 그래프의 제목을 지정할 때는 suptitle()함수를 사용하면 된다.

이번에는 선 속성을 조작하는 방법을 상세하게 살펴보자. 선은 너비(linewidth), 대쉬 스타일(dash style), antialiased 등의 여러 속성을 가지고 있고 다양한 방법으로 이를 설정할 수 있다. 예를 들어 linewidth와 같이 키워드 인자를 사용할 수 있다. plt.plot(x, y, linewidth=2.0) 또한, 각 속성의 setter 메소드, 예를 들어 set_antialiased()와 같은 setter를 아래와 같이 사용할 수 있다. 이 예제에서 보듯이 antialias 기능을 제어 시키면 그래프가 부드러운 모습으로 그려지지 않는다.

In [17]:
```
line = plt.plot(x,y,'-')
line.set_antialiased(False)
```

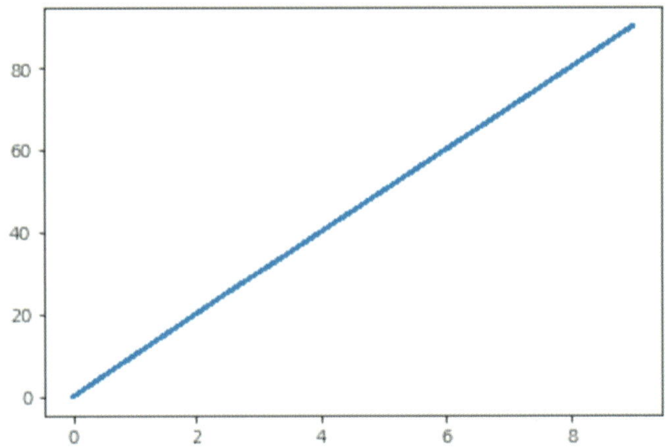


마지막으로 setp() 함수로 각 속성값을 설정할 수 있다. 이때 두 가지 방법을 사용할 수 있는데 아래 예제는 키워드 인자형태를 보여준다.

In [18]:
```
lines = plt.plot(x, y)
plt.setp(lines, color='r', linewidth=2.0) # 키워드 인자형으로
plt.show()
```

또한 MATLAB스타일로 plt.setp(lines, 'color','r', 'linewidth',2.0) 설정하는 것도 가능하다. 2차원 선에 사용 가능한 속성들은 표 9.5에 정리되어 있다.

표 9.5 2차원 그래프의 선 속성

| Property | Value Type |
|---|---|
| alpha | float |
| animated | [True \| False] |
| antialiased or aa | [True \| False] |
| clip_box | a matplotlib.transform.Bboxinstance |
| clip_on | [True \| False] |
| clip_path | a Path instance and a Transform instance, a Patch |
| color or c | any matplotlibcolor |
| contains | the hit testing function |

| dash_capstyle | ['butt' \| 'round' \| 'projecting'] |
|---|---|
| dash_joinstyle | ['miter' \| 'round' \| 'bevel'] |
| dashes | sequence of on/off ink in points |
| data | (np.arrayxdata, np.arrayydata) |
| figure | a matplotlib.figure.Figureinstance |
| label | any string |
| linestyle or ls | [ '-' \| '--' \| '-.' \| ':' \| 'steps' \| ...] |
| linewidth or lw | float value in points |
| alpha | float |
| animated | [True \| False] |
| antialiased or aa | [True \| False] |
| clip_box | a matplotlib.transform.Bboxinstance |
| clip_on | [True \| False] |
| clip_path | a Path instance and a Transform instance, a Patch |
| color or c | any matplotlibcolor |
| contains | the hit testing function |
| dash_capstyle | ['butt' \| 'round' \| 'projecting'] |
| dash_joinstyle | ['miter' \| 'round' \| 'bevel'] |
| dashes | sequence of on/off ink in points |
| data | (np.arrayxdata, np.arrayydata) |
| figure | a matplotlib.figure.Figureinstance |
| label | any string |
| linestyle or ls | [ '-' \| '--' \| '-.' \| ':' \| 'steps' \| ...] |
| linewidth or lw | float value in points |

## 9.13 그래프에 텍스트 추가하기

그래프를 그릴 때 다양한 문자열을 추가해 그 의미를 설명하는 경우가 자주 있다. text(x좌표, y좌표, 표시할 텍스트) 함수를 이용해 원하는 위치에 원하는 텍스트를 추가할 수 있다. 이전 예제에서 사용한 title(), xlabel(), ylabel() 등은 정해진 위치에 텍스트를 추가한다.

In [19]:

```
x = np.arange(0,20, 2)
plt.scatter(x, x**2, s = x**2 , c='green')
plt.text(10.3, 100, "중요한 값")
plt.text(5, 200, r'$\mu=10,\ \sigma=1$')
plt.grid(True)
plt.show()
```

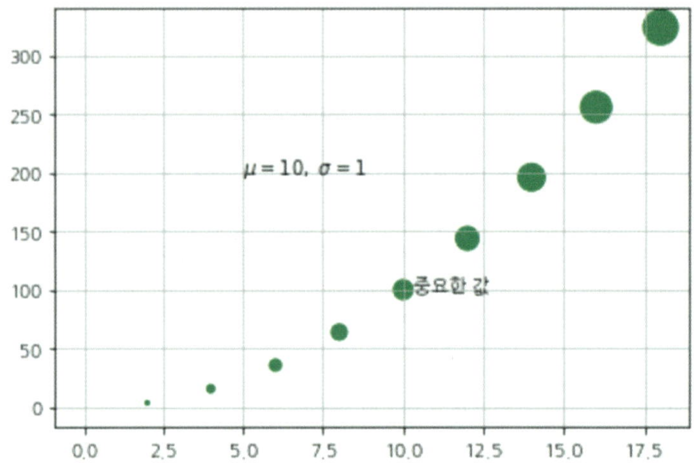


다양한 수학식도 표현할 수 있다. 이런 수식들은 다음과 같은 규칙에 따라 작성한다. 기본적인 수식 문법은 TeX markup을 따른다. 수학 표현식은 r'$수식$' 형태로 작성한다. 아래 plt.title('alpha > beta')의 경우 일반 텍스트 alpha > beta 로 출력되지만, plt.title(r'$\alpha >\beta $') 의 경우 수식 $\alpha>\beta$ 로 출력된다. 첨자식은 r'$\alpha_i > \beta_i$'와 같이 작성할 수 있고 $\alpha_i>\beta_i$ 로 출력된다. 또한 더 복잡한 수식도 표현 가능하다. 예를 들면, r'$\sum_{i=0}^\infty x_i$'은 $\sum_{i=0}^\infty x_i$ 수식이다. 참고로 그리스 문자 표현방법은 아래와 같다.

(참고: https://matplotlib.org/stable/tutorials/text/mathtext.html)

표 9.6 그리스 문자 표현

**Lower-case Greek**

| | | | | | |
|---|---|---|---|---|---|
| α \alpha | β \beta | χ \chi | δ \delta | ϝ \digamma | ϵ \epsilon |
| η \eta | γ \gamma | ι \iota | κ \kappa | λ \lambda | μ \mu |
| ν \nu | ω \omega | ϕ \phi | π \pi | ψ \psi | ρ \rho |
| σ \sigma | τ \tau | θ \theta | υ \upsilon | ε \varepsilon | ϰ \varkappa |
| φ \varphi | ϖ \varpi | ϱ \varrho | ς \varsigma | ϑ \vartheta | ξ \xi |
| ζ \zeta | | | | | |

아래 예제는 scatter 그래프에 colobar를 추가하는 예제이다.

In [20]:
```
graph_data = {
     'a' : np.arange(50),
     'c' : np.random.randint(0,50,50),
     'd' : np.random.randn(50)
}
graph_data['b']= graph_data['a'] + 10 * np.random.
randn(50)
graph_data['d'] = np.abs( graph_data['d'] *100 )
plt.scatter('a', 'b', s='d', c='c', data = graph_data)
plt.colorbar()
plt.show()
```

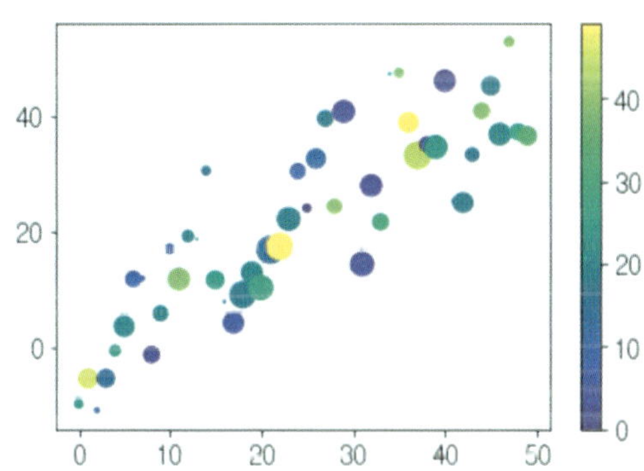


이렇게 만들어진 컬러바를 통해 각 색깔이 의미하는 값을 쉽게 유추할 수 있다.

이번에는 그래프에 주석을 달아보자. annotate() 함수를 사용하면 손쉽게 그래프에 주석을 달 수 있다. annotate(텍스트, xy=화살표 위치, xytext=텍스트 위치, arrowprops=화살표속성) 형태로 사용하면 된다.

In [21]:
```
x = np.arange(0,20, 2)
plt.scatter(x, x**2, s = x**2 , c='green')
plt.text(10.3, 100, "중요한 값")
plt.annotate("아주 중요한 값", xy=(6,36), xytext=(8,150),
arrowprops={'facecolor':'red', 'shrink':0.05})
plt.show()
```

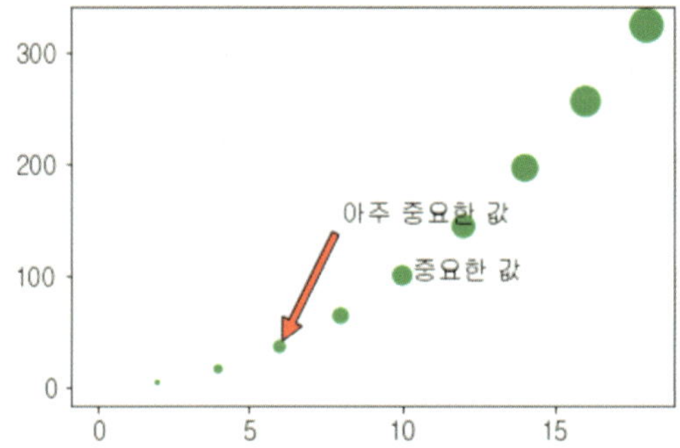


## 9.14 Pandas에서 plt.plot() 사용하기

Pandas의 Series 또는 DataFrame은 plot() 메소드를 제공하는데, 이것은 plt.plot()을 단순히 호출해주는 형태로 구현되어 있다. 물론 Pandas에서 좀 더 깔끔하게 그래프를 그릴 수 있게 설정되어 있어 plt.plot()을 그냥 사용한 경우보다 수려한 그래프를 그릴 수 있다.

In [22]:
```
ts = pd.Series(np.random.randn(2000),
          index=pd.date_range('1/1/2021', periods=2000))
ts = ts.cumsum()
ts.plot()
```

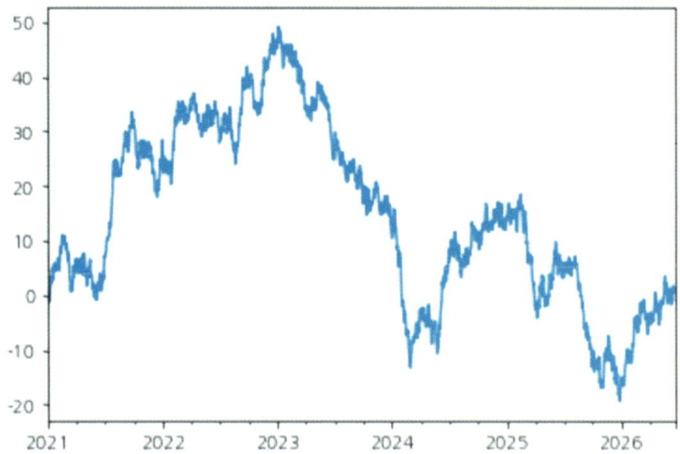


DataFrame의 plot()을 사용해 아래 예제와 같이 한꺼번에 모든 열의 데이터를 사용해 그래프를 쉽게 그릴 수 있다.

In [23]:
```
df = pd.DataFrame(np.random.randn(2000, 6), index = ts.index,
columns = list('ABCDEF'))

df = df.cumsum()
plt.figure();
df.plot();
```

## 연습문제

1. Pandas에서 2차원 데이터를 저장하는 자료형은 무엇인가?

① Series ② Array ③ Vector ④ DataFrame ⑤ Class

2. DataFrame에 저장된 데이터셋의 자세한 정보를 확인하는 함수는 무엇인가?

① info() ② size() ③ data() ④ count() ⑤ head()

3. DataFrame에 열 인덱스 값을 가진 속성은 무엇인가?

① index ② columns ③ dtypes ④ values ⑤ ndim

4. 다음 코드의 결과는?

```
df = pd.DataFrame({ 'a' : [ 1,2,3],
                    'b':[10,20,30],
                    'c':[100,200,300]})
df.iloc[1]
```

①
```
a    2
b    20
c    200
```

②
```
0    1
1    2
2    3
```

③
```
0    10
1    20
2    30
```

④
```
a    10
b    20
c    30
```

5. Pandas에서 각 행의 평균값을 구하는 명령을 선택하시오.

① mean() ② avg() ③ average() ④ mean(1) ⑤ mean(0)

6. 여러 행으로 나눠진 DataFrame을 하나로 합치는 함수는 무엇인가?

① add() ② append() ③ acc() ④ cat() ⑤ concat()

7. 다음 코드의 결과는?

```
left = pd.DataFrame({'key': ['foo', 'bar'], 'lval': [1, 2]})
right = pd.DataFrame({'key': ['foo', 'bar'], 'rval': [4, 5]})
pd.merge(left, right, on='key')
```

①

| | key | lval | rval |
|---|---|---|---|
| 0 | foo | 1 | 4 |
| 1 | bar | 2 | 5 |

②

| | key | lval | rval |
|---|---|---|---|
| 0 | foo | 1 | 2 |
| 1 | bar | 4 | 5 |

③

| | key | lval | rval |
|---|---|---|---|
| 0 | foo | 1 | 4 |
| 1 | foo | 1 | 5 |
| 2 | foo | 2 | 4 |
| 3 | foo | 2 | 5 |

④

| | key | lval | rval |
|---|---|---|---|
| 0 | foo | 2 | 4 |
| 1 | foo | 2 | 5 |
| 2 | foo | 1 | 4 |
| 3 | foo | 1 | 5 |

## 프로그래밍 문제

1. 아래와 같은 데이터들을 하나의 DataFrame으로 만들고(index는 labels) 시험에 응시한 회수가 2회 미만이면서 성적이 15점 이상인 행을 선택하고, 또한 응시한 회수가 2회 이상이면서 성적이 10점 미만인 행을 선택해서 출력하시오.

```
exam_data  = {'이름': ['정수현', '윤웅익', '우성호', '김복희', '홍길동', '임꺽정', '이창신', '김완', '최영규', '한범석'],
        '점수': [12.5, 9, 16.5, np.nan, 9, 20, 14.5, np.nan, 8, 19],
        '응시횟수': [1, 3, 2, 3, 2, 3, 1, 1, 2, 1],
        '합격여부': ['yes', 'no', 'yes', 'no', 'no', 'yes', 'yes', 'no', 'no', 'yes']}
labels = ['a', 'b', 'c', 'd', 'e', 'f', 'g', 'h', 'i', 'j']
```

예상결과)

```
 - 응시 2회 미만, 성적 15점 이상 -
    이름   점수  응시횟수 합격여부
j  한범석  19.0     1  yes

  - 응시 2회 이상, 성적 10점 미만 -
    이름   점수  응시횟수 합격여부
b  윤웅익  9.0     3   no
e  홍길동  9.0     2   no
i  최영규  8.0     2   no
```

2. 7장 프로그래밍 문제 3번에서 만든 국가 기본 정보(국가 이름, 수도 이름, 인구수, 면적) 데이터를 저장한 demography.txt를 다시 활용해보자. demography.txt 파일을 읽어와 DataFrame을 만들고 Pandas를 사용해 인구수를 기준으로 내림차순으로 정렬해 출력하는 프로그램을 작성하라. 또한, DataFrame에 저장된 모든 국가의 인구수 평균, 면적 평균을 구하는 프로그램도 작성해보자.

3. 아래와 같은 두 개의 DataFrame을 만들고 이를 예상결과와 같이 하나로 합치시오.

```
df1 :
   key1  key2  P   Q
0  K0    K0    P0  Q0
1  K0    K1    P1  Q1
2  K1    K0    P2  Q2
3  K2    K1    P3  Q3
```

```
df2:
   key1  key2  R   S
0  K0    K0    R0  S0
1  K1    K0    R1  S1
2  K1    K0    R2  S2
3  K2    K0    R3  S3
```

예상결과)

```
   key1  key2  P   Q   R   S
0  K0    K0    P0  Q0  R0  S0
1  K1    K0    P2  Q2  R1  S1
2  K1    K0    P2  Q2  R2  S2
```

4. 아래와 같은 학생 성적 데이터를 Pandas를 이용해 분석해보세요.

| 이름 | 학번 | 국어 | 영어 | 수학 |
|---|---|---|---|---|
| 홍길동 | 20231001 | 85 | 90 | 88 |
| 김영희 | 20231002 | 78 | 82 | 79 |
| 이철수 | 20231003 | 92 | 88 | 91 |
| 박민수 | 20231004 | 70 | 75 | 72 |
| 최지우 | 20231005 | 95 | 98 | 94 |

a) 위 데이터를 DataFrame으로 생성하시오.

b) 각 학생의 평균 점수를 계산하여 평균 열에 추가하시오.

c) 평균 점수가 85점 이상인 학생만 필터링해서 출력하시오.

d) 전체 학생의 과목별 평균 점수(국어, 영어, 수학)를 출력하시오.

5. 아래와 같이 그래프를 그리시오.

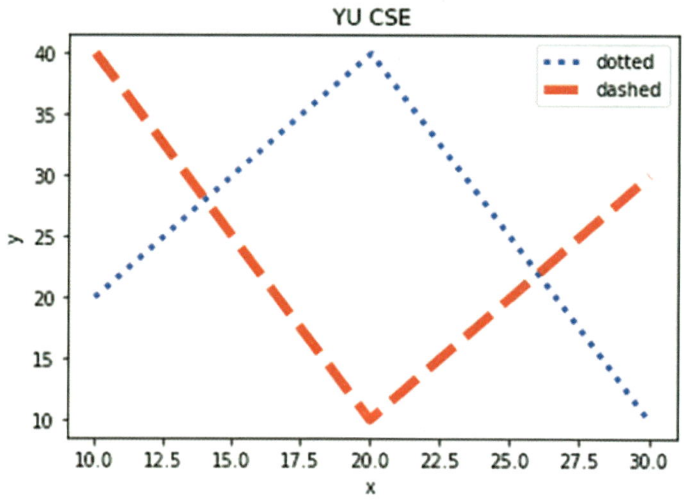

6. 난수를 사용해서 서로 크기와 색깔의 값 25개의 산포도를 그리시오.
단, 색깔의 종류는 4가지로 하고, 점의 크기는 적절한 범위내에서 선택되도록 하시오. x,y 좌표는 0과 1사이이다.

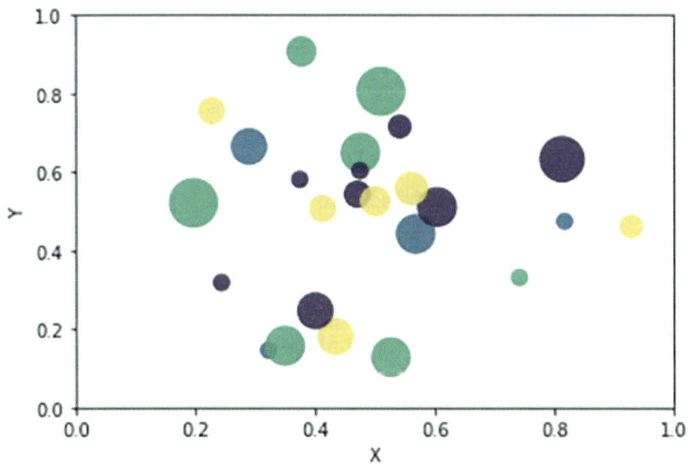


7. Seaborn에서 붓꽃(iris) 데이터를 로드해서 iris 변수에 저장하시오.

8. 붓꽃의 꽃받침의 길이와 넓이의 jointplot과  kernel density plot을 함께 그리시오.

9. 팁(tip) 데이터를 로드해서 tips 변수에 저장하시오.

10. 요일별 전체 팁의 Violin plot을 그리시오.

# 10 Chapter 기계학습

**학습목표**

- 기계학습의 개념에 대해 설명할 수 있다.
- 기계학습을 실제로 적용하기 위한 기법들을 소개할 수 있다.
- 기계학습 기법들을 적용하기 위한 기본 단계에 대해 소개할 수 있다.
- 기계학습에 활용되는 라이브러리에 대해 설명할 수 있다.
- 파이썬을 활용해 기계학습 방식을 단계적으로 구현하는 방법에 대해 소개할 수 있다.
- 기계학습 모델 학습법에 대해 이해하고 설명할 수 있다.

## 10.1 기계학습의 개념

기계학습(Machine Learning, 머신러닝)은 일반적으로 다음과 같이 정의하고 있다.

- 인공지능의 한 분야로, 명시적인 프로그램 없이도 컴퓨터가 스스로 학습을 할 수 있도록 하는 학문 분야이다(Arthur Samuel, 1959)[1].
- 컴퓨터가 여러 데이터를 이용하여 학습한 내용을 기반으로 새로운 데이터에 대한 적절한 작업을 수행할 수 있도록 하는 알고리즘과 기술을 개발하는 분야이다[2].
- 환경(Environment)과의 상호 작용을 통해서 축적되는 경험적인 데이터를 바탕으로 지식, 즉 모델을 자동으로 구축하고 스스로 성능을 향상하는 알고리즘 및 시스템이다[3].
- 기계 스스로 데이터로부터 지식이나 패턴을 찾아 학습하고 예측을 수행하는 과정이다.

기계학습을 보다 쉽게 이해할 수 있도록 온라인 스팸 광고 이메일 필터링 시스템을 예로 들어 살펴보자[4].

- 전통적인 방식의 스팸 필터의 경우, (1) 스팸 데이터의 제목에는 '결제', '신용카드', '무료', '굉장한' 같은 단어의 패턴이 많이 나타난다. 이러한 패턴을 식별하고 분석하여 패턴을 생성해둔다. (2) 이러한 스팸의 패턴을 감지하는 알고리즘을 작성하여 패턴 발견 시 스팸으로 분류하는 과정을 거친다. (3) 충분한 성능이 나올 때까지 (1)과 (2)단계를 반복한다. 위의 단계처럼 전통방식의 스팸필터는 특정 키워드 또는 패턴을 감지하여 패턴임을 확인하는 방식이기 때문에 규칙(rule)에 의한 스팸 감지 방법이라고 볼 수 있다. 이러한 방법의 경우, 스팸메일 발송자들은 규칙에 포함되지 않는 새로운 키워드나 패턴을 만들어서 규칙을 무용지물로 만들어 버릴 수 도 있다. 따라서 이러한 변화에 대응하여 시스템도 지속적인 업데이트가 필요하다. 단, 규칙이 너무 길고 복잡해지는 만큼 유지보수도 어려워진다.
- 기계학습 기반의 스팸 필터의 경우, 인위적으로 패턴을 식별하고 분석할 필요없이 스팸에 자주 나타나는 패턴을 자동으로 학습한다. 즉, 규칙이 아닌 패턴학습을 통해 스팸을 감지하는 형태이다. 다양한 패턴을 가지는 스팸들을 학습(training, 훈련)시키면 완벽히 일치하는 패턴이 아닐지라도 유사한 패턴임이 확인되면 스팸으로 판단할 수 있다. 따라서 전통적인 방식의 스팸 필터와는 달리 스팸필터에 대항한 다양한 형태의 변화에 대해서도 대응 가능하다. 또한, 매번 규칙을 작성할 필요가 없기 때문에 유지보수에 매우 유리하다. 기계학습의 경우 데이터 패턴을 학습하여 결과를 판단하기 때문에 학습을 위한 데이터의 수가 중요하다. 데이터가 늘어난 만큼 학습한 결과의 정확도도 높아질 수 있다.

이러한 기계학습 기법들은 일상 전반의 다양한 분야에서 활용되고 있다. 여러 응용 분야들 중 몇가지 사례들을 소개하면 다음과 같다.

- 수치 예측: 주식 가격 예측, 강우 및 홍수 예보 시스템, 지진 발생 예측 시스템 등
- 사물 패턴 인식: 무인자동차 주행시 장애물이나 사람 인식 등

- 분류: 주차게이트에서 번호판 식별, 얼굴 및 음성을 인식하여 감정 판단 등
- 생물 바이오 정보 인지: 지문 분석, 유전자 분석 등

## 10.2 기계학습의 분류

기계학습에서 가장 기본이 되는 개념이 학습(learning 또는 training)이다. 학습은 무엇인가를 배워 이것을 기반으로 새로운 것을 구분해 내는 능력이다. 학습 방법은 크게 지도 학습(supervised learning), 비지도 학습(unsupervised learning), 강화 학습(reinforcement learning)으로 구분할 수 있다.

첫 번째, 지도 학습의 경우 다음과 같은 정의와 특징을 가진다.

- 지도학습은 정답(label, 레이블)이 있는 데이터의 패턴과 특성을 학습하는 방식이다.
- Input Data와 Input Data에 대한 정답에 해당하는 label(또는 class) 정보를 입력으로 받는다.
- 입력 데이터와 label로부터 모델을 학습시켜 새로운 데이터를 입력으로 받았을 때 새로운 데이터에 해당하는 label을 판단한다.
- 지도학습은 크게 분류(classification)와 예측(prediction)으로 나누어 볼 수 있다. 실제 사례를 예로 들어보면 다음과 같다.
  - 정답(레이블)이 범주형 데이터(종류)일 경우, 이러한 데이터를 학습해 분류 모델을 만들 수 있다. 예를 들면 “여러 장의 고양이 사진(데이터)을 주며 이 그림은 고양이(정답)야. 또는 고양이가 아니야”라고 알려주어 분류 모델을 만들고, 새로운 사진을 입력하였을 때 고양이 사진인지 아닌지 분류가 가능하다. 또는 스마트폰의 사진 앨범에서 사람, 동물, 사물 등의 카테고리로 사진을 자동으로 분류하고자 할때에도 위에서 언급한 절차와 비슷한 방식으로 분류가 진행될 수 있다.

- 정답(레이블)이 수치형 데이터일 경우, 이러한 데이터를 학습해 예측 모델을 만들 수 있다. 예를 들어 기온과 강수량에 따른 배추가격을 예측하는 회귀예측 모델을 만들 수 있다. "최고기온이 30도, 최저기온이 5도, 강수량이 1,000mm 였을 때 그 해 배추가격은 9,000원이다", "최고기온이 25도, 최저기온이 -2도, 강수량이 2,000mm 였을 때 배추가격은 15,000원이다", ... , "최고기온이 20도, 최저기온이 0도, 강수량이 1,500mm 였을 때 배추가격은 13,000원이다" 와 같은 수치형 데이터를 입력하여 모델을 만들고 난 이후, 최고기온 10도, 최저기온 0도, 강수량이 1,700mm 였을 때 어느 정도의 배추가격이 예상되는지 예측해 볼 수 있는 것이다.

두 번째, 비지도 학습의 경우 다음과 같은 정의와 특징을 가진다.

- 비지도학습은 레이블이 없는 데이터를 학습시켜 비슷한 특징을 가지는 데이터끼리 군집(클러스터링)하는 방식이다. 즉, 데이터를 기반으로 군집을 찾는 학습을 진행한다. 일반적으로 비슷한 특징을 가지는 데이터라는 것은 특징을 좌표상에 표현했을 때 가까운 거리에 있는지를 의미하는 것이다.
- 비지도학습에서는 데이터 셋의 특성을 분석하여 특성이 비슷한 몇 개의 군집(클러스터, cluster)으로 분류하기 위한 학습을 진행한다. 학습이 끝난 뒤에 새롭게 입력되는 데이터들이 있다면, 이들을 기존 데이터의 학습을 통해 만들어진 몇 개의 군집 중 하나로 분류한다. 실제 사례를 예로 들어보면 다음과 같다.
  - 온라인 쇼핑몰이 고객 데이터를 이용해 마케팅 전략을 최적화하고자 한다. 이를 위해 고객의 구매 이력, 방문 빈도, 구매 금액 등을 기준으로 비지도 학습을 통해 고객을 여러 그룹으로 구분한 다음 각 그룹에 맞는 마케팅 전략을 수립할 수 있다.
  - 수천개의 뉴스 기사를 비지도 학습을 통해 유사한 주제를 다루는 기사들끼리 그룹화 할 수 있다. 이러한 결과를 통해 사용자에게 특정 주제에 대한 관련 기사를 추천할 수 있다.
  - 은행에서 카드 거래 데이터를 활용하여 비지도 학습을 통해 정상적인 거래와

비정상적인 거래를 그룹화하여 구분할 수 있다. 대부분의 거래가 특정 그룹에 속하는 반면, 비정상적인 거래는 다른 클러스터에 속하게 된다. 이를 통해 은행 시스템은 비정상적인 거래를 감지하고 경고를 발령할 수 있다.

- 비지도학습은 군집이 되는 데이터의 특성을 찾는데 그 목적이 있다. 기존 데이터 셋을 기반으로 비지도 학습을 통해 모델을 생성하고 군집을 진행한 후, 생성된 집단이 실제로 같은 레이블끼리 잘 모여있는지 확인함으로써 모델의 성능을 확인할 수 있다.
- 군집의 시각화는 3가지 특성(3차원)까지 인간이 식별가능하다. 4가지 이상의 특성을 이용한 군집 시각화는 인간의 인지수준으로는 이해하기 어렵다.
- 비지도 학습 기반의 군집화 알고리즘은 주어진 데이터(훈련 데이터, training set)의 특성(색상, 크기, 무게, 길이 등등)을 파악하여 유사성을 검사하고, 데이터의 유사성에 따라 자동으로 N개의 군집으로 분류하는 분류 모델을 생성한다. 대표적인 군집화 알고리즘으로 K-mean 군집화, 계층적 군집화, fuzzy C-mean 군집화, mean-shift 군집화 방법들이 있다.

지도 학습과 비지도 학습을 비교해보면 다음과 같다. 지도 학습에서는 각각의 동물에 대한 정보가 주어진다. 예를 들어, 개(dog)인지, 개가 아닌지의 정보가 초기 데이터 셋에서 확인 가능하다. 이러한 데이터 셋을 활용해 학습을 통한 모델을 만들고, 새로운 데이터(기존 데이터 셋에 없던 개)가 입력될 경우 이것이 개인지 개가 아닌지 판단 가능하도록 한다. 반면 비지도 학습의 경우 주어진 입력 데이터만 활용해 입력 데이터의 범주 (카테고리(category))를 분류한다. 새로운 데이터(기존 데이터 셋에 없던 개)가 입력될 경우 어떠한 범주로 분류해야 하는지 판단 가능하도록 한다.

세 번째, 강화학습의 경우 다음과 같은 정의와 특징을 가진다.

- 강화학습은 로봇이나 게임 등에 많이 사용되는 학습 방법으로, 자신과 환경의 상호 관계를 분석하고 그 분석된 관계에 따라 자신의 행동을 점차 개선해 나가는 학습 방법이다.

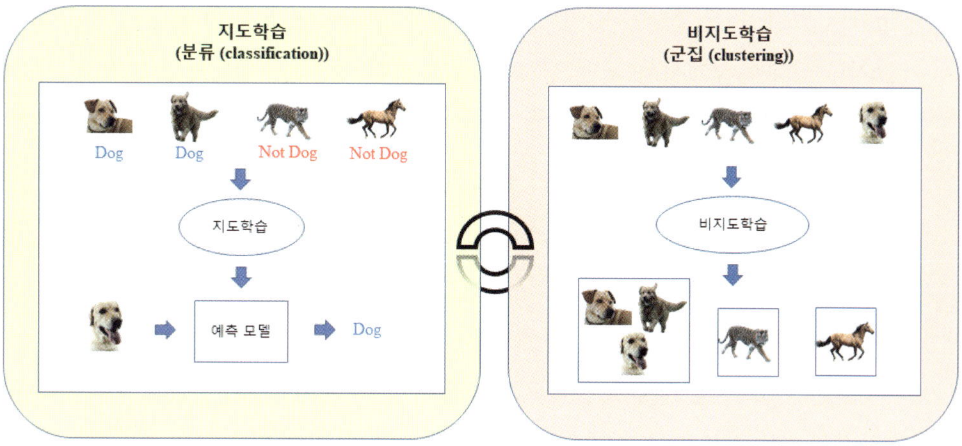


그림 10.1 지도학습과 비지도학습의 비교

- 강화학습은 결정을 내리는 주체인 에이전트(Agent)가 환경(Environment)과 상호작용하고 현재 상태(State)를 변화시켜가며 그 과정에서 얻는 보상(Reward)을 최대화하기 위해 행동(Action)을 학습하는 방법이다. 에이전트는 목표를 달성하기 위해 여러 번 시도하고 실수를 하면서 최적의 행동 방침을 찾아간다. 이 학습 방식은 '시행착오'를 통해 이뤄진다는 점에서 사람의 학습 방식과 유사하다.
- 예를 들어 로봇이 행동을 실행하고 나면 로봇의 다음 상태가 정의된다. 만약 성공적으로 행동했을 경우 보상(reward)을 정의할 수 있다. 지도학습 및 비지도학습과는 다르게 매 순간 행동을 실행해 보상받으면서 최종적으로 가장 높은 점수의 보상을 받을 수 있도록 행동 규칙을 학습하는 방식이다. 즉, 행동의 결과가 본인에게 유리한 행동이었다면 상을 받고 불리한 것이었다면 벌을 받는 것이다. 이 과정을 계속적으로 반복하면 더 많은 보상을 받을 수 있는 (더 좋은 정답을 찾아낼수 있는) 행동을 찾아낼 수 있다는 것이다.
- 강화학습은 단기적인 보상보다는 장기적인 이득을 최대화하는 것을 목표로 한다. 이를 위해 감가율(Discount Factor)을 사용하여 미래 보상의 현재 가치를 평가한다.
- 지도학습은 각 데이터에 대한 명확한 레이블이 있지만, 강화학습의 데이터는 레

이블이 없다. 지도학습은 데이터의 레이블을 이용하여 모델의 성능을 평가할 수 있지만 강화학습에서는 모델 성능 평가를 위한 기준을 위해 보상(reward)을 사용한다.

- 비지도학습도 데이터의 레이블이 없는 데이터를 사용하여 학습시키는 방식이기에 강화학습과 비슷한 형태로 보일 수 있지만, 강화학습에서는 명확한 목표(보상 극대화)가 있다는 점이 비지도학습과 구별되는 점이다.
- 실제 사례를 예로 들어보면 다음과 같다.
  - 로봇이 목표 지점까지 효율적으로 도달하거나, 균형을 잡는 등의 동작을 위해 강화학습을 적용하여 보다 정교한 활동을 가능하게 한다.
  - 다양한 온오프라인 게임에서 강화학습을 통해 인간 플레이어를 상대로 적절히 대응하는 법을 학습한다. 예를 들어 축구게임에서 각 선수마다 골을 넣거나 유리한 패스를 했을 때 보상을 하고 필드에 있는 모든 선수가 이 보상을 높이는 방향으로 움직이게끔 훈련시킨다. 사람이 축구 규칙 및 경기 전략을 입력할 필요없으며 선수들은 공과 부딪히는 속도와 방향 등을 스스로 결정한다.
  - 사용자의 행동을 기반으로 맞춤형 콘텐츠를 추천하는 시스템에 사용된다. 사용자가 콘텐츠와 상호작용할때마다 해당 콘텐츠를 학습하여 사용자가 직접적으로 원하는 내용을 항시 추천해줄 수 있다.

강화학습을 그림으로 표현하면 다음과 같다. 그림에서 확인할 수 있듯이 특정 시점마다 다음과 같은 순서로 학습을 진행한다.

- (1) 현재 상태(State)를 관측한다.
- (2) 현재 상태를 활용하여 적합한 행동(Action)을 구한 후 그것을 환경(Environment)에 적용한다.
- (3) 환경(Environment)은 행동(Action)을 반영한다.
- (4) 그로 인한 다음 상태(State) 및 보상(Reward)을 에이전트에게 제공한다.

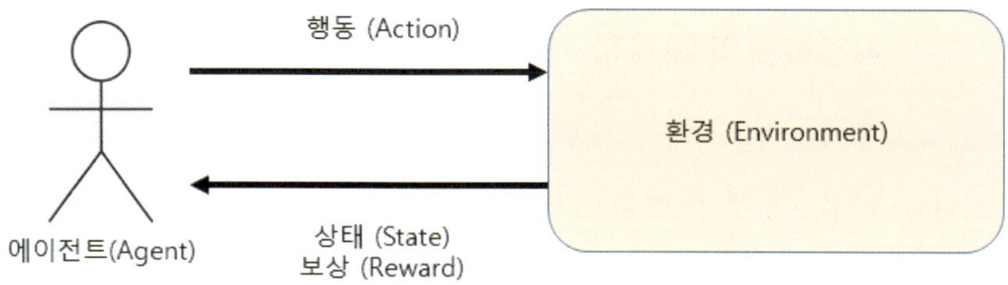

그림 10.2 강화학습의 개요도

예를 들어 에이전트의 목표가 고속철도를 이용하여 서울에서 대구까지 최대한 신속하게 도착하는 것이라고 가정해보자. 대구까지 도착하기 위해 중간 지점을 통과한다고 할 때 서울에서 파주로 이동할 경우 보상 -100, 서울에서 인천으로 이동할 경우 보상 -50, 서울에서 대전으로 이동할 경우 고속철도 이용시 대구로 가는 직접적인 경로에 있는 도시이므로 보상 +10을 받을 수 있다. 이러한 과정의 반복을 통해 에이전트는 각각의 행동에서 받는 보상을 통해 문제 해결을 위한 최적의 방법을 학습하게 된다.

이와 같은 기계학습들을 세부적으로 분류하고 활용할수 있는 대표적인 알고리즘들을 정리하면 표 10.1과 같다. 이러한 기계학습 알고리즘들을 실제 활용할 시에는 (1) 선택한 알고리즘으로 문제를 해결할 수 있는지? (2) 선택한 알고리즘을 적용할 경우 성능에 문제가 없는지? (3) 선택한 알고리즘을 적용하기 위한 데이터를 충분히 준비할 수 있는지? 등을 고려해 볼 필요가 있다.

표 10.1 기계학습의 기법 정리

| 종류 | 작업 | 알고리즘 |
|---|---|---|
| 지도학습<br>(Supervised Learning) | 분류 (Classification) | KNN : K-Nearest Neighbor (K-최근접이웃)<br>SVM : Support Vector Machine (서포트 벡터 머신)<br>Decision Tree (의사결정 나무)<br>Logistic Regression (로지스틱 회귀) |
| | 예측 (Prediction) | Linear Regression (선형 회귀) |
| 비지도학습<br>(Unsupervised Learning) | 군집 (Clustering) | K-means Clustering<br>DBSCAN Clustering<br>Hierarchical Clustering (계층형 군집) |
| 강화학습<br>(Reinforcement Learning) | 최적의 정책<br>(policy) 찾기 | Q-Learning (Q-러닝)<br>DQN : Deep Q-Network (딥 Q-네트워크)<br>SALSA : State-Action-Reward-State-Action |

## 10.3 지도학습의 대표적 기법 소개

지도학습 기법 중 첫 번째로 소개할 기법은 K-최근접이웃(KNN: K-nearest neighbor)기법이다. KNN은 다음과 같은 정의와 특징을 가진다.

- 가장 단순하면서 직관적인 기계학습 기법 중 하나인 KNN은 분류가 필요한 데이터로부터 가장 가까운 거리의 K개의 주변 데이터(이웃 데이터)를 보고 데이터를 분류하는 방법이다.
- 데이터간의 거리를 계산하기 위해 일반적으로 특정 거리 계산 방식(유클리드 거리 등)을 이용한다.
- 그림 10.3의 예제에서는, 2차원 평면에 데이터가 분포되어 있을 경우 KNN을 사용하여 점선 테두리의 데이터들(미분류된 데이터들)을 동그라미 데이터 또는 네모 데이터로 분류하고자 한다. 좌측 그림에서처럼 K=1로 설정할 경우, 주변에서 가장 가까운 데이터 1개를 찾아 확인하여 동그라미 데이터 또는 네모 데이터로 분류하게 된다. 왼쪽 그림에서는 점선 테두리의 데이터들의 가장 가까운 1개의 데이터들이 동그라미 데이터로 분류되어 있기 때문에 분류하고자 하는 점선 테두리의 데이터들이 동그라미 데이터임을 알 수 있다. 우측 그림에서처럼 K=3으로 설정할 경우, 분류하고자 하는 점선 테두리의 데이터들로부터 가장 가까운 3개의 데이터들이 식별되고 3개의 데이터들 중 많은 수의 모양(동그라미 또는 네모 데이터)을 가진 쪽으로 분류된다. 즉, 3개의 데이터들 중 동그라미 데이터가 많으면 분류하고자 하는 데이터는 동그라미으로 분류되고, 네모 데이터가 많으면 분류하고자 하는 데이터는 네모 데이터로 분류된다.
- 왼쪽 그림의 오른쪽 상단의 점선 테두리 데이터는 주위의 데이터들이 대부분 네모 데이터이므로 네모 데이터로 분류되는 것이 적절해 보이나, K=1일 경우 동그라미 데이터로 분류되어 버리는 상황이 발생한다. K값이 너무 작을 경우 이러한 오분류 문제가 발생할 수도 있다.

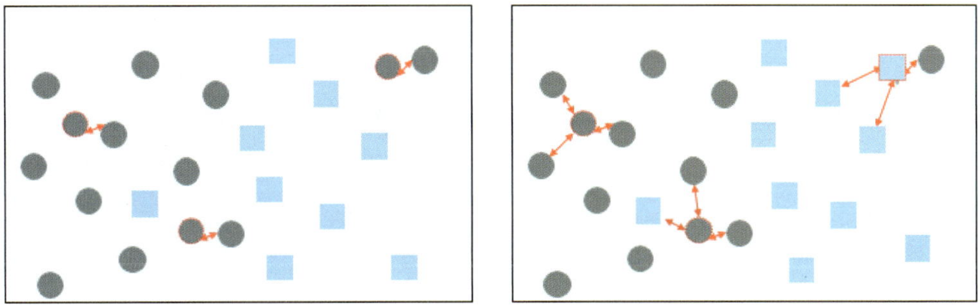


그림 10.3 K값 변화에 따른 데이터 분류 차이

- KNN은 단순한 방법임에도 불구하고 굉장히 좋은 성능을 보인다. 특히 데이터의 특성이 겉으로 잘 드러나는 데이터의 경우, 강력한 성능을 보이는 경향이 있다.

지도학습 기법 중 두 번째로 소개할 기법은 서포트 벡터 머신(SVM: Support Vector Machine)이다. SVM은 다음과 같은 정의와 특징을 가진다.

- 하나의 분류 그룹을 다른 그룹과 분리하는 최적의 경계를 찾아내는 기법이다.
- 높은 성능을 보이며 딥러닝 이전에 분류 작업을 위해 가장 활용도가 높았던 모델이다.
- SVM은 수학적인 내용이 많이 포함된 내용이지만, 그림 10.4 예제를 통해 조금 쉽게 접근해보자. SVM기법을 적용하여 데이터 분류를 위해 동그라미 데이터와 다이아몬드 데이터를 구분하고자 한다. 그런데 그림에 표시되어 있듯이 (1)을 통한 분류선을 통해 분류할 것인가? 아니면 (2)를 통한 분류선을 통해 분류할 것인가? SVM 기법을 통한 최적의 분류선(optimal hyperplane)은 (2)의 분류선을 통해 데이터를 구분한다. 그 이유는 SVM에서는 데이터를 구분할 시 데이터 간의 여백(margin)을 계산하는데 (1)보다는 (2)가 그 여백이 가장 크게 결정될 수 있는 구분선이기 때문이다. 여백이 크다는 것은 데이터 사이의 특성들이 좀더 크게 나를 수 있다는 것을 의미한다.

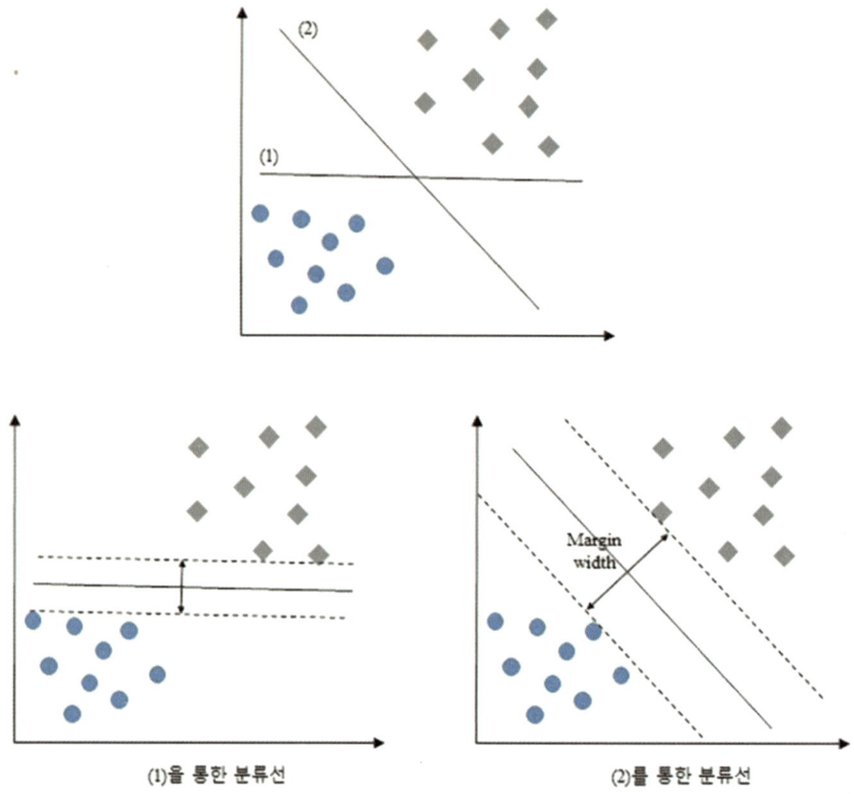


그림 10.4 SVM의 분류

지도학습 기법 중 세 번째로 소개할 기법은 의사결정트리(DT: Decition Tree)이다. DT는 다음과 같은 정의와 특징을 가진다.

- 마치 "스무고개"놀이처럼 단계별로 질문을 이어 나가면서 학습하는 방법이다(스무고개 놀이는 질문을 통해 답에 도달하는 게임이며 좋은 질문을 할수록 답에 빨리 도달한다).
- 의사결정트리는 여러 개의 질문 중 분류를 보다 더 정확하고 빠르게 수행하기 위한 최적화된 질문과 순서를 학습을 통해 결정한다.
- 트리 형태로 모델이 구성되기 때문에 의사결정트리라고 명명된다.
- 그림 10.5의 예제에서는 의사결정트리를 통해 데이터 분류를 수행하는 과정을

보이고 있다. 영화 데이터 셋에 있는 각 영화를 의사결정트리를 통해 호평작, 히트작, 실패작으로 분류하고자 하는 과정이다. 영화를 분류하고자 하는 기준(특성데이터, feature)으로 영화에 참여한 유명배우 수와 영화에 투입된 예산을 가정해보자. 영화를 분류하기 위한 첫 번째 질문은 "유명배우의 수가 a명 이하인가?"이다. 질문에 따라 영화를 분류한 결과, a명 이하인 경우 모든 실패작이 분류되었고 아닌 경우 호평작 9건과 히트작 9건이 분류된다. 다음으로 호평작과 히트작을 분류하기 위해서 "예산이 b이하 인가?"를 질문한다. 질문에 따라 호평작 9건과 히트작 9건을 분류한 결과, 예산이 b이하인 경우 대부분의 호평작이 분류되었고 아닌 경우 모든 히트작이 분류된 것을 확인할 수 있다. 정확히 분류되지 않은 소수의 영화들에 대해서는 몇가지 질문을 더 추가해 분류를 수행할 수도 있다.

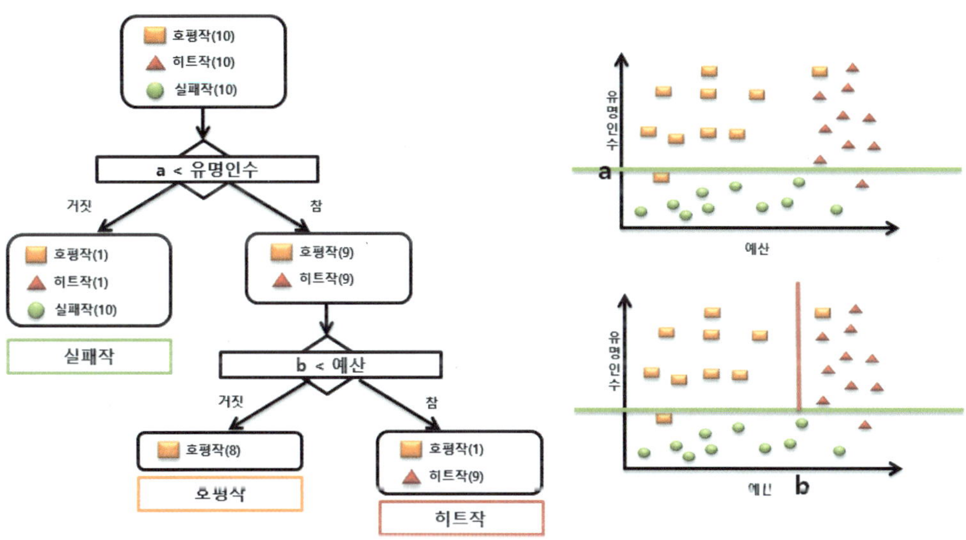


그림 10.5 의사결정트리를 통한 데이터 분류

지도학습 기법 중 네 번째로 소개할 기법은 선형회귀분석(Linear regression)이다. 선형회귀분석은 다음과 같은 정의와 특징을 가진다.

- 여러 자료들간의 관계성을 수학적으로 예측하는 방법이다.
- 독립변수가 종속변수에 영향을 미치는지 확인하고자 할 때 실시하는 분석 방법이다. “잡지를 보는 시간이 스마트폰을 활용하는 시간에 어떤 영향을 미치는가?”라는 물음에서 ‘잡지를 보는 시간’은 독립변수에 해당하고 ‘스마트폰을 활용하는 시간’은 종속변수에 해당한다.
- 그림 10.6에서 확인할 수 있듯이, 선형회귀분석은 데이터들의 경향성을 잘 보여주는 직선을 긋는 알고리즘이며, 이때 그어지는 직선이 데이터 경향성을 잘 설명해주기 위해서는 무작위로 선을 긋는 것이 아니라 최대한 데이터가 선으로부터 벗어나지 않도록 그어야 좀 더 정확한 경향성을 나타낼 수 있을 것이다. 즉, 선을 통해 여러 데이터의 예측이 가능한 정확하도록 하고자 하는 것이다. 따라서 각 데이터 별 값과 직선까지의 거리 분산을 최소화 하도록 직선의 모양을 결정하는데, 이를 회귀분석에서 최소제곱법(Least square regression)이라고 부르며, 선형 회귀는 최소제곱법을 이용해서 회귀식(직선을 나타내는 1차 함수)을 만드는 것이라고 할 수 있다. 이와 같은 기존 데이터 셋을 이용하여 회귀식 모델이 만들어진 이후, 새로운 데이터를 입력해주면 회귀식 모델을 통해 입력된 데이터에 대한 예측값이 도출된다.

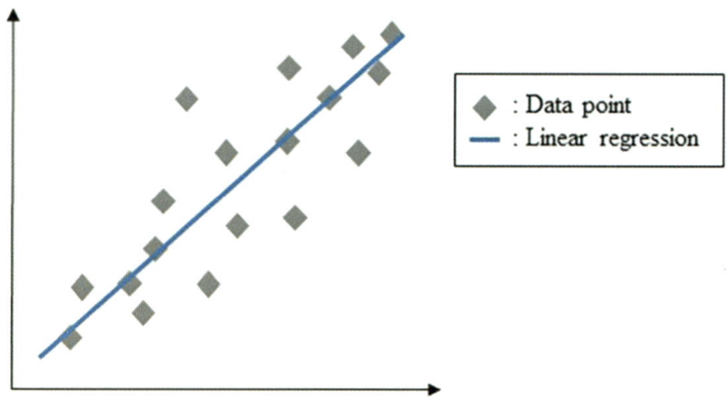


그림 10.6 선형회귀분석 모델의 예

- 어떤 연구자가 어린이들 키 성장에 미치는 요인들이 실제 어느정도 수준으로 영향을 미치는지 조사하기 위해 회귀분석을 활용해보고자 한다. 키 성장에 미치는 요인으로 하루 평균 수면 시간, 식사 평균 칼로리, 하루 평균 운동 시간, 성장 호르몬 수치 데이터를 수집하였고, 회귀분석을 적용하면 수식(모델)이 도출되는데, 그 결과 다음과 같은 관계식을 얻었다고 가정해보자.어린이의 키 = (0.2 x 하루 평균 수면 시간) + (0.1 x 식사 평균 칼로리) + (0.3 x 하루 평균 운동 시간) + (0.4 x 성장호르몬 수치)
- 이렇게 도출된 회귀분석 수식을 통해 입력되는 값(하루 평균 수면 시간, 식사 평균 칼로리, 하루 평균 운동 시간, 성장호르몬 수치)에 따라 최종적인 어린이의 키를 예측할 수 있게 된다.
- 위의 수식에 따르면 어린이의 키에 영향을 주는 입력값 별 가중지가 성장호르몬 수치가 0.4로 영향이 가장 강한 것으로 추론할 수 있고, 하루 평균 수면 시간과 식사 평균 칼로리는 가중치가 각각 0.2, 0.1로 둘 중에는 하루 평균 수면 시간이 좀 더 키에 영향이 있다는 것을 시사해주고 있다.
- 회귀식은 우리가 이해하기 쉬운 형태로 도출되기 때문에 입력값과 출력값과의 관계를 쉽게 파악할 수 있다는 큰 장점이 있다.

## 10.4 비지도학습의 대표적 기법 소개

비지도학습 기법 중 대표적인 기법은 K-평균군집(K-means clustering)이다. K-평균군집 기법은 다음과 같은 정의와 특징을 가진다.

- K-평균군집 알고리즘은 비슷한 특성을 가지는 데이터들을 군집하는 방법이다.
- 데이터의 레이블(label)을 모르는 상태에서 특성을 군집하기 때문에 비지도 학습이다.
- K-평균군집이라는 용어의 가장 앞에 위치한 K는 군집할 집단의 수(Cluster 개수)를 의미한다.

• 특정 데이터 셋에 대해 유사한 특성을 가지는 데이터들을 군집하고자 할 때 K-평균군집을 적용한다면 다음과 같은 흐름으로 진행된다. K값을 임의로 2라고 설정할 시, 초기에 랜덤하게 2개의 중심(centroid)이 지정된다. 다음 예제 그림에서 2개의 중심(centroid A, centroid B)이 지정된 것을 확인할 수 있다. 다음으로 2개의 중심을 바탕으로 집단을 구분한다. 우측 상단의 그림에서 데이터가 분포한 네모박스 절반 위의 부분의 데이터들은 centroid A와 가깝게 위치하고 있기 때문에 집단 A가 되고, 절반 아래 부분의 데이터들은 centroid B와 가깝게 위치하고 있기 때문에 집단 B가 되는 식이다. 다음으로 파란색(짙은) 부분의 집단과 노란색(밝은) 부분의 집단 내에서 각 centroid와 집단 내 모든 데이터간의 거리를 계산해 거리의 합이 가장 작은 데이터로 centroid를 옮기게 된다. 그 이후 이전 연산들과 마찬가지로 각 centroid에서 가장 가까운 데이터들을 계산하여 집단을 재계산하고, 각 집단 내에서 모든 데이터간의 거리를 계산해 거리의 합이 가장 작은 데이터로 centroid를 옮긴다. 이러한 연산은 centroid가 한 지점에 수렴하여 더 이상 움직이지 않을 때까지 반복 수행된다.

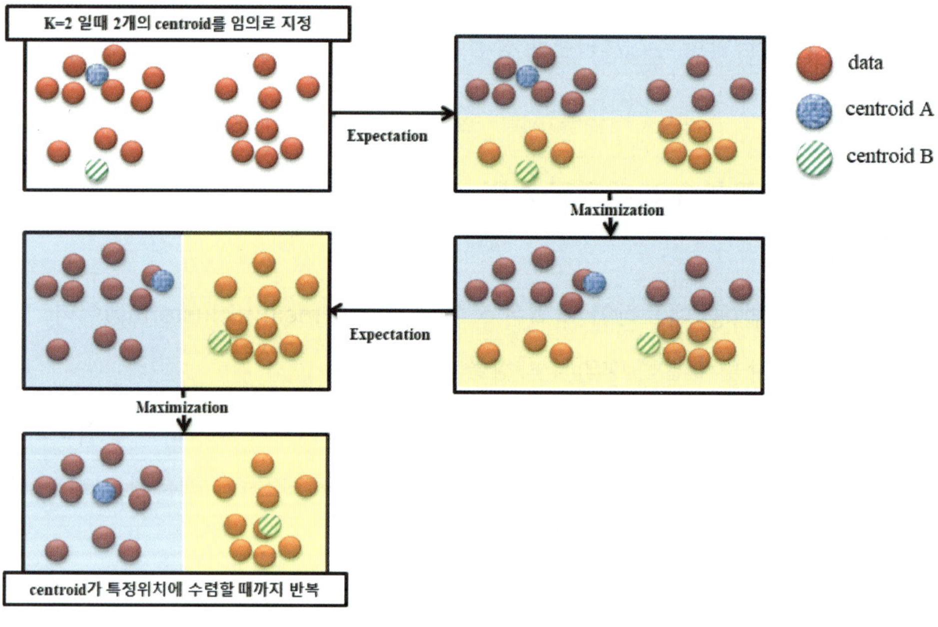


그림 10.7 K-평균군집 기법의 과정

## 10.5 기계학습 기반의 데이터 분석을 위한 기본 단계

특정 목적에 맞는 기계학습 기법을 적용하고 모델을 생성하여 데이터 분석을 진행하기 위해서는 일반적으로 다음과 같은 단계로 진행한다 [5]: (1) 데이터 수집(Gathering data), (2) 데이터 준비(Preparing that data), (3) 모델 선택(Choosing a model), (4) 훈련(Training), (5) 평가(Evaluation) (6) 조정(Hyperparameter tuning), (7) 예측이나 추론(Prediction or Inference). 데이터 분석을 위해서는 항상 진행되는 단계로 볼 수 있다. 각 단계별 상세 내용은 다음과 같다.

- 데이터 수집(Gathering data) : 데이터가 없다면 데이터 분석 자체를 진행할 수 없기 때문에 분석하고자 하는 데이터들을 모으는 것이 데이터 분석을 위한 가장 첫 번째 단계로 볼 수 있다. 첫 번째 단계인 데이터 수집 단계는 기계학습을 통한 최적의 모델 생성을 위해 기본적으로 필요한 데이터들을 모으는 과정이다. 수집할 데이터의 질과 양이 얼마나 좋은 예측 모델이 될지 결정하는 척도가 된다.
- 데이터 준비(Preparing that data) : 데이터를 모아두고 기계학습 기법을 학습시키기 위해 사용될 수 있도록 준비하는 과정이다(표준화, 에러 수정 등등). 데이터를 준비한 이후, 일반적으로 준비한 데이터를 훈련 데이터(training data)과 시험 데이터(testing data) 두 부분으로 분할한다. 훈련 데이터는 모델을 생성하기 위해 사용하는 데이터 셋이며, 시험 데이터는 훈련 데이터를 사용하여 모델을 생성한 이후 생성된 모델의 성능 평가를 위해 사용하는 데이터 셋이다. 분할시 훈련 데이터와 시험 데이터의 일반적인 비율은 80:20, 70:30 정도이다.
- 모델 선택(Choosing a model) : 활용할 수 있는 다양한 모델들 중에서 요구조건에 맞는 모델을 선택하는 과정이다. 예를 들어, 이미지 데이터에 적합한 모델, 음악과 같은 순서(sequence)를 가진 데이터에 적합한 모델, 텍스트 기반의 모델 등이 존재할 수 있다.
- 훈련(Training) : 준비한 데이터 셋을 선택한 모델에 학습시키는 과정으로서, 기계학습의 대부분을 차지한다. 이러한 훈련 단계의 궁극적인 목표는 사용자의

특정 분석 요구에 대해 대부분 정확한 답을 할 수 있는 모델을 창조해 내는 것이다. 보다 쉬운 이해를 위해 비유를 하자면 우리가 운전을 배우는 과정과 유사하다. 처음 운전을 배울때에는 차량의 복잡 다양한 조작부를 활용하는 방법을 전혀 모르지만, 많은 운전 연습을 통해 실수를 고쳐나가고 부족한 부분을 메워가면서 자격을 갖춘 전문운전자로 변모하게 된다. 시간이 지날수록 운전 경험이 계속 늘어나면서 운전 실력 조정 및 운전 기술 연마를 통해 운전에 더욱 능숙해진다. 이에 비추어 훈련단계를 생각해보면, 훈련셋들을 계속해서 모델에 학습시키면 해당 모델은 입력받은 데이터의 경향을 지속적으로 파악하게 된다. 많은 데이터를 학습한 모델은 사용자의 요구사항에 보다 정확한 답을 도출해줄 수 있게 되는 것이다.

- **평가**(Evaluation) : 훈련 단계가 끝난 후, 모델이 잘 만들어졌는지 확인하기 위한 과정이다. 평가 단계에서는 훈련 과정에서 사용하지 않았던 시험셋(testing data)를 활용하여 진행한다. 이를 통해 훈련셋에는 존재하지 않던 새로운 데이터에 대해(학습에 사용하지 않았던 데이터에 대해) 모델이 어떻게 작동하는지 평가가 가능해진다. 즉, 실제로 생성된 모델이 어떻게 동작하는지 보여주는 것이다.
- **조정**(Hyperparameter tuning) : 생성된 모델의 성능을 향상시키기 위해 훈련단계에서 모델을 학습시킬 때 사용한 여러가지 매개변수들을 조정하는 과정이다. 실제 모델을 학습시킬때에는 특정 모델에 필요한 매개변수들이 많이 존재하는데, 이 변수들을 변경함으로써 생성된 모델의 성능을 보다 향상시킬 수 있다. 성능 향상의 수준은 모델과 사용된 데이터 셋에 따라 서로 다르다.
- **예측이나 추론**(Prediction or Inference) : 최종 생성된 모델을 실제 활용해보는 과정이다. 본 단계는 사용자의 질문에 대해 답을 할 수 있는 단계로서 기계학습의 가치가 발현되는 단계이다. 기계학습의 가치는 인간의 판단이나 수동적인 법칙이 아닌 데이터를 통해 생성된 모델을 활용하여 사용자의 질문에 답을 할 수 있다는 것이다.

## 10.6 기계학습을 위한 파이썬 라이브러리의 이해

파이썬에서는 개발자가 기계학습을 보다 수월하게 수행할 수 있도록 아래와 같이 다양한 라이브러리를 제공하고 있다.

- NumPy : 대규모 다차원 배열 및 행렬에 대한 지원을 제공하는 라이브러리이다. 고수준의 수학적인 수치 연산을 쉽게 수행할 수 있도록 지원한다. Pandas와 Matplotlib를 활용하기 위한 기반이 되는 라이브러리이다[6].
- Pandas : 데이터 조작 및 분석을 위한 라이브러리이다. 특히 숫자 테이블(행과 열이 존재하는 데이터프레임)을 통해 데이터 분석을 보다 쉽게 수행할 수 있도록 하는 자료구조와 관련 연산을 제공한다[7].
- Matplotlib : 파이썬에서 데이터를 그래프 형태로 시각화해주는 라이브러리이다. 차트 및 그래프를 생성하는데 사용되며, 과학적 데이터 시각화에 유용하다[8].
- Scikit-learn : 기계학습의 모든 일반적인 알고리즘을 제공하는 라이브러리이다. 사용이 쉬워 기계학습 분야에 가장 인기있는 라이브러리이며 분류, 예측, 군집 등을 지원한다[9].
- Tensorflow : 기계학습을 위한 무료 오픈 소스 소프트웨어(OSS) 라이브러리이다. 다양한 기계학습 작업에서 사용할 수 있지만 인공 신경망 및 심층 신경망의 훈련 및 추론에 특히 중점을 두고 있다. 이식성 및 확장성이 높지만, 배우고 사용하기가 상대적으로 어려울 수 있다. 모델을 정의한 후 수행 (Define-and-Run)하는 방식이다. Google에서 개발하였고 현재 기계학습 및 인공지능을 위해 다방면으로 활용되고 있다[10].
- Keras : 신경망용 파이썬 인터페이스를 제공하는 오픈 소스 소프트웨어 라이브러리이다. Keras는 TensorFlow 라이브러리의 인터페이스 역할을 한다. 즉, Tensorflow 기능을 사용자 친화적으로 쉽게 간결하게 사용할 수 있도록 제공하고 있다. Keras는 신경망 관련 비전문가라고 하더라도 보다 쉽게 신경망 모델을 개발하고 활용할 수 있도록 직관적인 방식들을 제공하고 있다[11].

- PyTorch : 컴퓨터 비전 및 자연어 처리와 같은 응용 프로그램에 사용되는 Torch 라이브러리를 기반으로 하는 오픈 소스 기계 학습 라이브러리로서 주로 Facebook의 AI 연구소(Facebook's AI Research lab: FAIR)에서 개발하였다. 기계학습 라이브러리이며 모델을 정의하면서 실시간으로 실행이 가능(Define-by-Run)하다[12].

여러 라이브러리들 중, 사용하기 쉽고 간편한 Scikit-learn 라이브러리의 활용도가 높다. Scikit-learn에서 제공하는 대표적인 기계학습 알고리즘을 활용하기 위한 소스코드는 다음과 같다.

표 10.2 scikit-learn에서 제공하는 대표적인 기계학습 모델 활용법

| 알고리즘 | 파이썬 소스 코드 |
|---|---|
| Linear regression | from sklearn.linear_model import LinearRegression<br>model = LinearRegression() |
| k-Nearest Neighbor | from sklearn.neighbors import KNeighborsClassifier<br>model = KNeighborsClassifier(n_neighbors=3)<br># n_neighbors는 이웃의 수를 나타내는 매개변수 |
| Support Vector Machine | from sklearn import svm<br>model = svm.SVC() |
| Decision Tree | from sklearn.tree import DecisionTreeClassifier<br>model = DecisionTreeClassifier() |
| K-means Clustering | from sklearn.cluster import KMeans<br>model = KMeans(n_clusters=2)<br># n_clusters는 생성할 클러스터의 개수를 나타내는 매개변수 |

예를 들어, 아래와 같이 5개의 데이터가 있을 때 Scikit-learn에서 제공하는 선형 회귀를 활용하여 5개의 데이터를 가장 잘 설명하는 회귀선을 찾기 위한 방법은 다음과 같다.

| x | y |
| --- | --- |
| 1.0 | 1.0 |
| 2.0 | 2.0 |
| 3.0 | 1.6 |
| 4.0 | 3.8 |
| 5.0 | 2.3 |

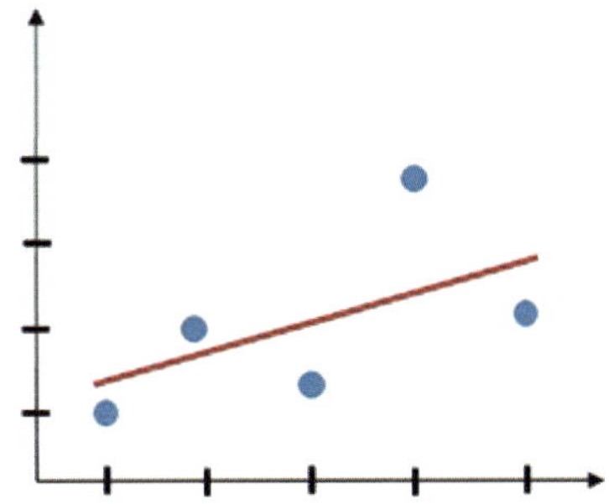

그림 10.8 데이터에 대한 회귀식 예제 그림

[1]:
```
import matplotlib.pyplot as plt
from sklearn.linear_model import LinearRegression

reg = LinearRegression()

x = [[1.0], [2.0], [3.0], [4.0], [5.0]]
# LinearRegression()은 2차원 배열 형태의 훈련 데이터 셋만 사용하기
때문에 2차원 배열 형태로 표시
y = [1.0, 2.0, 1.6, 3.8, 2.3]
reg.fit(x, y) # 학습

# 학습 데이터와 y값을 산포도로 그리기
plt.scatter(x, y, color='black')

# 학습 데이터를 입력으로 하여 예측값을 계산
y_prediction = reg.predict(x)

# 학습 데이터와 예측값으로 회귀식 그래프 그리기
plt.plot(x, y_prediction, color='red', linewidth=3)
plt.show()
```

위 프로그램을 살펴보면, 선형회귀를 사용하기 위해 우선 표 10.2에 있는 방식대로 LinearRegression 라이브러리를 포함시키도록 한다. 이후 예제상에 주어진 x와 y값을 변수에 할당하고 reg.fit(x, y)를 통해 선형회귀 모델을 생성한다(x와 y 데이터의 산포도를 그리기 위해서는 plt.scatter()라는 함수를 활용해 볼수도 있다). 다음으로 x값을 실제 생성된 선형회귀모델에 입력하여 그 결과를 살펴보자. 이를 위해 reg.predict(x)라는 함수를 활용한다. 도출되는 결과는 y_prediction에 할당되고, plt.plot()를 통해 그래프를 그린 후 plt.show()를 사용하여 결과 그래프를 보여준다.

K-최근접이웃기법도 간단히 실습해보자. 다음과 3개의 데이터가 주어져 있을 때 K-최근접이웃기법을 통해 데이터를 분류해보자.

1번 데이터: x값 0.5, y값 0.2, 분류 레이블 0

2번 데이터: x값 0.4, y값 0.5, 분류 레이블 0

3번 데이터: x값 0.9, y값 0.7, 분류 레이블 1

[2]:
```
from sklearn.neighbors import KNeighborsClassifier

# KNN의 K값인 n_neighbors을 1로 지정
classifier = KNeighborsClassifier(n_neighbors = 1)
trainingData = [
  [0.5, 0.2],
  [0.4, 0.5],
  [0.9, 0.7],
]
# Data 및 레이블 입력
trainingData_labels = [0, 0, 1]

# 학습시키기
classifier.fit(trainingData, trainingData_labels)

# K-최근접이웃기법을 통해 분류하고자 하는 데이터
testingData = [
  [0.2, 0.1],
  [0.4, 0.6],
  [0.8, 0.9]
]
```

```
results = classifier.predict(testingData)
results
```

```
array([0, 0, 1])
```

위 프로그램을 살펴보면, K-최근접이웃기법을 사용하기 위해 표 10.2에 있는 라이브러리를 포함시키도록 한다. trainingData부분은 기존에 존재하고 있는 3개의 데이터를 의미한다. 그리고 trainingData_labels에는 3개의 데이터가 0으로 분류되어 있는지 1로 분류되어 있는지 구분하기 위한 표시이다. 이후 classifier.fit()을 통해 학습을 시킨다. 이후 분류해보고자 하는 testingData를 K-최근접이웃기법을 통해 분류해보면 0, 0, 1이 도출되는데 이는 첫 번째 데이터인 [0.2, 0.1]은 0으로 분류, 두 번째 데이터인 [0.4, 0.6]은 0으로 분류, [0.8, 0.9]는 1로 분류됨을 의미한다.

## 10.7 기계학습 수행을 위한 데이터셋의 확보 및 활용

기계학습을 수행하기 위해서는 분석하고자 하는 데이터의 확보가 필수적이다. 이러한 데이터는 직접 하나씩 수집할 수도 있겠지만, 다수의 데이터를 수집하기 위해서는 많은 시간과 비용이 소비된다. 본인에게 필요한 데이터를 미리 수집하여 제공해주는 곳이 있다면 어떨까? 데이터 수집시간을 절약하고 데이터 분석 분야에만 조금 더 초점을 맞추어 연구할 수 있을 것이다. 이를 위한 대표적인 플랫폼으로 캐글(Kaggle)이 있다[13]. 원래 캐글은 데이터 분석 경진 대회를 주최하는 플랫폼이다. 주로 데이터 분석 분야 경진대회에서는 기업의 연구 과제나 관련 서비스를 위해 분석이 필요한 데이터를 경진대회 참가자들에게 제공하여 주최하는 것이 일반적이다. 경진대회 참가자들은 제공된 데이터를 활용하여 분석하고 알고리즘을 개발하면서 경쟁한다.

캐글에서는 데이터 분석 경진대회 외에도, 학술목적으로 공개된 데이터, 캐글 사용자들이 다양한 플랫폼에서 수집하여 공유하는 데이터 등을 누구나 사용할 수 있도록 제공하고 있다. 공개하고 싶지 않은 데이터들은 private 설정을 통해 외부에 공개하지 않기도 한다. 이러한 활동 들을 통해 캐글은 데이터 과학자와 기계 학습 전문가로 구성된 온라인 커뮤니티로 인정받고 있다. 2010년 설립되어 2017년 3월 8일 Google이 인수하였다[14].

캐글에서 필요한 데이터 셋을 검색하고 다운로드하기 위한 과정은 다음과 같다.

- 상위 검색창에 데이터세트 명칭을 입력하여 검색한다.
- 데이터 셋은 csv 파일로 제공된다.
- 다운로드 받은 csv 데이터 셋은 적절한 경로로 옮겨둔 이후, Pandas 등을 이용해 데이터 셋을 로드하여 분석 및 활용한다.

캐글에서 제공하는 수많은 데이터 중에 Medical Cost Personal Datasets를 다운로드한 후 위의 예제와 같은 방식으로 쉬운 회귀식을 한번 생성해보자. 우선 다음 링크를 통해 csv 데이터 셋을 다운로드한다.

| Medical Cost Personal Datasets 링크: t.ly/cwiR |
|---|

본 데이터 셋은 1,338개의 행(데이터)와 7개의 열(컬럼)으로 이루어져 있다. 각 열의 설명은 다음과 같다.

- age: 나이
- sex: 성별 (남성, 여성)
- BMI: 체질량 지수 (Body Mass index)
- children: 자녀의 수
- smoker: 흡연 여부 표시 (yes, no)
- region: 거주하는 지역
- charges: 의료 관련 부과 비용

전체 데이터 셋을 확인하기 위해서는 csv를 직접 열어볼 수도 있지만, Pandas를 활용하여 다음처럼 확인할 수도 있다.

[3]:
```
import pandas as pd

df = pd.read_csv('insurance.csv')
df
```

이러한 데이터 셋을 활용하여 그림 10.8의 예제처럼 회귀식을 도출해보자. 회귀식 도출을 위해서는 독립변수와 종속변수 설정이 필요한데, 임의로 BMI를 독립변수로, charges를 종속변수로 설정한 후 두 변수 사이의 회귀식을 생성해보도록 한다. 쉬운 이해를 위해 그림 10.8 예제에서 활용한 코드를 가능한 활용하였다.

[4]:
```
import matplotlib.pylab as plt
from sklearn.linear_model import LinearRegression

# X 독립변수 설정
x = df[['bmi']]

# Y 종속변수 설정
y = df['charges']

plt.xlabel('BMI')
plt.ylabel('MedicalCost')

reg = LinearRegression()
reg.fit(x, y) # 학습

# 학습 데이터와 y값을 산포도로 그리기
plt.scatter(x, y, color='black')

# 학습 데이터를 입력으로 하여 예측값을 계산
y_prediction = reg.predict(x)
```

```
# 학습 데이터와 예측값으로 회귀식 그래프 그리기
plt.plot(x, y_prediction, color='red', linewidth=3)
plt.show()
```

캐글 외에도 기계학습에 활용할 수 있는 데이터 셋들을 제공하는 대표 사이트들은 다음과 같다.

- UCI Machine Learning Repository[15]
  - 캘리포니아 대학 어바인의 연구팀이 만든 데이터 셋 저장소로, 1987년에 기계학습 알고리즘을 테스트 할 수 있는 표준화된 데이터 셋을 제공하기 위해 설립되었다. 당시 기계학습 연구자들은 심도있는 연구를 위해 다양한 데이터 셋을 쉽게 구할 수 있는 공간이 필요하였다. 특히 학문적 연구 목적으로 많은 연구자가 공동으로 사용할 수 있는 데이터 셋의 확보가 필수적이었다. 이를 위해 UCI Machine Learning Repository는 다양한 형식의 데이터 셋을 수집하고 자유롭게 이를 제공하는 공간으로 발전하였다.
  - 다양한 분야의 데이터를 제공하고 있으며 분류, 회귀, 군집화 등 다양한 알고리즘을 테스트하는데 자주 사용하는 데이터 셋들을 포함하고 있다.
  - URL: https://archive.ics.uci.edu/ml/index.php

- Google Dataset Search[16]
  - Google Dataset Search는 다양한 분야에서 사용 가능한 데이터 셋을 찾을 수 있도록 Google이 2018년부터 제공하고 있는 서비스이다. Google은 전 세계적으로 사용 가능한 수많은 공공 데이터 셋이 있지만, 이를 쉽게 검색하고 접근할 수 있는 툴이 부족하다는 문제를 인식하게 되었다. 따라서, 검색 서비스가 강점이었던 Google은 주요 기술들을 사용하여 웹상의 여러 출처에서 데이터를 통합하고, 일관된 형식으로 제공하는 검색엔진을 만들었다. 이 서비스를 통해 연구자와 개발자들이 다양한 데이터 출처에서 데이터를 찾아 분석할 수

있게 되었다.
- 공공데이터부터 연구 데이터까지 포괄적인 데이터 셋들을 제공한다.
- URL: https://datasetsearch.research.google.com

- Data.gov[17]
  - Data.gov는 2009년에 오바마 행정부가 정부의 투명성을 강화하기 위해 정부 데이터를 대중에게 공개하며 출범한 미국 정부의 데이터 플랫폼이다. 이 플랫폼은 미국 연방, 주, 지방 정부 기관이 수집한 데이터를 대중에게 제공하여 연구, 개발, 정책 분석 등 다양한 분야에 활용할 수 있도록 하는 것이 목표였다. 이후, 데이터 과학 및 기계학습 연구자들이 공공 데이터를 활용하여 다양한 분석을 수행할 수 있는 중요한 소스가 되었다. 현재는 미국 정부의 공공 데이터뿐만 아니라, 국제적인 데이터도 포함하여 전 세계 사용자들이 자유롭게 접근할 수 있다.
  - 공공 정책, 환경, 건강, 교육 등 다양한 분야의 데이터를 제공하며, 특히 기계학습 모델을 학습시키고 검증하는 데 사용될 수 있는 광범위한 데이터 셋을 제공한다.
  - URL: https://www.data.gov

- TensorFlow Datasets[18]
  - TensorFlow Datasets은 Google이 개발한 오픈소스 기계학습 라이브러리인 TensorFlow와 함께 사용될 수 있는 데이터 셋 저장소다. TensorFlow Datasets은 이러한 기계학습 모델의 학습에 필요한 데이터 셋을 쉽게 다운로드하고 처리할 수 있도록 설계되었다. 다양한 분야의 데이터 셋을 제공하며, TensorFlow 라이브러리와 원활하게 통합되어 기계학습 모델 개발 시간을 단축할 수 있다.
  - TensorFlow와 직접적으로 통합된 데이터 셋을 제공하며, 기계학습 및 딥러닝 연구자들이 빠르게 모델을 학습시키는 데 유리하다. 특히, 텍스트, 이미지, 구

조화된 데이터 셋을 많이 포함하고 있다.

- URL: https://www.tensorflow.org/datasets

- Amazon AWS Open Data[19]
  - Amazon의 AWS(Amazon Web Services)는 2017년에 AWS Open Data 프로그램을 시작하였는데, 이 프로그램은 대규모 데이터 분석 및 기계학습을 위한 공공 데이터 셋을 클라우드 환경에서 제공하기 위한 목적으로 만들어졌다. Amazon은 대용량 데이터를 저장하고 처리하는 데 있어 클라우드의 강점을 활용할 수 있는 방안을 모색했고, 이를 통해 연구자와 개발자들이 공공 데이터를 쉽게 사용하고 공유할 수 있도록 이 플랫폼을 개발했다. AWS Open Data는 연구기관, 공공기관, 그리고 비영리 단체들이 데이터를 공유하는 데 사용되며, 과학 연구와 상업적 개발에 중요한 자원을 제공한다.
  - 클라우드 환경에서 대규모 데이터를 쉽게 사용할 수 있도록 설계되었으며, 사용자가 데이터를 AWS의 다양한 분석 툴과 함께 사용할 수 있다. 주로 과학, 기후, 경제 분야의 대규모 데이터 셋을 제공한다.
  - URL: https://registry.opendata.aws

- AI 허브 (AI Hub)[20]
  - 해외 뿐만 아니라 국내에서도 AI 기술 발전을 위해 다양한 연구분야에서 활용할 수 있는 데이터 셋들을 AI 허브(AI Hub)라는 플랫폼을 통해 공개하고 있다. 한국지능정보사회진흥원(NIA, National Information Society Agency)이 운영하는 대한민국의 대표적인 인공지능 데이터 플랫폼이다. 이 플랫폼은 AI 기술 발전을 위해 다양한 산업과 연구에서 활용할 수 있는 데이터를 수집하고 제공하는 데 목적을 두고 있습니다. AI 허브는 특히 한국어 및 한국과 관련된 데이터를 다수 포함하여, 국내외 AI 연구자와 기업들이 데이터를 쉽게 접근하고 사용할 수 있도록 지원하고 있다. 이 사이트는 AI 모델 학습과 연구에 필요한 대규모 데이터 셋과 고품질 데이터를 제공하며, 인공지능 기술 확산을 촉

진하는 데 중요한 역할을 하고 있다.

- AI 허브에서는 다양한 분야의 데이터를 누구나 쉽게 접근하고 활용할 수 있도록 제공하여, AI 연구 및 개발을 촉진하고 있다. 그리고 인공지능 기술 연구를 위한 양질의 데이터를 제공함으로써 AI 모델의 성능 향상과 실용화를 돕고 있으며 기업, 연구기관, 대학 등 다양한 이해관계자들이 데이터를 기반으로 협력할 수 있는 환경을 조성해주고 있다. 정부가 보유한 공공 데이터들도 개방하고 있다.
- AI 허브에서는 다양한 산업 분야에서 사용할 수 있는 데이터 셋을 제공하고 있다.

> - **음성/언어 데이터**: 한국어 대화 데이터, 음성 인식 및 합성에 필요한 음성 데이터, 텍스트 데이터 등을 제공한다. 예를 들어, 대규모 한국어 음성 데이터는 음성 인식 시스템과 자연어 처리 모델 개발에 사용된다.
> - **자연어 처리 데이터**: 한국어 텍스트 분석 및 자연어 처리(NLP: Natural Language Processing)를 위한 데이터 셋을 제공한다. 이 데이터는 챗봇, 기계 번역, 문서 요약 등의 연구와 개발에 유용하다.
> - **헬스케어 데이터**: 의료 데이터를 활용하여 진단 보조, 의료 서비스 제공 등을 위한 AI 모델 개발을 돕는다. 예를 들어, MRI, X-ray와 같은 의료 영상 데이터 셋을 통해 컴퓨터 비전 기반의 질병 진단 AI 개발이 가능하다.
> - **자율주행 데이터**: 자율주행 차량 개발을 위한 도로 주행 영상, 라이다(LiDAR) 데이터, 센서 데이터 등을 제공하여 자율주행 기술 연구에 기여한다.
> - **그 외 산업별 데이터**: 제조, 물류, 농업, 에너지 등 다양한 산업군에서 필요한 AI 모델을 개발할 수 있는 데이터를 제공한다.

- AI 허브에서 제공하는 데이터 셋은 무료로 다운로드할 수 있으며, 연구 및 개발 목적으로 사용할 수 있다. 다만, 일부 데이터는 접근 신청 후 승인 절차를 거쳐야만 다운로드할 수 있다. 그리고 AI 개발자들이 쉽게 데이터에 접근할 수 있도록 API 서비스를 제공하고 있다. 이를 통해 실시간으로 데이터를 연동하거나,

다양한 AI 애플리케이션을 개발할 수 있다. 뿐만 아니라 AI 기술을 학습하고 실습할 수 있는 다양한 교육 자료와 튜토리얼도 제공한다. 기초적인 AI 개념부터 최신 기술 동향까지 다루며, AI 기술 확산을 위한 교육 프로그램을 지원한다. AI 연구 개발에 필요한 컴퓨팅 자원을 민간 클라우드사로부터 임차하여 기업 및 대학 등에 지원해주기도 한다.

- AI 허브는 한국 정부가 주도하는 인공지능 데이터 공유 플랫폼으로, 다양한 산업에서 활용될 수 있는 고품질의 데이터를 제공한다. 다른 플랫폼에 글로벌 오픈 플랫폼들에 비해 특이한 점은 글로벌 플랫폼에서 다루지 않는 한국어 데이터와 한국에서만 수집 가능한 특화된 데이터를 제공함으로써, 한국의 연구자와 개발자들에게 중요한 리소스가 된다.
- AI 연구 가속화: AI허브는 기계학습 모델을 학습시킬 수 있는 대규모 데이터 셋을 제공함으로써 AI 연구를 가속화하고, 혁신적인 AI 기술 개발을 지원합니다.
- URL: https://www.aihub.or.kr

## 프로그래밍 실습

### 실습

캐글에서 제공하는 데이터 중 아래 URL을 통해"Students Performance in Exams"이라는 데이터 셋을 다운로드한다. 독립변수는 reading score, 종속변수는 writing_score로 설정한 후 회귀식 생성을 통해 두 변수의 관계를 살펴보자.

Students Performance in Exams 링크: t.ly/s2Pn

#### 실습의 문제 풀이

데이터 셋을 다운로드한 후, 판다스를 활용해 데이터를 읽어온다.

[1]:
```
import pandas as pd
df = pd. read_csv('StudentsPerformance.csv')
df
```

문제의 요구사항처럼 독립변수와 종속변수를 각각 reading score, writing score로 설정하고 회귀식 생성을 위해 LinearRegression()을 활용한다. 생성된 회귀식에 predict()를 통해 학습데이터를 입력하여 예측값을 구한 후 이를 그래프에 그려본다.

[2]:
```
# X 변수 설정
x = df[['reading score']]

# Y 변수 설정
y = df['writing score']

plt.xlabel('reading score')
plt.ylabel('writing score')
reg = LinearRegression()
```

```
reg.fit(x, y) # 학습

# 학습 데이터와 y값을 산포도로 그리기
plt.scatter(x, y, color= 'black')

# 학습 데이터를 입력으로 하여 예측값을 계산
y_prediction = reg.predict(x)

# 학습 데이터와 예측값으로 회귀식 그래프 그리기
plt.plot(x, y_prediction, color= 'red', linewidth= 3)
plt.show()
```

## 연습문제

**1. 기계학습에 대한 설명으로 틀린 것을 고르시오.**

① 인공지능의 한 분야로, 명시적인 프로그램 없이도 컴퓨터가 스스로 학습을 할 수 있도록 하는 학문 분야이다.

② 머신러닝과 같은 의미를 가진다.

③ 기계 스스로 데이터로부터 지식이나 패턴을 찾아 학습하고 예측을 수행하는 과정이다.

④ 여러 데이터를 사용하여 학습을 통해 모델을 생성한다.

⑤ 더 많은 데이터를 사용할수록 항상 모델의 성능이 높아진다.

**2. 지도학습의 기법들 중 예측을 위한 기법을 고르시오.**

① KNN

② SVM

③ Linear regression

④ Decision tree

⑤ Clustering

**3. 기계학습을 통한 데이터 분석 절차로 적절한 것을 고르시오.**

① 데이터 수집 - 데이터 준비 - 모델 선택 - 훈련 - 평가 - 조정 - 예측

② 데이터 준비 - 데이터 전처리 - 모델 훈련 - 평가 - 조정 - 예측

③ 데이터 준비 - 모델 훈련 - 평가 - 데이터 처리 - 예측

④ 모델 훈련 - 조정 - 데이터 준비 - 모델 생성 - 평가 - 예측

⑤ 데이터 준비 - 훈련 - 모델 생성 - 모델 선택 - 예측

4. 파이썬에서 제공하고 있는 라이브러리 중, 머신러닝의 모든 일반적인 알고리즘을 제공하고 있고, 무엇보다 사용이 쉬워 기계학습 분야에 가장 인기있는 라이브러리 중 하나를 고르시오.

① numpy

② pandas

③ matplotlb

④ scikit-learn

⑤ seaborn

5. K-means Clustering 알고리즘을 scikit-learn 라이브러리를 활용하여 구현하고자 할 때 사용하는 코드로 적절한 것을 선택하시오.

①
```
from sklearn.neighbors import KNeighborsClassifier
model = KNeighborsClassifier(n_neighbors=3)
```

②
```
from sklearn.linear_model import LinearRegression
model = LinearRegression()
```

③
```
from sklearn.cluster import KMeans
model = KMeans(n_clusters=2)
```

④
```
from sklearn.cluster import KMeansCluster
model = KMeansCluster(n_clusters=2)
```

⑤
```
from sklearn.cluster import KMeansClustering
model = KMeansClustering(n_clusters=2)
```

6. 파이썬에서 데이터셋을 훈련셋(training set)과 시험셋(testing set)으로 쉽게 구분해 주는 기능을 제공해주는 함수는 어떤 것인지 고르시오.

① train_test() ② train_test_split() ③ accuracy_score()
④ spliting() ⑤ fit()

7. 기계학습에 활용할 수 있는 데이터 셋들을 제공하는 사이트들 중에서 국내 각종 산업 분야의 데이터를 가장 다양하게 확보할 수 있는 곳은 어디인가?

① kaggle
② Google dataset search
③ Amazon AWS Open Data
④ TensorFlow Datasets
⑤ AI Hub

## 프로그래밍 문제

1. scikit-learn에는 기본적으로 내장된 몇 가지 데이터 셋이 있는데, 그 중 하나로 iris(붓꽃)에 관한 데이터 셋이 존재한다. iris 데이터 셋을 읽어와서 다음과 같은 작업을 프로그래밍 해보자.

   - iris 데이터 셋 읽어오기
   - iris 데이터 셋의 각 필드값(특징값)을 확인해보기.
   - train_test_split()을 사용하여 iris 데이터 셋을 훈련 셋과 시험 셋으로 구분하기 (시험셋은 전체 데이터 셋의 40%로 설정).

2. 위 1번에서 작업한 iris 데이터 셋의 훈련셋 과 시험 셋을 이용하여 기계학습 알고리즘 중 하나인 KNN을 적용해보자.

   - KNN에서의 K값은 3으로 설정하자.
   - 예측 정확도를 출력해보자(round(np.mean(y_pred == y_test),4) 활용).

3. 비지도 기계학습 중 하나인 K-means를 이용해 iris 데이터 셋을 클러스터링하기 위해 다음과 같은 작업들을 프로그래밍 해보자 (K-means는 비지도 학습이기 때문에 학습과정에 label을 제공하지 않음).

   - iris 데이터 셋을 훈련 셋과 시험 셋으로 구분한 이후 (시험셋은 전체 데이터 셋의 40%로 설정) Kmeans을 이용하여 iris 데이터를 군집해보자(클러스터 개수는 3개로 설정).
   - matplotlib를 이용하여 군집된 데이터를 2차원 평면에 시각화해보자.
   - 학습된 모델을 검증해보자.

## 참고 문헌


1. Tarkeshwar Barua, Kamal Kant Hiran, Ritesh Kumar Jain, Ruchi Doshi, Machine Learning with Python, De Gruyter, 2024.
2. https://www.hpe.com/kr/ko/what-is/artificial-intelligence.html
3. https://bi.snu.ac.kr/Courses/ML2016/LectureNote/LectureNote_ch1.pdf
4. 오렐리앙 제롱 저/박해선 역, 핸즈온 머신러닝, 한빛미디어, 2023.
5. https://towardsdatascience.com/the-7-steps-of-machine-learning-2877d7e5548e
6. https://numpy.org
7. https://pandas.pydata.org
8. https://matplotlib.org
9. https://scikit-learn.org/stable
10. https://www.tensorflow.org
11. https://keras.io
12. https://pytorch.org
13. https://www.kaggle.com
14. https://en.wikipedia.org/wiki/Kaggle
15. https://archive.ics.uci.edu/ml/index.php
16. https://datasetsearch.research.google.com
17. https://www.data.gov
18. https://www.tensorflow.org/datasets
19. https://registry.opendata.aws
20. https://www.aihub.or.kr

# 11 Chapter 인공지능

**학습목표**

- 인공지능의 기본 개념에 대해 이해하고 설명할 수 있다.
- 인공신경망과 모델들의 동작 과정에 대해 소개할 수 있다.
- 인공신경망 구현을 위한 Keras를 사용할 수 있다.
- 인공신경망 모델을 생성하고 평가하기 위한 과정을 설명할 수 있다.
- 파이썬을 활용해 인공신경망을 단계적으로 구현할 수 있다.

## 11.1 인공지능의 개념

인공지능(Artificial Intelligence: AI)은 일반적으로 다음과 같이 정의 및 설명할 수 있다.

- 사람과 유사한 지능을 가지도록 인간의 학습능력, 추론능력, 지각능력, 자연어 이해능력 등을 컴퓨터 프로그램으로 실현하는 기술이다[1].
- 인공지능은 1950년대에 등장한 개념이나, 혁신적 알고리즘, 컴퓨팅 파워 증대, 데이터 폭증 등으로 점차 급속히 발달하였다(수학자 앨런 튜링은 1950년대 "계산기계와 지능"을 통해 AI의 개념적 토대를 놓았으며, AI 용어는 1956년 다트머스 학술회의에서 처음 사용하였다[2].
- 인공지능의 핵심은 "학습", "추론", "예측"으로, 육체 노동을 대신하는 이전 기계들과 달리, 지적노동(인지, 표현, 판단 등)이 가능하다[3].
- 기계학습은 인공지능에 속하는 부분 집합이고, 인공지능은 기계학습을 포함하는 상위 개념으로 볼 수 있다. 언론 매체들에서 많이 언급되고 있는 딥러닝은 기계학습에 속하는 개념이다.

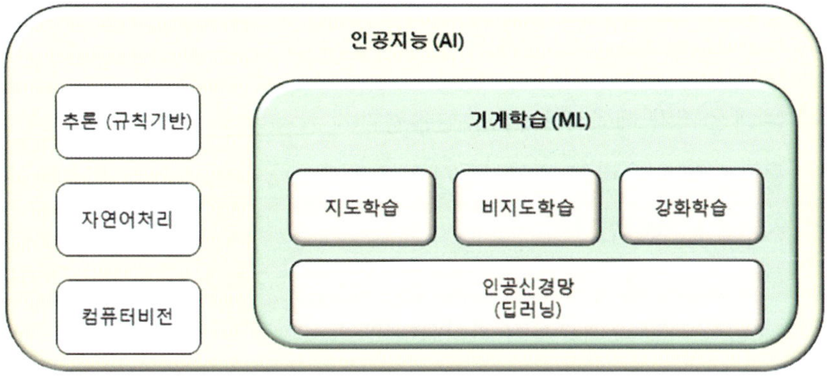


그림 11.1 인공지능 학문의 범위

현재 학계 및 산업계에서는 인공지능 기술을 통해 인간의 지능 활동을 컴퓨터에 접목하여 보다 편리한 일상생활을 누릴 수 있도록 다양한 방면으로 연구를 진행하고 있다. 또한 연구 결과들은 일상생활의 다양한 분야에서 활용되고 있다. 스마트폰 카메라는 사용자의 얼굴을 인식하여 잠금을 해제하고, 음성인식 개인비서 시스템은 사람의 말을 이해하고 친구에게 전화를 걸어주거나 필요한 물품을 검색해주기도 한다. 또한, 소셜 네트워크 서비스(SNS)에서 보여주는 광고나 피드는 계정 주인의 관심사를 반영해 보여준다. 이러한 기술들은 일상 생활에 큰 편의성을 제공해주고 있다. 이 외에도 몇 가지 예를 들어보면 다음과 같다[4].

- **스마트홈 시스템**: 스마트 전자 기기와 연결된 사물인터넷(IoT) 기기를 제어하여 텔레비전이나 전등 또는 스피커 등을 음성으로 켜거나 끌 수 있다.
- **지능적인 검색 및 응대 시스템**: 고객의 문의사항에 자동 답변 가능한 지능적인 챗봇 서비스를 제공한다. 필요에 따라 소비자의 취향에 따라 맞춤형 컨텐츠를 추천해준다.
- **영상분석 시스템**: 딥러닝으로 영상 데이터 학습, 분류, 진단 수행 등을 수행하여 보다 정확한 분석 결과를 제공해준다.
- **감정분석 시스템**: 사람의 표정 및 억양 변화로부터 감정을 인식하여 상황에 맞게 대응하고 관련된 서비스를 제공해준다.

- **금융분석 시스템**: 미국 월스트리트에서 몇 백만 달러의 연봉을 받는 금융 애널리스트 보다 정확히 금융시장을 예측하고 자산을 운용한다. 또한, 구매내역 등을 통해 소비자 데이터 분석 및 신용평가에 활용한다.
- **물류 시스템**: 온라인 쇼핑몰들에서는 무인항공기인 드론을 활용하여 택배 배송 서비스를 제공한다.
- **구조 시스템**: 화재 현장이나 위험한 사고가 난 지역에서 인명을 안전하게 구출하는 일을 사람을 대신하여 처리한다.
- **노약자 돌봄 시스템**: 노약자들의 행동 패턴 분석, 위험 식별, 자연어 처리 등을 통해 1:1 요양 서비스를 제공한다.

인공지능 기술은 일상생활 뿐만 아니라 산업 전반에도 도입되면서 우리의 삶은 급격히 변화하고 있다. 이러한 기술은 삶의 곳곳에 적용되고 있으며 산업 기술과 기업의 비즈니스에도 큰 영향을 미쳐 많은 이들에게 큰 도움을 주고 있다.

인공지능 기반의 신기술들이 바꿔 놓을 미래 사회에서 직업을 가지고자 하는 구직자들의 필수 능력으로는 무엇이 있을까? 미국을 대표하는 경영대학원인 MIT 슬론(Sloan)이 발행한 MIT 슬론 매니지먼트 리뷰에서는 인공지능 유창성(AI Fluency)을 제시하고 있다. 인공지능 유창성은 인간과 기계가 가지고 있는 역량을 충분히 이해하고 기계가 할수 있는 일과 없는 일 뿐만 아니라 기계가 어떤 일을 하는 것이 옳고 그른지에 대한 판단력을 의미한다. 이러한 인공지능 유창성이 필수적으로 요구되는 미래 직업 3가지를 다음과 같이 선정하고 있다.

- **인공지능 트레이너 (AI Trainier)**: 인공지능 개성을 강화하여 인간에게 공감을 표시할 수 있도록 훈련시키는 일을 담당.
- **인공지능 해설가 (AI Explainer)**: 알고리즘에 기반을 두고 인공지능의 의사 결정 과정을 명확하게 설명하는 일을 담당.
- **인공지능 유지보수 전문가 (AI Sustainer)**: 인공지능이 외부 위협에 손상되는 것을 방지하는 일을 담당.

## 11.2 인공신경망의 이해

인공지능 분야에서 큰 주목을 받고 있으며 매우 중요한 역할을 담당하고 있는 인공신경망을 살펴보자. 인공신경망(Artificial Neural Network)의 개념은 다음처럼 정의 및 설명할 수 있다.

- 사람 또는 동물 두뇌의 신경망에 착안하여 구현된 컴퓨팅 시스템의 총칭이다. 기계 학습의 세부 방법론 중 하나로, 신경 세포인 뉴런(neuron)이 여러 개 연결된 망의 형태로 표현된다.
- 인간의 신경을 흉내낸 기계학습 기법이다.
- 사람의 두뇌를 모델로 하여 여러 정보를 처리하는 데 두뇌와 비슷한 방식으로 처리하기 위한 알고리즘이다.

인공신경망의 개념은 그림 11.2처럼 뇌를 구성하는 신경 세포인 뉴런의 동작 원리에 기초하고 있다. 뉴런의 기본 동작은 가지돌기에서 신호를 받아들이고, 이 신호가 축색돌기를 지나 축색말단으로 전달된다. 그런데 축색돌기를 지나는 동안 신호가 약해지거나, 너무 약해서 축색말단까지 전달되지 않거나, 또는 강하게 전달되기도 한다. 축색말단까지 전달된 신호는 연결된 다음 뉴런의 가지돌기로 전달된다. 우리 인간은 이러한 원리를 지닌 수억 개의 뉴런 조합을 통해 손가락을 움직이거나 물체를 식별하는 등 다양한 조작과 판단을 수행한다.

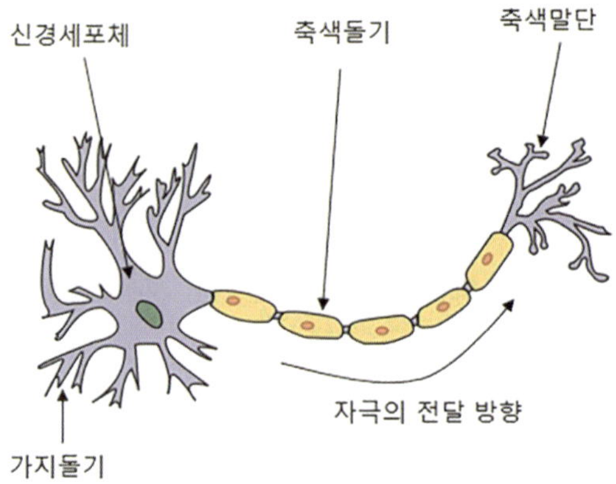


그림 11.2 뉴런(neuron)의 구조[5]

이러한 뉴런과 신경망의 원리에 인공 뉴런의 개념을 적용하면 다음처럼 표현 가능하다.

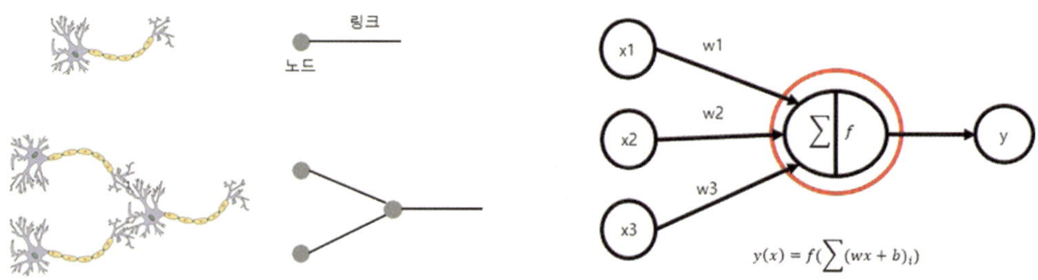


그림 11.3 뉴런과 인공뉴런의 비교

인공신경망은 뉴런의 신경세포체를 노드(node)로, 축색돌기를 링크(link)로 모방한 네트워크를 의미한다. 각 노드들은 신경세포체와 마찬가지로 여러 정보(입력값)를 받고 그것을 전달하는 과정에서 유의미한 결과를 얻을 수 있는 계산을 수행한다. 수학적인 의미로 풀어보면, 가지돌기에서 받은 입력 신호(x변수)를 입력 신호의 중요도에 따라 가중치(w값)를 부여하고 세포의 몸체에서 합해지는 입력 신호 활성 함수 f(x)의 결과 신호인 y(x)가 축색 돌기로 출력되는 형태이다.

좀더 구체적으로 설명하면, 그림 11.4와 같이 입력신호, 즉, 입력값 X에 가중치

(W)를 곱하고 편향(b)를 더한 뒤, 활성화 함수(sigmoid, ReLU 등)을 거쳐 결과값 y를 만들어 내는 것, 이것이 인공 뉴런의 기본이다[6]. 그리고, 원하는 y 값을 만들어내기 위해 W와 b값을 변경해가면서 적절한 값을 찾아내는 최적화 과정을 학습(learning) 또는 훈련(training)이라 한다(예제 수식 표현: y = sigmoid( X(입력) * W(가중치) + b(편향) ) ).

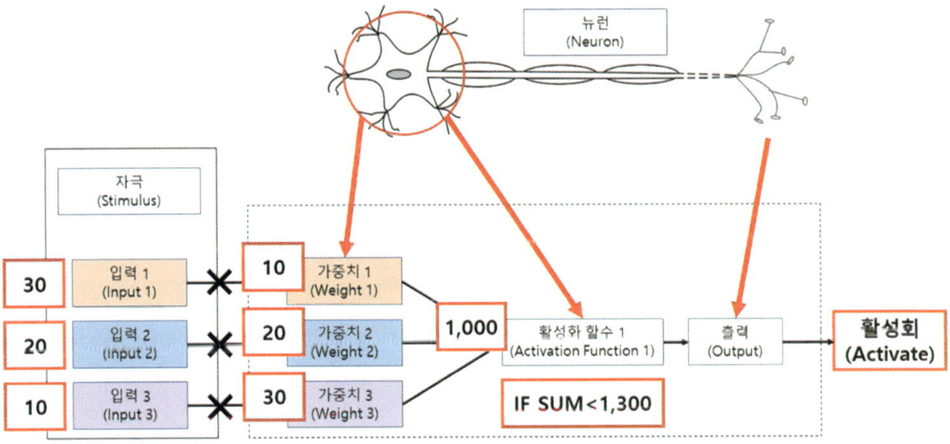


그림 11.4 인공신경망에서의 결과 전달 예

이러한 개념의 인공 뉴런을 충분히 많이 연결함으로써 인간이 인지하기 어려운 매우 복잡한 패턴까지도 스스로 학습할 수 있게 된다.

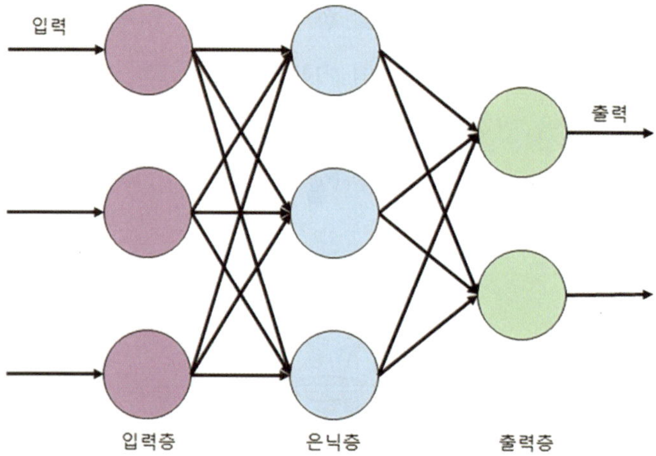


그림 11.5 인공 뉴런들을 연결해 구성한 인공신경망의 예

인공신경망의 원리를 실제 신경망에 비유하여 설명하기 위해 "인공"이라는 단어를 붙여서 소개하지만, 일반적으로 인공지능 및 기계학습 교재들에서는 항시 인공신경망을 지칭하기 때문에 간단히 "신경망"으로만 언급하고 있다.

## 11.3 인공신경망의 모델 분류

인공신경망 모델은 크게 세가지 형태로 구분할 수 있다[4].

- 1957년 Frank Rosenblatt의 단층 퍼셉트론(Single-Layer Perceptron) 모델(퍼셉트론 알고리즘).
- 1986년 PDP 그룹 이후의 다층 퍼셉트론(Multi-Layer Perceptron) 모델(역전파 알고리즘).
- 2006년 Geoffrey Hinton 이후의 심층신경망(Deep Neural Network) 모델(딥러닝 알고리즘).

각각의 모델 형태에 대해 세부적으로 살펴보도록 하자. 먼저 가장 초기에 개발된 단층 퍼셉트론 모델(Single-Layer Perceptron 모델)은 다음과 같은 특징을 가진다.

- 단층 퍼셉트론 모델은 신경망의 기원이 된 모델로서, 다수의 신호를 입력 받아 하나의 신호를 출력하는 형태이다. 그림에서 확인할 수 있듯이, x1, x2라는 입력 신호에 w1, w2라는 가중치를 부여하여 y라는 신호를 출력하는 형태로 볼 수 있다.

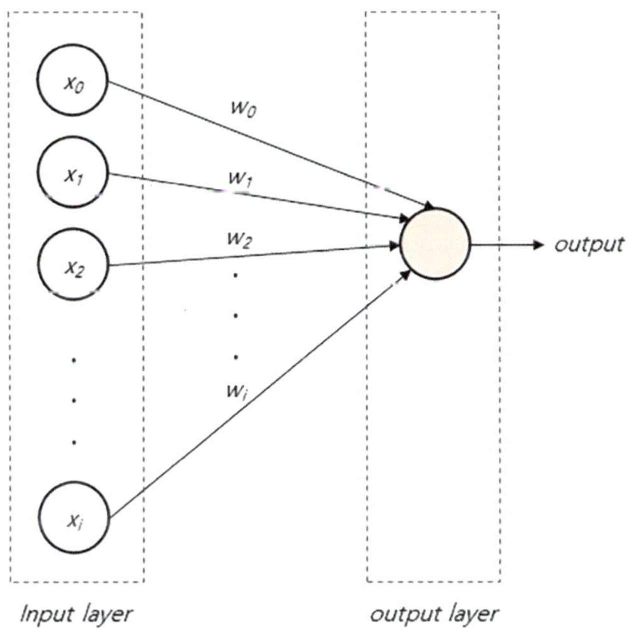


그림 11.6 단층 퍼셉트론 모델의 예

- 입력 신호가 뉴런에 보내질 때는 각각 고유한 가중치(w)가 곱해지고, 뉴런에서 보내온 신호의 총합이 정해진 한계를 넘어설 때만 1을 출력하게 된다. 이를 "뉴런이 활성화한다" 라고 표현하고, 그 한계를 "임계값" 이라고 지칭한다.
- 단층 퍼셉트론 모델의 학습과정은 다음과 같은 순서로 진행된다.

  - 연결선의 가중치와 임계값을 초기화.
  - 새로운 입력값과 그에 맞는 기대값 학습.

- 실제 출력값을 계산.
- 연결선의 가중치를 재조정.
- 더 이상 조정치가 없을 때까지 학습 단계 반복 수행.

• 퍼셉트론은 복수의 입력 신호 각각에 고유한 가중치를 부여하게 되고, 각 가중치는 각 신호가 결과에 주는 영향력을 조절하는 요소로 작용한다. 즉, 가중치가 클수록 해당 신호가 그만큼 더 영향력이 크다는 것을 의미한다.
• 단층 퍼셉트론 모델의 경우 XOR 문제 해결이 불가능하여 이후 10여년동안 관심이 멀어지게 된다. 그러나 추후 1980년대의 다층 퍼셉트론 모델의 기반 이론이 된다.

다음으로 연구 개발된 다층 퍼셉트론 모델(Multi-Layer Perceptron 모델)의 형태 및 특징은 다음과 같다.

• 다층 퍼셉트론 모델은 1980년 중반에 제안된 모델로서 단층 퍼셉트론 모델에다 하나 이상의 은닉층(hidden layer)을 추가로 사용한 형태이다.
• 단층 퍼셉트론과 다층 퍼셉트론의 차이점은 단층 퍼셉트론은 입력층과 출력층만 존재하지만, 다층 퍼셉트론은 중간에 층을 더 추가한 것으로 볼 수 있다.

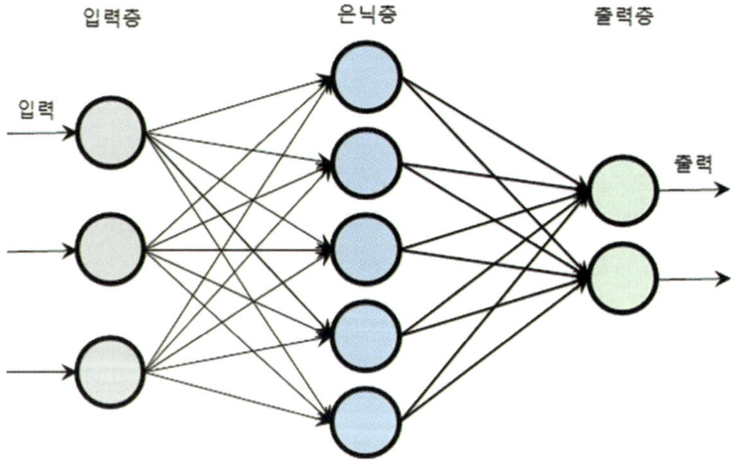


그림 11.7 다층 퍼셉트론 모델의 예

- 기존 단층 퍼셉트론 알고리즘에서 역전파(backpropagation) 알고리즘을 추가하여 학습 성능이 향상되었다(역전파 알고리즘은 입력층에서 은닉층을 거쳐 출력층, 다시 반대 방향으로 되돌아오면서 학습하는 형태다).
- 다층 퍼셉트론 모델의 학습과정은 다음과 같은 순서로 진행된다.
  - 입력층을 통해 입력값 전달.
  - 입력값은 은닉층의 각 노드들에게 전달.
  - 은닉층에서 출력층으로 학습된 결과값 출력.
  - 출력된 결과값과 정해져 있는 목표값을 비교.
  - 이후 결과값과 목표값의 차이를 감소시키는 방향으로 연결선의 가중치 조정.
  - 다시 역전파하여 해당 층들의 연결선의 가중치들을 조정.
  - 출력값과 목표값이 오차 범위 내이면 학습 완료.
  - 그렇지 않으면 역전파 과정으로 연결선의 가중치들을 반복적으로 조정.

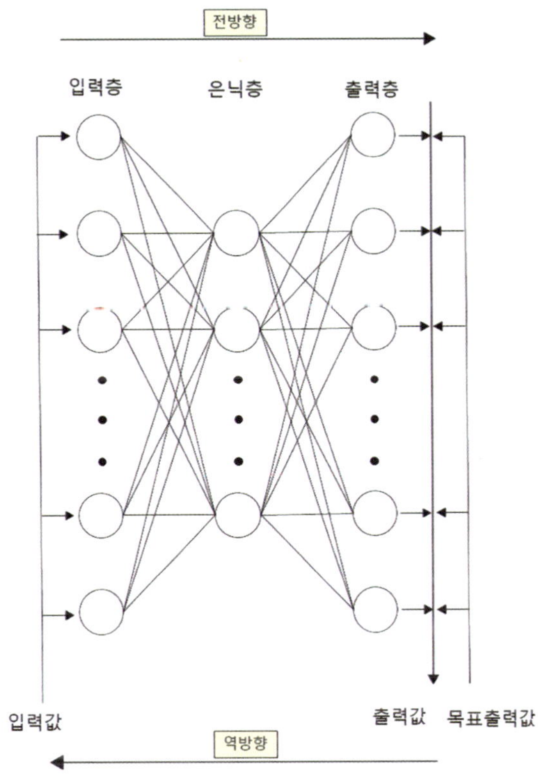

그림 11.8 다층 퍼셉트론의 구조와 역전파 학습

마지막으로 인공신경망 분야에서 많은 주목을 받고 있는 심층신경망(Deep Neural Network)의 형태 및 특징은 다음과 같다.

- 심층신경망은 여러 개의 은닉층을 가진 신경망 계열의 모델이나. 다층 퍼셉

트론은 은닉층이 1개 이상인 퍼셉트론을 의미하지만, 심층신경망은 은닉층이 2개일수도 있고 혹은 수십, 수백개 일수도 있다. 다층 퍼셉트론과 심층신경망을 구분하는 은닉층의 개수를 명확하게 지정하고 있지는 않다.

- 우리가 일반적으로 말하는 딥러닝(Deep learning)은 신경망과 기계학습의 한 분야로서 심층신경망을 기반으로 하는 학습 방법을 의미한다. 즉, 학습을 시키는 신경망이 심층 신경망일 경우, 심층 신경망을 학습시킨다는 의미로 딥러닝(Deep Learning)이라는 용어를 사용한다.

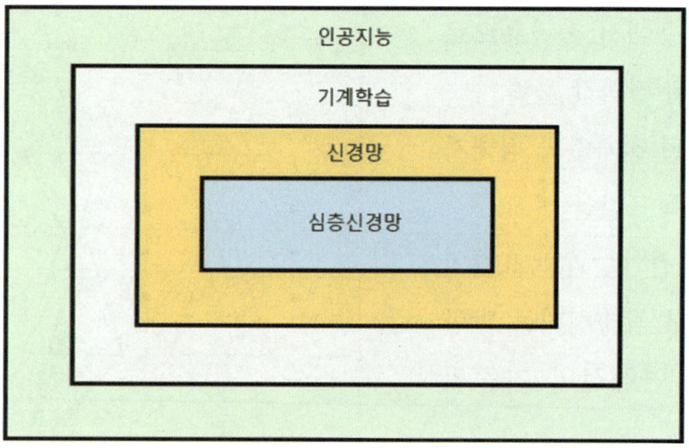


그림 11.9 기계학습, 신경망, 심층신경망과의 관계

- 딥러닝 기반의 심층신경망은 전혀 새로운 개념이 아니며, 이미 존재하는 다층 신경망의 특수한 경우로 볼 수 있는 것이다.

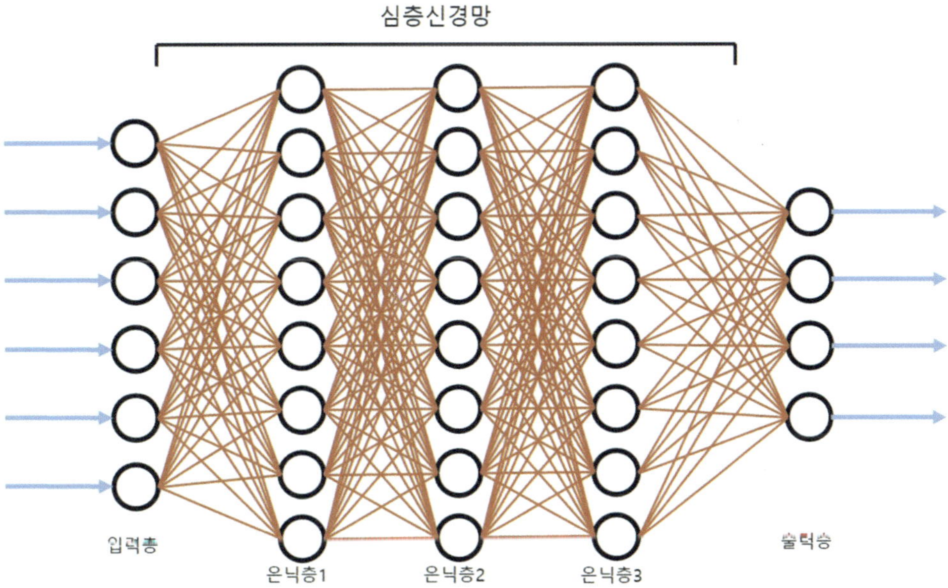


그림 11.10 심층신경망 모델의 예

- 심층신경망 방식은 1,000여 카테고리로 분류된 약 100만 개의 이미지를 인식하여 그 정확도를 겨루는 대회인 Imagenet Large Scale Visual Recognition Challenge(ILSVRC) 대회에서 주목받기 시작하였다[7]. 2011년까지는 이미지 인식률이 75%를 넘지 못했지만, 2012년 대회에서 인공신경망을 이용한 AlexNet이 84.7% 인식률 달성하였고 그 이후부터 딥러닝을 이용한 인공지능이 상위 랭크를 모두 독식하기 시작하였다. 현재는 상당수의 도전자가 97%~98%에 육박하는 인식률 기록중이다(인간의 인식률은 약 95%로 기록되고 있다)[8].
- 인공신경망 자체는 과거부터 연구되던 기술이지만, 딥러닝이 현대사회에 점차 부상하게 된 이유는 다음과 같다.
  - 빅데이터의 발전으로 인해 딥러닝에 필수적인 어마어마한 양의 데이터를 쉽게 수급할 수 있게 되었다. 데이터가 많을수록 좋은 특징들을 많이 발견하여 딥러닝의 정확도를 상승시킬 수 있다.

- 딥러닝을 수행하게 되면 데이터 양에 따라 수백만에서 수조개에 이루어진 수식 계산을 수천번 이상 수행해야 하기 때문에 계산량이 매우 많다. CPU(Central Processing Unit)와 GPU(Graphics Processing Unit)의 발전으로 이렇게 많은 계산량이 더 이상 불가능하지 않은 상황이 되었다.
- 역전파 알고리즘 등 딥러닝의 효율성을 향상시키기 위한 다양한 딥러닝 알고리즘이 개발되었다.
- 오픈 소스 소프트웨어 분위기가 형성됨에 따라 다양한 오픈 소스들을 대중에 공개하여 많은 사람들이 DNN 연구에 참여할 수 있게 되었다.

• 기계학습과 딥러닝의 방식을 비교해보면 다음과 같다[4].

표 11.1 기계학습과 딥러닝의 비교

| | 기계학습 | 딥러닝 |
|---|---|---|
| 데이터 크기 | 상대적으로 작은 데이터 셋에 좋은 결과를 보이는 경향 | 매우 큰 데이터 셋에 좋은 결과를 보이는 경향 |
| 컴퓨팅파워 | 상대적으로 학습시간이 짧아 일반적인 수준의 컴퓨팅 파워 요구 | 학습시간이 매우 오래 걸리기 때문에 높은 컴퓨팅 파워 요구 |
| 특징 추출 방법 | 최상의 결과를 위해 여러 특징 추출과 분류 방법 시도 | 특징 추출과 분류가 자동적으로 처리 |

• 데이터의 양에 따른 기계학습, 신경망, 딥러닝의 성능을 비교해보면, 일반적으로 딥러닝이 데이터의 양에 따른 성능 비교에서 상대적으로 우수한 결과를 보이는 경우가 많다. 따라서 학습할 데이터 양이 매우 많은 영상이나 음성 인식 등에서 각광을 받고 있다.

• 대표적인 심층신경망의 종류는 다음과 같다.
- 합성곱신경망(Convolutional Neural Network: CNN): Convolution Layer와 Pooling Layer를 포함하는 신경망이다. 합성곱(Convolution)연산과 Pooling 연산 후 나온 특징을 Fully Connected 신경망에 입력하여 최종적으로 1차원 벡터 형태의 특성으로 압축하는 방식이다. 주로 이미지 처리에 좋은 성능을 보인다.

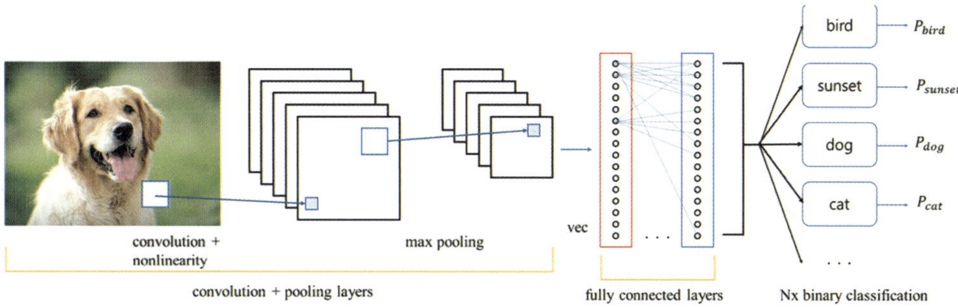


그림 11.11 합성곱신경망 방식의 개요도

- 순환신경망(Recurrent Neural Network: RNN): 재귀적 접속이 있는 은닉층을 사용한 신경망이다. 주로 순서가 있는 데이터에서 의미를 찾아내기 위해 고안된 모델이다. 즉, 순서가 있는 데이터에서 숨은 패턴을 찾아냄으로써 상관관계나 인과관계 추출한다. 가변적 길이의 데이터를 취급하고, 자연어 처리나 음성 인식에 주로 이용한다.

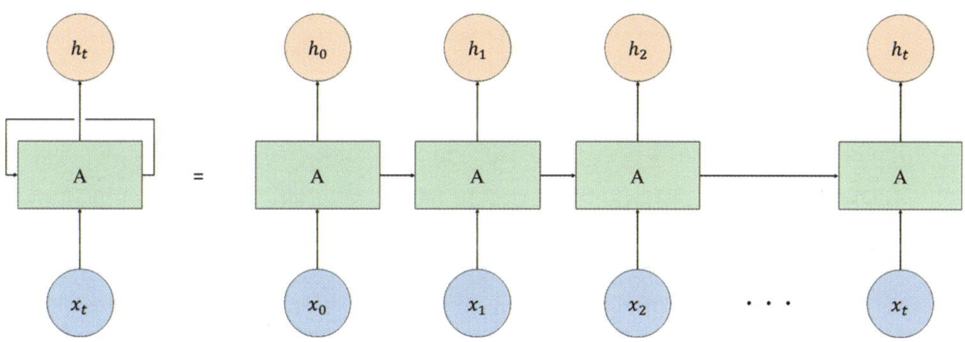


그림 11.12 순환신경망 방식의 개요도

## 11.4 인공신경망 구현을 위한 라이브러리

파이썬을 이용하여 보다 쉽고 수월하게 인공신경망을 구현하기 위한 여러 가지 라이브러리가 존재한다.

- 텐서플로(Tensorflow)[9]: 기계학습과 딥러닝을 지원하는 여러 가지 라이브러리가 있는데, 그 중 텐서플로가 가장 널리 이용되는 라이브러리 중 하나다. 구글 인공지능 팀에서 기계학습과 딥러닝을 위해 개발하여 2015년 11월에 공개하였다[10]. 텐서플로 자체는 C++로 구현되어 있지만 파이썬, 자바 등의 언어를 지원하고 있다. 딥러닝 구현을 위해 상당히 디테일한 부분까지 설정이 가능하기 때문에 상대적으로 코딩할 양이 많은 편이다. 주로 필기체 글씨나 숫자의 인식, 음성인식, 영상인식, 자연어 처리, 기계 번역 등 각종 학습에 활용되고 있다. 구글은 텐서플로를 오픈소스로 공개하고 있는데, 이는 텐서플로가 표준 플랫폼이 되기를 원하기 때문이다. 또한 구글이 보유한 엄청난 양의 데이터에 대한 자신감이기도 하다. 구글에서는 텐서플로를 실제 서비스인 검색, 광고, 구글 맵스, 스트리트뷰, 번역, 유튜브 등에 적용하고 있는 상황이다.
- 파이토치(PyTorch)[11] : 파이토치는 페이스북의 인공지능팀이 개발한 파이썬 기반의 오픈소스 기계학습 라이브러리이다. 2016년 처음 발표되었고, 점차 인기가 높아지며 상당히 많이 활용되고 있다[12]. Torch를 기반으로 하며, 자연어 처리 등에 사용된다. 파이토치는 텐서플로보다 간결하고 빠르며, 상대적으로 익히기 쉬운 편이다. numpy 등 파이썬 라이브러리와 호환성이 높고, 학습 및 추론 속도가 빠르고 다루기 쉬우며 실시간으로 결과값을 시각화해 줄 수 있다.
- 케라스(Keras)[13] : 파이썬으로 작성된 고수준의 오픈 소스 신경망 라이브러리로서 TensorFlow, Microsoft Cognitive Toolkit(CNTK), 혹은 Theano

와 함께 사용 가능하다 [14]. 코드가 읽기 쉽고 간결하며 배우기 쉽기 때문에 초보자에게 적합하다. 심층신경망을 포함한 신경망 구조들을 손쉽게 구현 가능할 수 있도록 직관적인 API를 제공하며 다층퍼셉트론 모델, 합성곱 신경망 모델, 순환 신경망 모델 또는 이를 조합한 모델은 물론 다중 입력 또는 다중 출력 등 다양한 구성을 쉽게 구현할 수 있다. 케라스는 TensorFlow, Theano, CNTK 3개를 백엔드 엔진으로 사용할 수 있다. 즉, Keras에서 작성한 모든 코드는 변경없이 백엔드 중 하나를 선택해서 실행 가능하며 하나의 백엔드가 특정 작업에 빠르다고 판단되면 언제든지 백엔드를 변경할 수 있다. 2017년 구글의 텐서플로 팀은 텐서플로의 코어 라이브러리에 케라스를 지원하기로 결정하였다.

## 11.5 인공신경망 구현을 위한 기본 배경지식

본 장부터는 다양한 인공신경망 라이브러리 중 사용하기 쉽고 활용성이 좋은 Keras를 중심으로 학습해보고자 한다.

Keras에서 가장 핵심적인 데이터 구조는 바로 모델이다. 이러한 모델을 정의하는 대표적인 두 가지 방법은 다음과 같다.

- Sequential 클래스 사용: 가장 자주 사용하는 구조인, 층(layer)을 순서대로 쌓아 올린 네트워크 생성을 하게 해준다. 원하는 층을 쉽게 순차적으로 쌓을 수 있다.
- 함수형 API 사용: 완전히 임의의 구조를 만들 수 있는 방향성 비순환 그래프(Directed acyclic Graph: DAG) 생성이 가능하다. 좀더 복잡한 모델 구성 시 활용 가능하다.

이러한 모델 생성 시 함께 설정해주어야 하는 대표적인 파라미터들은 다음과 같다.

- 층(Layer): 하나 이상의 데이터를 입력으로 받아, 하나 이상의 결과값을 출력하는 데이터 처리 모듈이다. 층의 상태를 나타내는 가중치(weight)에 네트워크가 학습한 지식이 담겨있다. 은닉층이 클수록 추출하는 특성이 많아지는데, 데이터가 적을 경우 과하게 특성을 추출하여 해당 데이터에만 과대적합(overfitting) 되는 문제가 발생할 수도 있다.
- 활성화함수(Activation function): 신경망의 출력을 결정해주는 식이다. 신경망의 뉴런에서 입력 신호의 가중치 합을 출력값으로 변환해 주는 함수다[15].
- 손실함수(Loss function): 학습하는 동안 최소화해야 할 값이며 주어진 문제에 대한 성공 지표가 된다[16].
- 옵타마이저(Optimizer): 손실함수를 기반으로 네트워크가 어떻게 업데이트 될지 결정하고, 학습 진행 방식을 결정한다[17].

## 11.6 인공신경망 모델을 생성하고 평가하기 위한 절차

Keras로 인공신경망 모델 생성 및 평가 수행 시 다음과 같은 순서로 진행한다. 다른 딥러닝 라이브러리와 비슷한 순서이지만 훨씬 직관적이고 간결한 특징이 있다.

- 데이터 셋 생성하기
  - 원본 데이터를 불러오거나 시뮬레이션을 통해 데이터를 생성한다.
  - 데이터로부터 훈련 셋(training set)과 시험 셋(testing set)을 생성한다.
  - 필요할 경우 데이터의 포맷을 변환한다.
- 모델 구성하기
  - Sequence model을 생성한 뒤 필요한 층을 추가하여 구성한다.
  - 좀더 복잡한 모델이 필요할 경우 Keras API를 사용한다.
- 모델 학습과정 설정

- 학습을 진행하기 전 학습에 대한 설정을 수행한다.
- 손실 함수 및 최적화 방법 정의한다.
- Keras에서는 compile() 함수를 사용한다.

• 모델 학습시키기
  - Training set을 이용하여 구성한 모델로 학습한다.
  - Keras에서는 fit() 함수를 사용한다.

• 학습과정 살펴보기
  - 모델 학습시 손실 및 정확도를 측정.
  - 반복횟수에 따른 손실 및 정확도 추이를 보면서 학습 상황 판단.

• 모델 평가하기
  - Testing set을 이용하여 학습한 모델을 평가한다.
  - Keras에서는 evaluatc() 함수를 시용힌다.

• 모델 사용하기
  - 임의의 입력으로 모델의 출력값을 도출한다.
  - Keras에서는 predict() 함수를 사용한다.

## 11.7 인공신경망 모델의 단계별 구현법

다음과 같은 간단한 예제를 통해 인공신경망 모델의 구현 방법을 학습해보자.

(예제) Input layer 1개, Output layer 1개, hidden layer 2개로 구성된 인공신경망 모델을 생성하고, 임의로 정해진 입력데이터 1,2,3,4,5와 목표데이터 1,2,3,4,5를 학습시킨 후, 인공신경망 모델의 예측 정확도를 평가해보자. 첫 번째 hidden layer의 노드수는 5개, 두 번째 hidden layer의 노드수는 3개로 설정한다. 단, 손실함수(Loss function)는 평균제곱오차(mean squared error: mse)를 사용하고, 옵티마이저(Optimizer)는 adam을 사용한다.

이를 구현하기 위해 다음과 같은 순서로 하나씩 구현을 해나갈 수 있다. 우선, 라이브러리 import 과정이 필요하다. keras의 model과 layers라는 이름을 가진 라이브러리 내의 Sequential과 Dense라는 객체를 사용하기 위해 import를 수행한다. 또한 numpy의 기능들을 사용하기 위해 numpy 라이브러리도 import한다.

[1]:

```
from keras.models import Sequential
from keras.layers import Dense
import numpy as np
```

다음으로 입력과 출력 데이터를 생성하는 과정이다. 예제에서 제시한 내용에 따라 입력 데이터와 출력 데이터를 1,2,3,4,5로 생성한다.

[2]:

```
from keras.models import Sequential
from keras.layers import Dense
import numpy as np

x = np.array([1,2,3,4,5])
y = np.array([1,2,3,4,5])
```

데이터 생성 후, Sequencial 모델 구성을 위한 작업을 진행한다.

[3]:

```
from keras.models import Sequential
from keras.layers import Dense
import numpy as np


x = np.array([1,2,3,4,5])
y = np.array([1,2,3,4,5])

model = Sequential() #Sequential 모델 구성
```

생성된 모델에 첫 번째 층을 추가해본다. 만든 Sequential model에 5개의 노드를 Dense()를 통해 연결한다. 여기서 input_dim = 1은 입력차원이 1이라는 의미이다 (즉, 입력 노드가 1개). 층 추가를 위해 add 명령어를 사용하고, Activation function(활성화 함수)는 임의로 relu를 사용해본다 (relu, sigmoid, softmax 등 사용 가능).

Dense()를 활용할 때, Dense()의 첫번째 인자는 출력 뉴런(노드)의 수를 결정한다. 그리고, Dense()의 두번째 인자 input_dim은 입력 뉴런(노드)의 수를 결정한다. 맨 처음 입력층에서만 사용한다. Dense()의 세번째 인자에는 사용하고자 하는 활성화 함수를 표현한다.

[4]:

```
from keras.models import Sequential
from keras.layers import Dense
import numpy as np

x = np.array([1,2,3,4,5])
y = np.array([1,2,3,4,5])

model = Sequential()
#input layer의 노드를 1개로 설정하고 5개의 노드로 구성된 새로운 층을 추가
model.add(Dense(5, input_dim=1, activation='relu'))
```

다음으로 생성된 모델에 은닉층을 하나씩 추가해보자. 이를 통해 예제에서 요구하고 있는 인공신경망 모델이 완성된다.

[5]:

```
from keras.models import Sequential
from keras.layers import Dense
import numpy as np

x = np.array([1,2,3,4,5])
y = np.array([1,2,3,4,5])
```

```
model = Sequential()
model.add(Dense(5, input_dim=1, activation='relu'))
model.add(Dense(3)) #두 번째 층의 노드 개수는 3개
model.add(Dense(1)) #마지막 층의 출력 데이터 y의 개수와 동일하게 1개로 지정
```

만들어진 모델을 활용해보기 위해 생성된 모델을 컴파일해보자.

[6]:

```
from keras.models import Sequential
from keras.layers import Dense
import numpy as np

x = np.array([1,2,3,4,5])
y = np.array([1,2,3,4,5])

model = Sequential()
model.add(Dense(5, input_dim=1, activation='relu'))
model.add(Dense(3))
model.add(Dense(1))

#손실함수 및 옵티마이저 설정
model.compile(loss='mse', optimizer='adam')
```

컴파일한 모델에 입력데이터와 출력데이터를 입력한 후, fit()을 활용하여 실제 학습을 수행해보자. fit()함수에 들어가는 인자들 중 epochs=100, batch_size=1 (default값은 32)로 임의 설정해보자. 여기서 epoch는 학습의 단위를 의미한다. 주어진 모든 데이터를 1번 학습하는 것을 1 epoch이라 한다. 같은 데이터를 여러 번 학습하여 더욱 정확한 가중치 조절이 가능하다. 그리고 batch는 한번에 처리할 수 있는 학습량을 의미한다. 데이터가 매우 많아서 주어진 모든 데이터를 한번에 처리할 수 없을 경우, 일정 크기로 나누어서 처리하는데, 그 크기를 batch라고 한다. 예를 들어, 전체 데이터크기가 10,000이고 batch의 크기가 100이면 총 100번의 작업을 해야 1

epoch이 되는 것이다.

[7]:
```
from keras.models import Sequential
from keras.layers import Dense
import numpy as np

x = np.array([1,2,3,4,5])
y = np.array([1,2,3,4,5])

model = Sequential()
model.add(Dense(5, input_dim=1, activation='relu'))
model.add(Dense(3))
model.add(Dense(1))

model.compile(loss='mse', optimizer='adam')
model.fit(x, y, epochs=100, batch_size=1)
```

학습된 모델의 성능을 평가해보자. 예제에서 지정한 mse 손실함수값을 출력해본다.

[8]:
```
from keras.models import Sequential
from keras.layers import Dense
import numpy as np

x = np.array([1,2,3,4,5])
y = np.array([1,2,3,4,5])

model = Sequential()
model.add(Dense(5, input_dim=1, activation='relu'))
model.add(Dense(3))
model.add(Dense(1))

model.compile(loss='mse', optimizer='adam')
model.fit(x, y, epochs=100, batch_size=1)
```

```
mse = model.evaluate(x, y, batch_size=1) #mse 값 계산
print('mse : ', mse) #mse 값 출력
```

최종 결과를 확인해보면 mse값이 소수점대의 값(약 0.06931... )이 도출된다 (데이터 훈련시마다 학습 상황에 따라 값이 다르게 나올 수 있다). 즉, 입력값을 넣었을 때 출력값의 차이를 평균제곱오차를 이용해서 구했을 시 차이가 매우 적기 때문에 모델의 정확성이 상당히 높음을 알 수 있다.

mse 값을 더 좋게 만드는 것(정확도를 높이는 것)이 사람이 해주는 일 중 하나인데 이를 위해 인공신경망에 입력되는 파라미터들의 조정 작업을 진행한다. 이를 하이퍼파라미터 튜닝(hyperparameter tuning)이라고 한다. 하이퍼파라미터 튜닝을 통해 적은 mse 손실함수 값을 얻고 높은 예측률을 얻도록 해야 하는 것이 목표이다.

마지막으로, 향후 보다 심도있는 인공신경망 구현을 위해 앞서 활용한 API들을 구체적으로 정리해보면 다음과 같다.

- keras.layers.Dense(units, input_dim=int, activation='활성화 함수 이름')
  - 신경망의 층을 정의할 때 사용
  - uints: 출력 뉴런의 수(int)
  - input_dim: 입력 뉴런의 수
  - activation: 활성화 함수('linear' : 기본 디폴트 값, 입력 뉴런과 가중치로 계산한 결과 값을 그대로 출력, 'relu' : rectifier 함수, 은닉층에서 사용. y = 0 (if x < 0), y = x (if x ≥ 0), 'sigmoid' : 이진 분류 문제에서 출력층에 주로 사용, 'softmax' : 다중 클래스 분류에서 주로 사용)
- keras.model.compile(optimizer='rmsprop', loss=None, metrics=None, …)
  - 학습을 위한 모델을 구성하는 API
  - 최적화 알고리즘(optimizer) ("SGD" : Gradient descent optimizer를 구현, "RMSprop": RMSprop algorithm을 구현 등)
  - 손실 함수(loss) ("mean_squared_error", "binary_crossentropy", "categorical_crossentropy" 등)

- keras.model.fit(x=None, y=None, batch_size=None, epochs=1, verbose=1, …)
  - 학습 모델을 훈련시키는 API
  - x: 입력 데이터, y: 목표 값
  - batch_size: 몇 개의 샘플로 가중치를 갱신할 것인지 지정
  - epochs: 학습 반복 횟수
  - verbose: 학습 과정을 출력할 지 여부(0: 출력하지 않음, 1: 출력(기본값))
- loss = keras.model.evaluate(x=None, y=None, batch_size=None)
  - 모델을 적용한 결과 손실 값과 성능 측정 값을 반환
  - batch_size: 배치당 샘플의 크기(기본값 = 32)
- predictions = keras.model.predict(x, batch_size=None)
  - 입력 샘플을 모델에 적용한 예측 결과를 출력
  - x: 입력 데이터

## 프로그래밍 실습

### 실습

y=2*x+1/3에 해당하는 데이터(훈련데이터는 1,000개, 시험데이터는 100개)를 랜덤으로 생성하고, 이를 활용하여 다음 조건에 맞는 3가지 신경망 모델을 구현하여 수식에 해당하는 값들을 예측해보자.

- (1) 층이 하나이고 하나의 뉴런만 가지는 모델(Single perceptron model)
- (2) 층이 두 개이고, 다수의 뉴런으로 구성된 모델(Two-layer NN)
- (3) 층이 세 개이고, 2개의 은닉계층과 1개의 출력으로 구성된 모델

### 실습의 문제 풀이

신경망 구현을 위한 관련 라이브러리를 import한다.

[1]:
```
import numpy as np
from keras.models import Sequential
from keras.layers import Dense
```

훈련데이터 1,000개, 시험데이터 100개를 랜덤하게 생성한다.

[2]:
```
np.random.seed(5)
x_train= np.random.random((1000, 1))
y_train= x_train*2 + np.random.random((1000,1)) / 3.0
x_test= np.random.random((100, 1))
y_test= x_test*2 + np.random.random((100,1)) / 3.0
```

matplotlib()를 활용하여 생성된 데이터를 시각적으로 확인해볼 수 있다. plt.plot() 마지막에 "ro"와 "bo"를 활용하였는데 이는 다음과 같은 의미를 가진다.

- r: red
- b: blue
- o: circle marker

[3]:
```
import matplotlib.pyplot as plt
plt.plot(x_train, y_train, "ro")
plt.plot(x_test, y_test, "bo")
plt.legend(["train", "test"])
plt.show()
```

(1) 모델은 층이 하나이기 때문에 Dense()를 한번만 사용하여 다음처럼 구현할 수 있다. loss 값이 출력되도록 구현하였는데, loss는 실제값과 결과값의 차이를 의미하기 때문에 값이 작아질수록 정확하다는 것을 의미한다. epoch가 증가할수록 loss 값이 줄어드는데 이는 신경망 학습 증가에 따른 성능 향상 효과로 볼 수 있다.

[4]:
```
model = Sequential()
model.add(Dense(1, input_dim=1))
model.compile(optimizer="rmsprop", loss="mse")
hist= model.fit(x_train, y_train, epochs=50, batch_
size=64)
loss = model.evaluate(x_test, y_test, batch_size=32)
print("loss: " + str(loss))
```

(2) 모델은 층이 두 개이기 때문에 Dense()를 두 번 사용하여 다음처럼 구현할 수 있다. 은닉계층의 노드 수는 임의로 64개로 설정하였다. loss의 결과값 추세가 (1)의 모델보다 좀더 줄어든 것을 확인할 수 있다.

[5]:
```
model = Sequential()
# 은닉 계층
model.add(Dense(64, input_dim=1, activation="relu"))
# 출력 계층
model.add(Dense(1))
```

```
model.compile(optimizer="rmsprop", loss="mse")
hist= model.fit(x_train, y_train, epochs=50, batch_
size=64)
loss = model.evaluate(x_test, y_test, batch_size=32)
print("loss: " + str(loss))
```

(3) 모델은 은닉 계층이 두 개, 출력 계층이 하나이기 때문에 Dense()를 세번 사용하여 다음처럼 구현할 수 있다.

[6]:
```
model = Sequential()
# 은닉 계층1
model.add(Dense(64, input_dim=1, activation="relu"))
# 은닉 계층2
model.add(Dense(64, activation="relu"))
# 출력 계층
model.add(Dense(1))
model.compile(optimizer="rmsprop", loss="mse")
hist= model.fit(x_train, y_train, epochs=50, batch_
size=64)
loss = model.evaluate(x_test, y_test, batch_size=32)
print("loss: " + str(loss))
```

## 연습문제

1. 인공지능에 대한 설명으로 적절하지 않은 것을 고르시오.

① 인공지능은 인간의 학습능력, 추론능력, 지각능력, 논증능력, 자연언어의 이해능력 등을 인공적으로 구현한 컴퓨터 프로그램 또는 이를 포함한 컴퓨터 시스템이다.

② 기계가 경험을 통해 학습하고 새로운 입력 내용에 따라 기존 지식을 조정하며 사람과 같은 방식으로 과제를 수행할 수 있도록 지원하는 기술이다.

③ 기계학습 및 딥러닝을 통해 학습되지 않은 상황에서도 어떤 결과가 맞는지 틀린지 판단할 수 있다.

④ 4차 산업혁명의 핵심 기술 중 하나이다.

⑤ 인공지능 기술을 활용해 인공지능 스피커, 챗봇, 외국어 자동번역기, 자율 주행 자동차, 인공지능 로봇 등 인공지능 기반의 다양한 서비스와 제품이 출시되고 있다.

2. 단층 퍼셉트론 모델과 비교해 다층 퍼셉트론 모델만의 특징으로 적절하게 설명하고 있는 것을 선택하시오.

① 역전파 알고리즘이 제외되어 성능이 감소함.

② 입력층과 출력층에 노드 수가 더 많아짐.

③ 역전파 알고리즘 적용 불가함.

④ 입력층과 출력층 사이에 추가적인 층이 존재함.

⑤ 인간의 신경계 네트워크에 착안한 방법임.

3. 딥러닝 기법이 현대사회에 들어 부상하게 된 이유로 적절하지 않은 것을 고르시오.

① 기계학습에 비해 상대적으로 학습시간이 짧고 정확성이 높음.

② 수많은 데이터들이 수집되고 활용할 수 있게 됨.

③ GPU의 발전으로 병렬처리가 가능해짐.

④ 효율적인 딥러닝 알고리즘들이 연구되고 있음.

⑤ 정보 공유의 시대에 따라 DNN 관련 오픈 소스들에 대해 많은 사람들이 함께 연구.

4. 인공신경망 구현을 위한 프로그래밍 라이브러리가 아닌 것을 고르시오.

① Tensorflow

② Keras

③ PyTorch

④ Matplotlib

⑤ pandas

5. 인공신경망 라이브러리 중 하나인 Keras에 대한 설명으로 적절하지 않은 것을 고르시오.

① TensorFlow, Theano, CNTK 3개를 백엔드 엔진으로 사용한다.

② 백엔드 엔진 변경시 반드시 기존 코드를 변경해야 한다.

③ 심층신경망을 포함한 신경망 구조들을 손쉽게 구현 가능할 수 있도록 직관적인 API 제공한다.

④ 인공신경망 코딩시 손실함수와 옵티마이저를 지정해주어야 한다.

⑤ 층을 쌓아올린 인공신경망 구조를 쉽게 구현하기 위해서는 Sequential 클래스를 활용하면 된다.

6. Keras를 사용하여 인공신경망을 구현할 때 다음 중 틀린 설명을 고르시오.

① 인공신경망 생성 시 손실함수 및 옵티마이저 설정을 위해서는 compile()을 사용한다.

② 모델 학습을 위해서는 fit()을 사용한다.

③ 학습된 모델 평가를 위해서는 evaluate()를 사용한다.

④ 생성된 모델에 임의의 값을 입력하여 출력결과를 도출하기 위해서는 predict()를 사용한다.

⑤ 활성화 함수 종류는 add()를 통해 지정할 수 있다.

7. Keras를 통해 모델 학습시 사용하는 epoch과 batch에 대한 설명으로 잘못된 것을 고르시오.

① 주어진 모든 데이터를 1번 학습하는 것을 1 epoch라고 지칭한다.

② 전체 데이터 셋을 일정 크기로 나누어서 처리할 때, 그 크기를 batch라고 지칭한다.

③ 전체 2,000개의 데이터가 있고, epochs = 20, batch_size = 500이라고 가정한다면 전체 데이터 셋이 20번 학습이 이루어졌다는 의미이다.

④ fit()에서 batch_size를 지정하지 않으면 초기 디폴트 값은 40이다.

⑤ 전체 데이터크기가 10,000이고 Batch의 크기가 100이면 총 100번의 작업을 해야 1 epoch이 된다.

## 프로그래밍 문제

1. 다음 데이터는 학생들의 성적 데이터 예시이다. 각 학생의 데이터는 중간고사, 기말고사, 가산점과 이를 합산한 총점으로 구성되어 있다. 총점은 (중간고사*0.4) + (기말고사*0.4) + (가산점*1)의 공식을 통해 계산하였고, 소수점이 있는 경우 버림하였다.

| 학생ID | 중간고사 | 기말고사 | 가산점 | 총점 |
|---|---|---|---|---|
| 1 | 70 | 85 | 11 | 73 |
| 2 | 71 | 89 | 18 | 82 |
| 3 | 50 | 80 | 20 | 72 |
| 4 | 99 | 20 | 10 | 57 |
| 5 | 50 | 10 | 10 | 34 |
| 6 | 20 | 99 | 10 | 57 |
| 7 | 40 | 50 | 20 | 56 |

학생ID 1에서 5번까지의 각 학생별 중간고사, 기말고사, 가산점 성적 데이터를 인공신경망 모델에 학습시킨 후, 학생ID 6번과 7번의 중간고사, 기말고사, 가산점 점수를 생성 모델에 입력하여 총점을 예측해보고, 실제 총점값과 어느정도 차이가 있는지 확인해보자.

- Training set을 학생ID 1에서 5번까지 데이터로 활용.
- Testing set을 학생ID 6에서 7번까지 데이터로 활용.
- Activation function은 기본 디폴트값(linear) 사용.
- Loss function은 mse(mean squared error) 사용.
- Optimizer는 SGD(Stochastic Gradient Descent) 사용.
- 인공신경망 Input layer의 입력값은 3개, Output layer의 출력값은 1개, Hidden layer 없음.
- epochs=2,000, batch_size=1로 설정.

2. Keras에서 기본적으로 제공하는 MNIST 데이터 셋 (0에서 9까지의 손글씨 데이터 셋, 28*28 pixel 사이즈의 손글씨 이미지가 70,000장)을 이용하여 인공신경망 모델을 생성해보고, 학습된 모델을 검증해보자. 인공신경망의 각 layer는 다음처럼 구성한다.

- 데이터 준비: (x_train,y_train),(x_test,y_test)=keras.datasets.mnist.load_data() 이용하기.
- Input layer는 784개의 노드 (28*28 pixel 수만큼 구성).
- 첫 번째 hidden layer는 256개의 노드로 구성, 활성화 함수는 ReLU로 설정.
- 두 번째 hidden layer는 256개의 노드로 구성, 활성화 함수는 ReLU로 설정.
- Output layer는 10개의 노드 (0에서 9까지의 10개의 손글씨 식별).
- Loss function은 categorical_crossentropy, optimizer는 adam 사용.
- epochs=10, batch_size=128로 설정.

## 참고 문헌


1. t.ly/YwNHD
2. https://www.moe.go.kr/boardCnts/fileDown.do?fileSeq=29125bbe5a1f9bce117ba72cfc0e481e
3. https://www.kistep.re.kr/boardDownload.es?bid=0032&list_no=19515&seq=6047
4. 김대수, 김경동, 처음 만나는 인공지능, 생능출판사, 2023.
5. t.ly/HJ4F
6. 김진중, 골빈해커의 3분 딥러닝, 한빛미디어, 2017.
7. https://image-net.org/challenges/LSVRC
8. 오일석, 이진선, 파이썬으로 만드는 인공지능, 한빛아카데미, 2021.
9. www.tensorflow.org
10. https://en.wikipedia.org/wiki/TensorFlow
11. www.pytorch.org
12. https://en.wikipedia.org/wiki/PyTorch
13. https://keras.io
14. https://en.wikipedia.org/wiki/Keras
15. https://keras.io/api/layers/activations/#layer-activation-functions
16. https://keras.io/api/losses
17. https://keras.io/api/optimizers

# 부록 프로그래밍 문제 풀이

Appendix

## Chapter 2

1. ① '좋아요'를 10번 반복한 문자열

```
print("좋아요" * 10)
```

② 'G'와 'd'사이에 'o'가 20개인 문자열

```
print('G' + 'o' * 20 + 'd')
```

③ 변수 x에 문자열 '아름다운'을 저장하고, 변수 y에 문자열 "우리나라"를 저장한 후, x와 y를 이용하여 "아름다운 우리나라 "를 5번 반복한 문자열

```
x = '아름다운'
y = '우리나라'
print((x + ' ' + y + ' ') * 5)
```

3. 현재 시각 구하기

```
n = int(input("자정부터 경과 시간을 초 단위로 입력 : "))
hour = n // 3600
n = n % 3600
minute = n // 60
sec = n % 60
print(f"현재 시각 = {hour}시 {minute}분 {sec}초")
```

5. 거스름돈의 동전 수 구하기

```
x, y = input("정수 x와 y를 입력하세요: ").split()
xy = x + y
xx = x + x
yy = y + y
print(f"{xy} + {xx} + {yy} = {int(xy) + int(xx) + int(yy)}")
```

7. 4자리 정수를 입력받은 후, 각 자리수의 합을 계산하여 출력

```
n = int(input("네 자리 정수를 입력하세요: "))
val1 = n // 1000
val2 = (n % 1000) // 100
val3 = (n % 100) // 10
val4 = n % 10
print("각 자리수의 합 =", val1+val2+val3+val4)
```

## Chapter 3

1. 놀이 기구에 타는 조건

```
age = int(input("나이를 입력하세요: "))
height = int(input("키(cm)를 입력하세요: "))

if age >= 12 and height >= 120 :
    print("놀이 기구를 탈 수 있습니다.")
else :
    print("놀이 기구를 탈 수 없습니다.")
```

3. 룰렛 게임

```
number = int(input("번호를 입력하세요(0~36): "))

if number == 0:
    print("{}번은 초록색입니다".format(number))
elif number <= 10 or 19 <= number <= 28:
    if number % 2 == 1:
        print("{}번은 빨강색입니다".format(number))
    else:
        print("{}번은 검정색입니다".format(number))
elif number <= 18 or 29 <= number <= 36:
    if number % 2 == 1:
        print("{}번은 검정색입니다".format(number))
    else:
        print("{}번은 빨강색입니다".format(number))
else :
    print("0부터 36사이의 정수를 입력하세요.")
            print("1순위가 아닙니다.")
```

5. 숫자 맞추기 게임

```
import random

number = random.randint(1,100)
count = 0
while True :
    guess = int(input("1부터 100사이의 정수를 입력하세요: "))
    if guess == -1:
        print("정답은 {}입니다.".format(number))
        break
    count = count + 1
    if guess < number :
        print("{}보다 큰 수 입니다.".format(guess))
    elif guess > number :
        print("{}보다 작은 수 입니다.".format(guess))
    else :
        print("정답입니다. 시도 횟수는 {}번 입니다.".format(count))
        break
```

7. Turtle 그래픽스

1)

```
import turtle
t = turtle.Turtle()
radius = 10

for i in range(15) :
    t.circle(radius)
    t.up()
    t.goto(0, -radius)
    t.down()
    radius += 10

turtle.mainloop()
turtle.bye()
```

2)

```
import turtle
t = turtle.Turtle()
length = 10

for x in range(15) :
    for y in range(3):
        t.forward(length)
        t.left(120)
    length += 20

turtle.mainloop()
turtle.bye()
```

## 9. 암스트롱의 수

```
for x in range(100, 1000):
    first = x // 100
    second = x // 10 % 10
    third = x % 10
    if first ** 3 + second ** 3 + third ** 3 == x :
        print(x, end = " ")
```

## 11. 행 순서와 열 순서로 출력

1)

```
n = int(input("1부터 10사이의 정수를 입력하세요: "))
print("₩n열 우선: ")
for x in range(1, n+1):
    for y in range(n):
        print(f"{y*n+x:3d}", end="")
    print()
```

2)

```
n = int(input("1부터 10사이의 정수를 입력하세요: "))
print("₩n열 우선: ")
for x in range(1, n+1):
    for y in range(n):
        print(f"{y*n+x:3d}", end="")
    print()
```

13. 나비 모양의 그림 그리기

```
n = int(input('양의 홀수를 입력하세요 :'))
value = 0                                    # 출력되는 숫자의 값: 0부터 시작
num_digit = 2                                # 한 줄에 그려질 숫자의 수
for row in range(0, n + 1):
    for col in range(0, n + 1):
        if (col > n - num_digit / 2) or (col < num_digit / 2):
            print(value, end=' ')            # 숫자를 출력
            value = (value + 1) % 10
        else:
            print('  ', end='')              # 공백을 출력
    if row < n // 2 :
        num_digit = num_digit + 2        # 한 줄에 그려질 숫자의 수를 두 개 증가
    else:
        num_digit = num_digit - 2        # 한 줄에 그려질 숫자의 수를 두 개 감소
    print()
```

## Chapter 4

1. 변형된 로또 함수를 활용해 로또 게임 만들기

○ 사용자로부터 1부터 45사이의 숫자 6개를 입력 받는다.

○ 로또 함수로 생성한 로또 번호와 비교해서 등수를 출력한다.

○ 등수

- 1등 : 6개 숫자 정답
- 2등 : 5개 숫자자 정답
- 4등 : 3개 숫자 정답
- 꽝 : 나머지

○ 한번에 숫자 6개 입력

- 숫자를 입력 정답
- 3등 : 4개 숫 받아서 리스트로 저장 함수

- 로또 번호 생성

```
import random

lottoNumber = []
while True:
    if len(lottoNumber) == 6:
        break
    newNumber = random.randint(1,45)
    if newNumber not in lottoNumber:
        print(newNumber)
        lottoNumber.append(newNumber)

```

- 사용자에게 중복되지 않는 숫자 6개 입력받기

```
numbers = []
while True:
    if len(numbers) == 6:
        break
    inputNum = int(input('숫자를 입력하세요:'))
    if inputNum not in numbers:
        numbers.append(inputNum)
```

- 정답 및 등수 확인하기

```
count = 0
for num in inputNumbers:
    if num in lottoNumbers:
        count++
    if count == 6:
        print('1등')
    elif count == 5:
        print('2등')
    elif count == 4:
        print('3등')
    elif count == 3:
        print('4등')
    else:
        print('꽝')

print("로또 번호!!!")
print(lottoNumbers)
```

### 3. 회문검사기 만들기

```
str = input('단어를 입력하세요:')
if str == str[::-1] :
    print('회문입니다.')
else
    print('회문이 아닙니다.')
```

# Chapter 5

1. 회문검사기 만들기

```
str = input('단어를 입력하세요:')
if str == str[::-1] :
    print('회문입니다.')
else
    print('회문이 아닙니다.')
```

3. 전화번호부 만들기

```
data_filename = "info.dat"
data = []
while True:
    name = input("이름 : ")
    if name == "종료":
        break
    sex = input("성별 : ")
    age = input("나이 : ")
    tel = input("전화번호 : ")
    data.append( (name, sex, age, tel) )
with open(data_filename,'a') as dfile:
    for info in data:
        dfile.write( info[0]+','+info[1]+','+info[2]+','+info[3]+'₩n')
print(f'- {len(data)} 명을 {data_filename}에 추가했습니다.')
```

## Chapter 6

1.

```
def print_func():
    print("Hello Function")

for i in range(10):
    print_func()
```

3.

```
def print_arithmetic_operation(a, b):
    print(a, "+", b, "=", a + b)
    print(a, "-", b, "=", a - b)
    print(a, "*", b, "=", a * b)
    print(a, "/", b, "=", a / b)

print_arithmetic_operation(6, 8)
```

5.

```
def print_even(my_list) :
    for v in my_list :
        if v % 2 == 0 :
            print(v)

print_even ([31, 23, 12, 10, 13, 110, 15])
```

7.

```
def Check_for_existence(k, t) :
    print("%d => " % t, end = "")
    #t가 k안에 있다면
    if t in k :
        print(True)
    else:
        print(False)


k = [2, 4, 6, 8, 10]
print(k)
Check_for_existence(k, 5)
Check_for_existence(k, 10)
```

9.

```
def countdown(k):
    if k <=0:
        print("카운트다운을 하려면 0보다 큰 입력이 필요합니다.")
    for i in range(k, 0, -1):
        print(i)

countdown(0)
countdown(10)
```

## Chapter 7

1.

```
class Book:
    def __init__(self, title, author):
        self.title = title
        self.author = author
        self.is_borrowed = False

    def borrow(self):
        if not self.is_borrowed:
            self.is_borrowed = True
            print(f"{self.title} 책이 대출되었습니다.")
        else:
            print("이미 대출된 책입니다.")

    def return_book(self):
        self.is_borrowed = False
        print(f"{self.title} 책이 반납되었습니다.")

# 예시 실행
book1 = Book("파이썬 입문", "홍길동")
book2 = Book("데이터 과학", "김철수")

book1.borrow()
book1.borrow()   # 이미 대출됨
book1.return_book()
book2.borrow()
```

3.

```
class Student:
    def __init__(self, name, student_id, score):
        self.name = name
        self.student_id = student_id
        self.score = score

    def display_info(self):
        print(f"이름: {self.name}, 학번: {self.student_id}, 점수: {self.score}")

# 학생 리스트 만들기
students = [
    Student("홍길동", "20231001", 85),
    Student("김영희", "20231002", 90),
    Student("이철수", "20231003", 78)
]

# 전체 학생 정보 출력
for student in students:
    student.display_info()

# 평균 점수 계산
total_score = sum(student.score for student in students)
average = total_score / len(students)
print(f"전체 학생의 평균 점수: {average:.2f}")
```

## Chapter 8

### 8.1 Up & Down 게임

문제에 제시되어 있는 게임을 수행하기 위해 1이상 100이하 숫자를 랜덤하게 생성해야 하는데 이를 위해 randrange 함수를 이용할 수 있다. 랜덤하게 값을 하나 선정한 후, 사용자로부터 입력받은 숫자가 해당 랜덤 숫자인지 판단할 수 있는 연산을 추가한다. 문제에서 제시되어 있는 것처럼 랜덤 숫자가 입력 숫자보다 작을 경우에는 Down!, 랜덤 숫자가 입력 숫자보다 클 경우에는 Up!를 출력할 수 있도록 조건문을 활용하여 구현한다.

```
# solution
import random as r
rnum = r.randrange(1,101)        # 1이상 100이하 랜덤 숫자 생성
cnt = 0
while True :
    cnt+=1
    select = int(input("숫자를 입력 : ")) # 사용자로부터 숫자 입력 받기
    if rnum > select :               # 랜덤 숫자 찾아가는 과정
        print("Up!")
    elif rnum < select:
        print("Down!")
    else :
        print(cnt,"회 만에 맞추었습니다", sep="")
        break
```

```
숫자를 입력 : 50
Down!
숫자를 입력 : 40
Down!
숫자를 입력 : 30
Up!
```

```
숫자를 입력 : 35
Down!
숫자를 입력 : 33
5회 만에 맞추었습니다
```

## 8.2 Google 번역기

각 나라의 문자를 입력하여 특정국가(한국, 일본, 중국, 미국, 프랑스)의 언어로 번역하는 프로그램을 만들어보는 문제이다. 번역을 위해 google_translator() 활용법은 문제상에 있는대로 활용하도록 한다. 입력을 위해 input()을 활용하여 1.한국어, 2.일본어, 3.중국어, 4.영어, 5.프랑스어, 0.종료를 선택할 수 있도록 메뉴를 구성한다. 다음으로 문제에서 제시된 translator.translate()함수를 활용하여 사용자가 특정 외국어 문장과 특정 메뉴 번호를 입력하였을 때 해당 외국어로 번역한다. translate_text라는 변수에 반환 결과를 입력받는다고 가정하면 반환값은 번역텍스트, 원본발음, 번역발음 순서이기 때문에 translate_text[0]과 tranlate_text[2]를 통해 번역텍스트와 번역발음을 출력하도록 한다.

```
# solution
from google_trans_new import google_translator
translator = google_translator()

codes = [' ', 'ko', 'ja', 'zh-cn', 'en', 'fr']
while True :
    select = int(input("어떤 나라언어로 번역할까요?₩n1.한국어, 2.일본어 3.중국어 4.영어 5.프랑스어 0.종료 : "))
    if select == 0 :
        print("종료합니다.")
        break;
    text = input("번역하고 싶은 문장을 입력해 주세요 : ")
    translate_text = translator.translate(text,lang_tgt=codes[select],
```

```
pronounce = True)
      print("번역 : ", translate_text[0], sep='')
      print("발음 : ", translate_text[2], sep='')
어떤 나라언어로 번역할까요?
1.한국어,  2.일본어  3.중국어  4.영어  5.프랑스어  0.종료 : 1
번역하고 싶은 문장을 입력해 주세요 : Hi
번역 : 안녕
발음 : annyeong
어떤 나라언어로 번역할까요?
1.한국어  2.일본어  3.중국어  4.영어  5.프랑스어  0.종료 : 3
번역하고 싶은 문장을 입력해 주세요 : 영남대학교에 오신 것을 환영합니다.
번역 : 欢迎来到岭南大学。
발음 : Huānying lai dao lǐngnan daxue.
어떤 나라언어로 번역할까요?
1.한국어  2.일본어  3.중국어  4.영어  5.프랑스어  0.종료 : 0
종료합니다.
```

## 8.3 분수 계산기

분수 2개를 입력받아 계산하는 프로그램을 작성하는 문제이다. 우선 분수가 잘못 입력되었을 경우 검사하는 함수들이 필요하다. 즉, 연산자가 잘못되어 있을 경우 확인, 사용자로부터 2개의 분수를 입력받은 것이 맞는지 확인, 분수의 형태가 잘못되어 있지 않은지 확인, 분수가 숫자로 구성되어 있는지 확인하는 함수들을 구현해야 한다. 또한 올바른 분수 계산을 위해 사칙연산 기호도 검증해야 한다. 분수 계산 결과는 기약분수 형태로 표현되어야 하는데 이를 위해 최대공약수를 활용해 분모와 분자를 나누는 연산도 포함되어야 한다. 메인 함수에서는 분수 계산식을 입력받고, 입력받은 분수들이 문제없는지 위 함수들을 통해 검증하여 문제가 없으면 계산하여 결과를 노출해주는 흐름으로 구현한다.

```
# solution
def checkExpression(ex) :
    ex = ex.replace(" ", "")
    op = getOperation(ex)
    if op == '?' :                    # 연산자가 잘못되어있을 경우
        #print("잘못된 연산자")
        return False, None, None, None, None, None

    rational = ex.split(op)
    if len(rational) != 2 :                   # 사용자로부터 두 개의 분수를 입력 받은 것인지 체크
        #print("잘못된 수식1")
        return False, None, None, None, None, None

    first = rational[0].split("/")
    second = rational[1].split("/")
    if len(first) != 2 or len(second) != 2 :  # 분수의 형태가 잘못되지 않은지 체크
        #print("잘못된 수식2")
        return False, None, None, None, None, None

    if first[0].isdigit() and first[1].isdigit() and second[0].isdigit() and second[1].isdigit() :
        return True, op, int(first[0]), int(first[1]), int(second[0]),int(second[1])
    else:
        #print("잘못된 수식3")        # 분수가 숫자로 잘 구성되어 있지 않을 경우
        return False, None, None, None, None, None

def getOperation(ex) :               # 사칙연산 기호 확인
    for op in ['+', '-', '*', '%'] :
        if ex.find(op) >= 0 :
            return op
    return '?'

```

```
def getGCD(a, b):                    # 기약분수 체크
    while b != 0 :
        t=a%b
        a = b;
        b = t;
    return a;

while True :
    expression = input("계산식 입력(ex: '1/3+1/2', 'bye'는 종료) : ")
    if expression == 'bye' :
        break;
    isEx, op, fnumer, fdenom, snumer, sdenom = checkExpression(expression)
    #print(isEx, op, fnumer, fdenom, snumer, sdenom)
    if isEx :
        denom = fdenom * sdenom
        if op == '+' :
            numer = fnumer * sdenom + snumer * fdenom
        elif op == '-' :
            numer = fnumer * sdenom - snumer * fdenom
        elif op == '*' :
            numer = fnumer * snumer
        elif op == '%' :
            denom = fdenom * snumer
            numer = fnumer * sdenom
        gcd = getGCD(numer, denom)
        numer //= gcd
        denom //= gcd
        print("계산결과 : ", numer, "/", denom, sep = "")
    else :
        print("잘못된 수식입니다")
```

```
계산식 입력(ex: '1/3+1/2', 'bye'는 종료) : 1/3+1/2
계산결과 : 5/6
계산식 입력(ex: '1/3+1/2', 'bye'는 종료) : 1/3-1/2
계산결과 : -1/6
```

```
계산식 입력(ex: '1/3+1/2', 'bye'는 종료) : 1/3*1/2
계산결과 : 1/6
계산식 입력(ex: '1/3+1/2', 'bye'는 종료) : 1/3%1/2
계산결과 : 2/3
계산식 입력(ex: '1/3+1/2', 'bye'는 종료) : 1/3/1/2
잘못된 수식입니다
계산식 입력(ex: '1/3+1/2', 'bye'는 종료) : 1/31/2
잘못된 수식입니다
계산식 입력(ex: '1/3+1/2', 'bye'는 종료) : bye
```

## 8.4 Word count

영어 문장을 입력받아 등장하는 단어의 수를 세어서 각 단어별로 몇 번씩 등장하였는지 출력하는 프로그램을 작성해보는 문제이다. 우선 문제에서 제시된 단어 구분자들을 통해 사용자로부터 입력받은 영어문장의 단어를 구분지을 수 있도록 검증하는 부분을 함수로 구현한다. 단어를 구분하기 위한 방법은 여러 가지가 있지만, 한가지 방법으로써 특정 단어 구분자가 식별되면 그것을 replace함수를 통해 공백으로 변경한 후, 공백 기준으로 문자열을 나누어주는 split()를 활용할 수 있다. 입력받은 영어문장을 구분하고 나면 해당 단어들을 하나씩 식별해가며 개수를 카운트하여 출력한다.

```
# solution
def spliting_sentence(text) :
    seplist = "()[]{},.?;!@#$%^&/~?''""""  # 단어 구분자 설정
    for s in seplist:
        text = text.replace(s," ")
    text = text.lower()
    return text

wordcnt = {}
```

```
text = input("영어문장 : ")  # 사용자로부터 영어 문장 입력받기
text = spliting_sentence(text)   # 함수 호출
wordList = text.split()
for word in wordList :   # 단어를 식별하며 개수 카운트
    if word in wordcnt :
        wordcnt[word] += 1
    else :
        wordcnt[word] = 1

for word in wordcnt :
    print(word, ":", wordcnt[word])
```

```
영어문장 : C++ C C,C++,c++[c++](java){Java}
c++ : 4
c : 2
java : 2
```

8.5 Dictionary를 이용한 재고관리 프로그램

문제상에 제시되어 있듯이 1.입고, 2.출고, 3.현황, 4.종료 메뉴를 구성한 후 사용자로부터 메뉴 선택을 위한 숫자를 입력받도록 한다. 입고의 경우 제품명과 수량을 입력받아 사전형(dictionary)변수에 추가한다. 출고의 경우 제품의 존재여부와 수량이 충분한지 체크한 후 결과를 보여준다. 현황 보기에서는 key값으로 제품명을 검색하도록 한다. 마지막 종료기능은 반복 구문을 빠져나가 전체 프로그램을 종료할 수 있도록 구현한다.

```
# solution
storage = {}
select = 0
while select != 4:
    select = int(input("1.입고  2.출고  3.현황  4.종료 : "))     # 메뉴 선택
```

```
    if select == 1:                          # 입고 기능
        prod = input("제품명 : ")               # 제품명 입력 받기
        cnt = int(input("수량 : "))             # 수량 입력 받기
        if prod in storage :
            storage[prod] += cnt
        else :
            storage[prod] = cnt
        print("입고 되었습니다")

    elif select == 2:                        # 출고 기능
        prod = input("제품명 : ")
        cnt = int(input("수량 : "))
        if prod in storage :    # 제품의 존재여부와 수량이 충분한지 체크
            if storage[prod] >= cnt :
                storage[prod] -= cnt
                print("출고 되었습니다")
            else :
                print("수량이 부족합니다")
        else :
            print("존재하지 않는 제품입니다")

    elif select == 3:                        # 현황 보기 기능
        for prod in storage.keys() :
            print(prod, ":", storage[prod])

    elif select == 4:                        # 종료 기능
        print("프로그램을 종료합니다")

    else :              # 메뉴에 있는 1, 2, 3, 4외에 다른 입력값 입력시
        print("잘못된 입력입니다")
```

```
1.입고  2.출고  3.현황  4.종료 : 1
제품명 : 사이다
수량 : 100
입고 되었습니다
1.입고  2.출고  3.현황  4.종료 : 2
```

```
제품명 : 사이다
수량 : 50
출고 되었습니다
1.입고  2.출고  3.현황  4.종료 : 3
사이다 : 50
1.입고  2.출고  3.현황  4.종료 : 1
제품명 : 사이다
수량 : 30
입고 되었습니다
1.입고  2.출고  3.현황  4.종료 : 3
사이다 : 80
1.입고  2.출고  3.현황  4.종료 : 2
제품명 : 사이다
수량 : 100
수량이 부족합니다
1.입고  2.출고  3.현황  4.종료 : 2
제품명 : 콜라
수량 : 100
존재하지 않는 제품입니다
1.입고  2.출고  3.현황  4.종료 : 10
잘못된 입력입니다
1.입고  2.출고  3.현황  4.종료 : 4
프로그램을 종료합니다
```

## 8.6 학생 성적 관리 프로그램

학번(4자리), 이름, 국어점수, 영어점수, 수학점수를 입력받아 학생 성적 정보를 관리해주는 프로그램을 작성해보는 문제이다. 1.입력, 2.요약보기, 3.학번검색, 4.종료라는 총 4가지 메뉴가 있는데 4. 종료가 입력되지 않을때까지 반복을 수행한다. 반복문 내에서는 조건문을 활용하여 각 번호가 입력되었을 경우 해당 기능을 수행할 수 있도록 구현한다. 첫 번째 입력기능의 경우 학번, 이름, 국어점수, 영어점수, 수학점수를 입력받아 특정 사전형 변수에 할당한다. 단, 입력시 등급의 경우 따로 계산을 해야 하기 때문에 getGrade()와 같은 함수를 하나 구현하는 것도 좋은 방법이다. 또한, 입력시 이미 존재하는 학번이 아닌지 검증하는 과정도 필요하다. 두 번째 요약보기 기능의 경우 key값을 이용하여 사전형 변수에 있는 학생의 학번, 평균, 등급을 모두 보여준다. 세 번째 학번 검색 기능은 특정 학번을 입력받았을 때 반복문을 활용하여 해당 학번을 검색하여 출력해준다.

```
#solution
student = {}
select = 0

def getGrade(kor, eng, math) :            # 학생 성적에 따른 등급 결정
    avg = (kor + eng + math)/3
    avg = round(avg, 2)
    if avg >= 90 :
        return 'A', avg
    elif avg >= 80 :
        return 'B', avg
    elif avg >=70 :
        return 'C', avg
    elif avg >= 60 :
        return 'D', avg
    else :
        return 'F', avg

while select != 4 :
    select = int(input("1.입력  2.요약보기  3.학번검색  4.종료 : "))
    if select == 1 :
        code = input("학번 : ")
        name = input("이름 : ")
        kor = int(input("국어점수 : "))
        eng = int(input("영어점수 : "))
        math = int(input("수학점수 : "))
```

```
        if code in student :              # 학번 중복 체크
            print("이미 존재하는 학번입니다.")
        else :
            grade, avg = getGrade(kor,eng,math)
            student[code] = [code, name, kor, eng, math, avg, grade]
            print("성적이 입력되었습니다.")

    elif select == 2 :
        codes = student.keys()
        print("학번₩t평균₩t등급")
        print("============================")
        for code in codes :
            print(code, "₩t", student[code][5], "₩t", student[code][6], sep="")

    elif select == 3 :
        code = input("학번 : ")
        if code in student :
            print("학번₩t이름₩t국어₩t영어₩t수학₩t평균₩t등급")
            print("==================================================")
            for i in student[code] :
                print(i, end='₩t')
            print()
    elif select == 4:
        print("종료합니다.")
    else :
        print("잘못된 입력입니다.")
```

```
1.입력  2.요약보기  3.학번검색  4.종료 : 1
학번 : 1001
이름 : 신영남
국어점수 : 100
영어점수 : 95
수학점수 : 97
성적이 입력되었습니다.
1.입력  2.요약보기  3.학번검색  4.종료 : 1
학번 : 1002
```

```
이름 : 이영희
국어점수 : 97
영어점수 : 100
수학점수 : 93
성적이 입력되었습니다.
1.입력  2.요약보기  3.학번검색  4.종료 : 1
학번 : 1003
이름 : 홍길동
국어점수 : 80
영어점수 : 70
수학점수 : 90
성적이 입력되었습니다.
1.입력  2.요약보기  3.학번검색  4.종료 : 2
학번   평균   등급
==============================
1001  97.33 A
1002  96.67 A
1003  80.0  B
1.입력  2.요약보기  3.학번검색  4.종료 : 3
학번 : 1001
학번   이름   국어   영어   수학   평균   등급
==================================================
1001  김영남 100   95    97    97.33 A
1.입력  2.요약보기  3.학번검색  4.종료 : 0
잘못된 입력입니다.
1.입력  2.요약보기  3.학번검색  4.종료 : 4
종료합니다.
```

## 8.7 은행 계좌 관리 프로그램

Account 클래스와 이를 상속받는 MinusAccount 클래스, 메서드 오버라이딩을 활용하는 문제이다. self 키워드를 주의하면서 작성하도록 한다. 계좌관리는 accounts 리스트를 활용하도록 한다. accounts의 인덱스는 zfill 함수를 활용하여 계좌번호로 사용 가능하다 (zfill 함수는 숫자 데이터 자리수를 맞추어 표시하기 위한 용도이다). 또한 계좌 번호를 기반으로 accounts에서 원하는 계좌를 찾을 때 int로 캐스팅하여 찾을 수 있다. 또한, 클래스의 함수로써 Account 클래스이면 “Account” 문자열, MinusAccount 클래스이면 “MinusAccount”문자열을 출력하는 작성하여 계좌의 종류를 구분하도록 한다. 송금 함수를 작성할 때, 계좌가 일반계좌이면 잔고 이상의 금액을 송금할 때 오류메시지를 띄우는 것에 주의하도록 한다.

```
#solution
class Account():
    def __init__(self, name, balance):
        self.name = name
        self.balance = balance

    def deposit(self, money):
        self.balance += money

    def send(self, des, money):
        if self.balance - money < 0: # 일반계좌에서는 잔액이 부족하면 송금 하지 않음.
            print("잔액이 부족합니다.")
            return

        self.balance -= money
        des.balance += money

    def printAccountType(self): # 이 계좌는 일반계좌
        return "Account"
```

```
class MinusAccount(Account): # Account 클래스를 상속
    def send(self, des, money):  # 메서드 오버라이딩
        self.balance -= money
        des.balance += money

    def printAccountType(self): # 이 계좌는 마이너스계좌
        return "MinusAccount"


menu = 0
accounts = []

while menu != 6:
    menu = int(input("1.일반계좌생성  2.마이너스계좌생성  3.계좌확인  4.입금  5.송금  6.종료 : "))

    if menu == 1:
        name = input("이름 입력 : ")
        balance = input("초기 금액 입력 : ")
        accounts.append(Account(name, int(balance)))

        print("일반계좌가 생성되었습니다.")
        print(f"계좌번호 : {str(len(accounts)).zfill(4)}")

    elif menu == 2:
        name = input("이름 입력 : ")
        balance = input("초기 금액 입력 : ")
        accounts.append(MinusAccount(name, int(balance)))

        print("마이너스계좌가 생성되었습니다.")
        print(f"계좌번호 : {str(len(accounts)).zfill(4)}")

    elif menu == 3:
        id = input("계좌 번호 입력 : ")
        id = int(id) - 1
```

```
        print(f"계좌주 : {accounts[id].name}")
        print(f"잔고 : {accounts[id].balance}")


    elif menu == 4:
        id = input("계좌 번호 입력 : ")
        id = int(id) - 1

        money = input("금액 입력 : ")
        money = int(money)

        accounts[id].balance += money
        print("입금되었습니다.")

    elif menu == 5:
        ori = input("송금 계좌 번호 입력 : ")
        ori = int(ori) - 1

        dst = input("입금 계좌 번호 입력 : ")
        dst = int(dst) - 1

        money = input("금액 입력 : ")
        money = int(money)


        if (accounts[ori].printAccountType()=="Account") and (money > accounts[ori].balance): # 송금 계좌가 일반계좌이고 송금액이 잔고보다 많을 때
            print("잔액이 부족합니다.")
        else:
            accounts[ori].balance -= money
            accounts[dst].balance += money
            print("송금되었습니다.")

    elif menu == 6:
        break
```

```
    else:
        print("잘못된 입력입니다.")
```

```
1.일반계좌생성  2.마이너스계좌생성  3.계좌확인  4.입금  5.송금  6.종료 : 8
잘못된 입력입니다.
1.일반계좌생성  2.마이너스계좌생성  3.계좌확인  4.입금  5.송금  6.종료 : 1
이름 입력 : 김동우
초기 금액 입력 : 10000
일반계좌가 생성되었습니다.
계좌번호 : 0001
1.일반계좌생성  2.마이너스계좌생성  3.계좌확인  4.입금  5.송금  6.종료 : 2
이름 입력 : 박지은
초기 금액 입력 : 5000
마이너스계좌가 생성되었습니다.
계좌번호 : 0002
1.일반계좌생성  2.마이너스계좌생성  3.계좌확인  4.입금  5.송금  6.종료 : 4
계좌 번호 입력 : 0001
금액 입력 : 10000
입금되었습니다.
1.일반계좌생성  2.마이너스계좌생성  3.계좌확인  4.입금  5.송금  6.종료 : 5
송금 계좌 번호 입력 : 0001
입금 계좌 번호 입력 : 0002
금액 입력 : 10000
송금되었습니다.
1.일반계좌생성  2.마이너스계좌생성  3.계좌확인  4.입금  5.송금  6.종료 : 5
송금 계좌 번호 입력 : 0001
입금 계좌 번호 입력 : 0002
금액 입력 : 50000
잔액이 부족합니다.
1.일반계좌생성  2.마이너스계좌생성  3.계좌확인  4.입금  5.송금  6.종료 : 5
송금 계좌 번호 입력 : 0002
입금 계좌 번호 입력 : 0001
금액 입력 : 30000
송금되었습니다.
1.일반계좌생성  2.마이너스계좌생성  3.계좌확인  4.입금  5.송금  6.종료 : 3
```

```
계좌 번호 입력 : 0001
계좌주 : 김동우
잔고 : 40000
1.일반계좌생성  2.마이너스계좌생성  3.계좌확인  4.입금  5.송금  6.종료 : 3
계좌 번호 입력 : 0002
계좌주 : 박지은
잔고 : -15000
1.일반계좌생성  2.마이너스계좌생성  3.계좌확인  4.입금  5.송금  6.종료 : 6
```

## Chapter 9

1.

```
import pandas as pd
import numpy as np
exam_data  = {'이름': ['정수현', '윤웅익', '우성호', '김복희', '홍길동', '임꺽정', '이창신', '김완', '최영규', '한범석'],
        '점수': [12.5, 9, 16.5, np.nan, 9, 20, 14.5, np.nan, 8, 19],
        '응시횟수': [1, 3, 2, 3, 2, 3, 1, 1, 2, 1],
        '합격여부': ['yes', 'no', 'yes', 'no', 'no', 'yes', 'yes', 'no', 'no', 'yes']}
labels = ['a', 'b', 'c', 'd', 'e', 'f', 'g', 'h', 'i', 'j']
df = pd.DataFrame(exam_data , index=labels)
print("  - 응시 2회 미만, 성적 15점 이상 -")
print(df[(df['응시횟수'] < 2) & (df['점수'] >= 15)])
print()
print("  - 응시 2회 이상, 성적 10점 미만 -")
print(df[(df['응시횟수'] >=2) & (df['점수'] < 10)])
```

3.

```
import pandas as pd
data1 = pd.DataFrame({'key1': ['K0', 'K0', 'K1', 'K2'],
                      'key2': ['K0', 'K1', 'K0', 'K1'],
                      'P': ['P0', 'P1', 'P2', 'P3'],
                      'Q': ['Q0', 'Q1', 'Q2', 'Q3']})
data2 = pd.DataFrame({'key1': ['K0', 'K1', 'K1', 'K2'],
                      'key2': ['K0', 'K0', 'K0', 'K0'],
                      'R': ['R0', 'R1', 'R2', 'R3'],
```

```
                         'S': ['S0', 'S1', 'S2', 'S3']})
merged_data = pd.merge(data1, data2, on=['key1', 'key2'])
print(merged_data)
```

5.

```
import matplotlib.pyplot as plt
x1 = [10,20,30]
y1 = [20,40,10]
x2 = [10,20,30]
y2 = [40,10,30]
plt.xlabel('x')
plt.ylabel('y')
plt.plot(x1,y1, color='blue', linewidth = 3,  label = 'dotted', linestyle=
'dotted')
plt.plot(x2,y2, color='red', linewidth = 5,  label = 'dashed', linestyle=
'dashed')
plt.title("YU CSE")
plt.legend()
plt.show()
```

7.

```
import seaborn as sns
iris = sns.load_dataset('iris')
```

9.

```
import seaborn as sns
tips = sns.load_dataset('tips')
```

## Chapter 10

1.

```
# 아래의 예제는 아이리스 데이터셋을 이용한 KNN기반 분류예제를 보여줍니다.
# 3종류의 아이리스의 꽃잎(petal), 꽃받침(sepal)정보를 이용한 데이터 분포로부터 KNN기반의 머신러닝을 수행합니다.
# 그리고 학습된 분류모델에 학습되지않은 아이리스 데이터를 제시하여 정확도를 평가해 봅시다.

import numpy as np # 행렬데이터 처리를 위한 numpy를 가져옵니다.
from sklearn.datasets import load_iris #사이킷런에 내장된 아이리스 데이터셋을 가져옵니다.

iris_dataset =load_iris() #데이터셋을 변수에 저장합니다.

iris_dataset # 데이터 셋을 살펴 봅시다.
# 실행하여 출력결과를 보면 꽤 많은 데이터가 있음이 보입니다.
# 크게 data, target, target_names, DESCR, feature_name 으로 구분됩니다.
```

```
# 데이터를 좀더 자세히 확인해봅시다.
# 먼저 data 필드의 데이터를 출력해봅시다.
# 출력결과를 보면 4가지 실수타입 데이터가 한행으로 여러행의 데이터가 있음이 확인됩니다.
# 이들은 아이리스 꽃에 대한 4가지 특징에 대한 관측값입니다.
# 한행은 특정 한꽃에 대한 4가지 특징을 보여줍니다.
# 예를들어 아래의 출력값 중 첫행이 의미하는 것은
# 첫번째 꽃의 4가지 특징에 대한 관측값이 '5.1, 3.5, 1.4, 0.2'라는 것입니다.
# 이어서 설명하면, 두번째 꽃의 관측값은 '4.9, 3.0, 1.4, 0.2'라는 것입니다.
# 이 관측값들은 머신러닝의 feature로 쓰입니다.
iris_dataset['data']
```

```
# 다음으로 target 필드를 출력해서 확인해 봅시다.
# 타겟 필드는 이 꽃에 대한 종류를 숫자로 표현해 놓은 것입니다.
# 0이 의미하는 것은 0번꽃이라는 것으로 해석하시면됩니다.
# 마찬가지로 1은 1번꽃, 2는 2번꽃이 됩니다.
# 출력결과를 보면 0,1,2로만 구성되어있음이 확인되고 이는 3종류의 꽃들이 있다는 것을 보여줍니다.
# 이 데이터는 앞서 확인한 data와 같이 연결해서 볼수있습니다.
# data의 각 행데이터에 대한 꽃의 종류가 target에 저장되어 있습니다.
# 예를들어 data의 0번행부터 50행 까지의 꽃들은 0번 꽃이라는 것입니다.
# 이어서 data의 51번행부터 100번행 까지의 꽃들은 1번 꽃이 됩니다.
# 마지막으로 101행 부터 마지막행까지의 꽃들은 2번 꽃이 됩니다.
# 이 정보들은 머신러닝의 label로 사용이 됩니다.
# 첫번째 행의 4가지 관측값(feature)을 학습모델에게 전달하면서 이 꽃은 0번꽃이라고 학습시키는 것입니다.
# data 필드와 target 필드는 머신러닝에 직접적으로 사용되는 데이터이므로 가장 중요합니다.
iris_dataset['target']
```

```
# 이후 나머지 필드들은 머신러닝에 직접적인 연관은 없으나 사용자가 데이터를 좀더 이해하는데 사용될수 있습니다.
# 'target_name'필드는 앞서 설명한 0번꽃 1번꽃, 2번꽃이 실제로 어떤 꽃인지를 보여줍니다
# 출력결과를 보면 아이리스꽃의 종류는 setosa, versicolor, virginica로 구성되어 있음을 알수 있습니다.
# 0번꽃은 setosa, 1번꽃은 versicolor, 2번꽃은 virginica 입니다.
iris_dataset['target_names']
```

```
# 다음은 feature_names 입니다.
# 아이리스 꽃의 4가지 특징이 실제로 어떤 것인지를 보여줍니다.
# 순서대로 꽃받침의 길이, 꽃받침의 너비, 꽃잎의 길이, 꽃잎의 너비입니다.
iris_dataset['feature_names']
```

```
# DESCR은 데이터에 대한 기타 설명을 저장하고 있지만 너무 복잡합니다.
# 실제로 쓰거나 확인할일이 거의 없는 데이터이므로 확인만 하고 넘어가겠습니다.
iris_dataset['DESCR']
```

```
# 이제 데이터에 대한 설명을 마쳤으니 머신러닝을 수행해 봅시다.
# 가장 처음 할일은 학습데이터(train)와 시험데이터(test)를 구분하는 것입니다.
# 사이킷런에서는 학습데이터와 시험데이터를 쉽게 구분하기 위한 함수가 제공
됩니다.
# train_test_split함수를 아래와 같이 사용하여 학습데이터셋과 시험데이터셋으
로 구분합니다. 물론 데이터의 순서는 섞입니다.

from sklearn.model_selection import train_test_split # 함수를 사용할수 있도
록 import 합니다.
x_train,x_test,y_train,y_test =
train_test_split(iris_dataset['data'],iris_dataset['target'],test_size =0.4) #default
= 0.25
# train_test_split의 첫번째 인자는 feature, 두번째 인자는 label입니다.당연히 이
두데이터간의 순서는 일치해야합니다.
# test_size 옵션은 시험데이터의 비율입니다. 0.4는 시험데이터를 40%로 설정한
다는 뜻입니다.
# 따로 test_size 옵션을 설정하지 않으면 0.25가 자동으로 설정됩니다.
# 함수의 결과로 4개의 결과가 반환됩니다.
# x_train : 학습용 feature
# x_test : 시험용 feature
# y_train : 학습용 label
# y_test : 시험용 label

# x_train(특징)과 y_train(정답)을 학습모델에 주면서 머신러닝을 수행하고
# 학습된 모델에 x_test를 전달하여 답을 예측합니다.
# 그리고 예측된 답은 y_test와 비교하여 정확도를 측정합니다.
```

3.

```
# 데이터셋을 준비합시다.
import numpy as np # 행렬데이터 처리를 위한 numpy를 가져옵니다.
from sklearn.datasets import load_iris #사이킷런에 내장된 아이리스 데이터셋을 가져옵니다.

iris_dataset =load_iris() #데이터셋을 변수에 저장합니다.
from sklearn.model_selection import train_test_split # 함수를 사용할수 있도록 import 합니다.
x_train,x_test,y_train,y_test
=train_test_split(iris_dataset['data'],iris_dataset['target'],test_size =0.4)
```

```
# Kmeans 모델을 생성합니다.
# Kmeans는 시각화를 통해 센트로이드를 중심으로 군집이 잘되이있는지 확인헤야하므로
# pyplot의 기능을 이용합니다.

from sklearn.cluster import KMeans

model =KMeans(n_clusters=3) #n_clusters는 k값을 의미합니다.
model.fit(x_train) #x_train을 이용해 3집단의 군집을 수행합니다.
```

```
model.cluster_centers_ # 각 센트로이드(군집의 중심)의 좌표를 확인해봅니다.
# 4가지 특성으로 구성되어있기때문에 각 센트로이드는 4개의 좌표로 구성되어있습니다.
```

```
# pyplot을 이용해 데이터를 어떻게 군집하였는지 시각화해봅시다.
# 4차원 특성에 대한 시각화는 어렵기 때문에 2차원 특성으로 나누어서 각각 군집을 확인해봅니다.
import matplotlib.pyplot as plt

# 아래는 특정 특징 데이터만을 추출해내기 위한 인덱싱입니다.

feat_1 =0 # 첫번째 특징(꽃받침 길이)
feat_2 =1 # 두번째 특징(꽃받침 너비)
```

```
feat_3 =2 # 세번째 특징(꽃잎 길이)
feat_4 =3 # 네번째 특징(꽃잎 너비)

# 아래의 코드는 모든 행에 대해 첫번째 특징만을 출력합니다.
x_train[:,feat_1] # 첫번째 특징 들의 모임
```

```
x_train[:,feat_2] # 두번째 특징 들의 모임
```

```
x_train[:,feat_3] # 세번째 특징 들의 모임
```

```
x_train[:,feat_4] # 네번째 특징 들의 모임
```

```
predict =model.predict(x_train) #학습 데이터에 대한 군집을 확인합니다.
predict

# 출력된 군집결과는 실제 레이블을 의미하는 것이 아닙니다. 단순히 0번째 그룹,
1번째그룹, 2번째 그룹임을 의미합니다.
```

```
# 첫번째 특징과 두번째 특징을 2차원 데이터로 시각화해서 군집을 확인해봅니다.
plt.scatter(x_train[:,feat_1],x_train[:,feat_2],c=predict).
# scatter는 점을 찍는 함수입니다.
# 첫번째 인자가 x축, 두번째 인자가 y축입니다
# c옵션은 어떻게 분류했는지를 색상으로 보여줍니다. 이옵션을 지우면 분류정보
(색상)가 없어집니다.

# 아래의 좌표는 각 센트로이드의 첫번째와 두번째 특징을 이용한 좌표입니다.
center_x =model.cluster_centers_[:,feat_1]
center_y =model.cluster_centers_[:,feat_2]

plt.scatter(center_x,center_y,s=50,c='RED') # 센트로이드를 pyplot에 추가합니다.
plt.show() # 그려줍니다

# 첫번째, 두번째 특징으로 시각해본결과 보라색과 노란색 집단에 대한 분류 정
확도가 좋지 못함을 보입니다.
 # 녹색집단은 적절하게 잘군집된 것을 확인할 수가 있습니다.
```

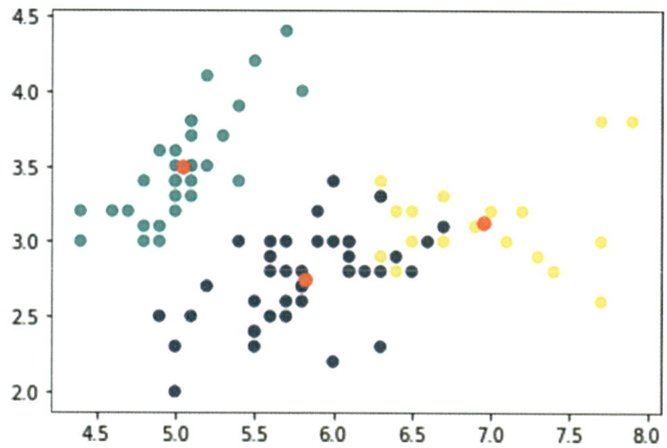

```
# 두번째 특징과 세번째 특징을 2차원 데이터로 시각화해서 군집을 확인해봅니다.
plt.scatter(x_train[:,feat_2],x_train[:,feat_3],c=predict)

center_x =model.cluster_centers_[:,feat_2]
center_y =model.cluster_centers_[:,feat_3]

plt.scatter(center_x,center_y,s=50,c='RED') #센트로이드를 pyplot에 추가합니다.
plt.show() # 그려줍니다
# 두번째 특징과 세번째 특징에서 보라색과 노란색간의 군집이 이전(첫번째, 두번째)결과 보다는 좋아 보입니다.
# 나머지 경우들도 확인해봅시다.
```

```
# 세번째 특징과 네번째 특징을 2차원 데이터로 시각화해서 군집을 확인해봅니다.
plt.scatter(x_train[:,feat_3],x_train[:,feat_4],c=predict)
center_x =model.cluster_centers_[:,feat_3]
center_y =model.cluster_centers_[:,feat_4]

plt.scatter(center_x,center_y,s=50,c='RED') #센트로이드를 pyplot에 추가합니다.
plt.show() # 그려줍니다
```

```
첫번째 특징과 세번째 특징을 2차원 데이터로 시각화해서 군집을 확인해봅니다.
plt.scatter(x_train[:,feat_1],x_train[:,feat_3],c=predict)

center_x =model.cluster_centers_[:,feat_1]
center_y =model.cluster_centers_[:,feat_3]

plt.scatter(center_x,center_y,s=50,c='RED') #센트로이드를 pyplot에 추가합니다.
plt.show() # 그려줍니다
```

```
# 이번엔 시험데이터를 통해서 학습모델의 성능을 확인해봅시다.
import pandas as pd # 판다스의 혼동행렬을 이용하기위해 import 합니다.
predict =model.predict(x_test) # 시험데이터에 대한 분류성능을 확인합니다.
ct =pd.crosstab(y_test,predict) # 혼동행열을 이용하여 성능을 평가합니다

classes =iris_dataset['target_names'] # 실제 레이블이름을 가져옵니다.
ct.index =classes # 숫자대신 실제 레이블을 이용합니다..(이 옵션을 쓰지않으면
0, 1, 2로 구분합니다,
# 혼동을 방지하기위해 적용했습니다.)

ct
```

## Chapter 11

1.

```
import numpy as np
# X는 3가지 점수데이터로 구성되어 있습니다. 한 리스트마다 한 학생의 중간,
기말, 가산점으로 구성되어 있습니다.
# 예를 들어 첫번째 학생의 중간고사점수는 70, 기말은 85, 가산점은 11점입니다.
X=np.array([[70,85,11],[71,89,18],[50,80,20],[99,20,10],[50,10,10]])

# 다름은 각 학생들의 점수로 계산된 최종점수입니다.
# 예를들어 중간 70, 기말 85, 가산점 11을 받은 학생의 최종점수는 73입니다.
# 최종점수를 구하는 공식은 아래와 같습니다.
# 최종점수 = int(중간*0.4 + 기말*0.4 + 가산점)
# 모델이 과연 저 공식의 가중치들을 알아낼수 있을까요?
y-np.array([73,82,72,57,34])

# 필요한 모듈들을 가져옵니다.
from tensorflow.keras.models import Sequential # 케라스의 Sequential()을
임포트
from tensorflow.keras.layers import Dense # 케라스의 Dense()를 임포트
from tensorflow.keras import optimizers # 케라스의 옵티마이저를 임포트

# 입력 벡터의 차원은 3 => input_dim은 3
# 출력 벡터의 차원은 1 => output_dim은 1

model=Sequential() # Sequential()을 이용해 모델을 생성합니다.
model.add(Dense(1,input_dim-3)) # 모델에 입력값은 3개 출력값은 1개인 레
이어를 하나 생성합니다.
sgd=optimizers.SGD(lr=0.00001) # 최적화에 사용할 SGD(확률적 경사하강법)
를 설정합니다.
# 학습률(learning rate, lr)은 0.00001입니다.
# 이것은 최소 코스트를 찾기위한 경사하강 시, 0.00001만큼 하강하겠다는 의미
입니다
```

```
model.compile(optimizer=sgd, loss='mse') # 모델의 최적화기법으로 SGD, 손실함수로 mse(평균제곱오차)를 선택합니다.
# 요약하면 SGD 기법으로 가장 작은 mse를 내는 모델을 찾아 가중치를 조절하는 모델입니다.

# 이제 학습을 진행합니다.
# batch_size는 한번에 쪼개서 학습할 데이터의 수를 의미합니다. epochs는 오차가 가장 작은 가중치를 찾기위한 반복 연산 횟수를 의미합니다.
# 데이터가 매우 큰경우 batch_size를 조절하여 데이터를 쪼개어 학습시킬수 있습니다.
# 요약하면 주어진 X와 y데이터에 대해서 오차를 최소화하는 작업을 2,000번 반복한다는 의미입니다.
model.fit(X,y,batch_size=1,epochs=2000,shuffle=False)

# 모델 fitting 결과를 살펴보면 반복이 될때마다 loss가 감소하는 것을 볼 수가 있습니다.
# epochs가 클수록 loss는 계속 작아지지만 overfitng 될수 있으므로 적절한 횟수를 조정하는 것이 좋습니다.
```

```
# 그렇다면 학습된 가중치는 어떻게 결정되어 있는지 확인해봅시다.
# 0번 레이어의 가중치를 확인합니다.
print(model.layers[0].get_weights())

# 출력결과 가중치는 0.3938, 0.4032, 1.0049 인것이 확인됩니다. 이 수치는 모델 학습 결과에 따라 조금식 변동가능합니다.
# 최종성적에 사용한 가중치와 거의 유사한 값을 찾아내는 것을 확인할 수 있습니다 (최종성적에 사용한 가중치는 중간고사 0.4, 기말고사 0.4, 가산점 1)
```

```
# 학습한 데이터를 넣어서 어떻게 예측하는지 확인해 봅시다
print(model.predict(X))

# y=np.array([73,82,72,57,34])
# 비교해보니 거의 근접한 값을 얻어내었습니다.
```

```
# 그럼 이제 새로운 입력값(학생ID 6번과 7번의 성적데이터)을 넣어 검증해보겠습니다.
# 아래와 같이 새로운 2명의 학생의 중간,기말,가산점을 모델에 넣어보겠습니다.
X_test=np.array([[20,99,10],[40,50,20]])

# 최종점수 공식을 이용해본 결과로는 각각 57점과 56점이 예측되어야 합니다.
print(model.predict(X_test))
# 출력 결과, 조금은 차이가 있지만 꽤 비슷한 값을 예측해 내는 것을 확인할 수 있습니다.
```

# 저자약력

## 조행래

- 서울대학교 컴퓨터공학과(학사)
- 한국과학기술원 전산학과(석사)
- 한국과학기술원 전산학과(박사)
- 연구 분야: 데이터베이스, 분산/병렬처리, 빅데이터, 블록체인 등

## 윤종희

- 경북대학교 전자전기공학부(학사)
- 서울대학교 전기컴퓨터공학부(박사)
- 연구 분야: 컴파일러, 소프트웨어 최적화, 시스템 보안 등

## 서영석

- 숭실대학교 컴퓨터학부(학사)
- 한국과학기술원 전산학과(석사)
- 한국과학기술원 전산학과(박사)
- 연구 분야: 소프트웨어공학, 머신러닝 및 딥러닝 응용 등

## 박영덕

- 성균관대학교 컴퓨터공학과(학사)
- 포항공과대학교 컴퓨터공학과(석사)
- 포항공과대학교 컴퓨터공학과(박사)
- 연구 분야: 모바일네트워킹, 무선통신, 지능형네트워킹 등